Der Klügere gibt nicht nach

ECON Sachbuch

Edward de Bono

Der Klügere gibt nicht nach

ECON Taschenbuch Verlag

Die Deutsche Bibliothek – CIP-Einheitsaufnahme

DeBono, Edward:
Der Klügere gibt nicht nach/Edward DeBono. [Aus dem Engl. übers. von Till R. Lohmeyer . . .]. – Düsseldorf; Wien: ECON-Taschenbuch-Verl., 1993
(ETB; 26054: ECON-Sachbuch)
Einheitssacht.: I am right you are wrong <dt.>
ISBN 3-612-26054-5
NE: GT

Lizenzausgabe

Aus dem Englischen übersetzt von Till R. Lohmeyer, Christel Rost, Gabriele Conrad
Umschlaggestaltung: Klaus Detjen
Druck und Bindearbeiten: Ebner Ulm
Printed in Germany
ISBN 3-612-26054-5

Inhaltsverzeichnis

Vorwort
von Ivar Giaever

Dr. Edward de Bono ist ein Mann mit einer Mission: Er möchte den Menschen beibringen, wie man kreativ denkt. Er ist der Vater des »lateralen Denkens«, einer konzeptuellen Technik zur Förderung des kreativen Denkens. Als ich zum erstenmal mit diesem System konfrontiert wurde, war ich, wie ich gestehen muß, sehr skeptisch. Doch nach der Lektüre jenes faszinierenden Buches wurde ich zum Konvertiten! Es kursieren zahlreiche Geschichten über Wissenschaftler, die völlig unerwartet, wie aus dem Nichts heraus, ein Geistesblitz überkommt. Wissenschaftler, soviel steht fest, vertiefen sich oft so sehr in ihre Ideen, daß diese ihnen ununterbrochen im Kopf herumgehen – am Steuer, beim Essen, im Schlaf und bei der Liebe. Dieses permanente geistige Wiederkäuen gibt unabhängigen Impulsen die Möglichkeit, im Gehirn bestimmte Assoziationen hervorzurufen, und auf einmal – HEUREKA! – hat man eine unerwartete Lösung gefunden. Beim »lateralen Denken« werden Zufallserkenntnisse dieser Art durch eine Methode ersetzt, die in genau vorgeschriebenen und systematisch aufgebauten Schritten die anstehenden Probleme löst.
In *Der Klügere gibt nicht nach* geht Dr. Edward de Bono auf verschiedene Aspekte des menschlichen Verhaltens ein. So spielt – laut de Bono – der in der Philosophie weitgehend vernachlässigte Humor beim Verständnis des kreativen Denkens eine zentrale Rolle. Seine Aussage läßt sich vielleicht am besten mit einem abgewandelten Descartes-Zitat erfassen: »Ich lache, darum bin ich.« (Ich sah kürzlich einen Film, in dem ein Roboter seinem menschlichen Besitzer beweisen wollte, daß er Bewußtsein besaß. Er tat dies, indem er ihm einen Witz erzählte!) Mag es der Philosophie auch an Humor fehlen – dem vorliegenden Buch mangelt es daran nicht. Es ist sehr klar geschrieben und leicht zu lesen, denn de Bono hat seine Argumente mit einer Fülle von Geschichten, Metaphern und Anekdoten sehr lebendig illustriert. Der Text wirkt infolge des Stils auf den ersten Blick recht einfach, erweist sich jedoch bei

genauerem Nachdenken als scharfsichtig und voller Tiefgang. Kompli- zierte Sachverhalte können mit einfachen Worten erklärt werden, wenn der Erklärende sein Thema gründlich beherrscht. De Bono ist ein Meister dieser Kunst. Einfach und klar beschreibt er, warum Menschen denken und wie sie es tun. *Der Klügere gibt nicht nach* ist daher für jeden, der das menschliche Denken und Verhalten verstehen will, von großer Wichtigkeit.

De Bono gibt nicht nur eine ausführliche Darstellung der vielen Facetten des menschlichen Geistes, sondern er versteht es darüber hinaus auch, seinen Leser zum aktiven Handeln anzuspornen. Würden die Menschen besser begreifen, wie ihr Gehirn funktioniert, behauptet er kühn, so ergäben sich daraus weitreichende Konsequenzen für ihr Zusammenleben. Als nächstes überrascht er – oder schockiert vielleicht sogar – seine Leser mit der scheinbar widersprüchlichen Feststellung, daß wir de facto schon wissen, wie das menschliche Gehirn arbeitet. Er hat natürlich unrecht – aber gleichzeitig auch recht! Es wird zwar noch lange dauern, bis wir die Funktionsweise des Verstandes in all ihren Einzelheiten durchschauen, doch darauf kommt es nach de Bono auch gar nicht so sehr an. Wir verstehen es jedenfalls im Prinzip. De Bono führt aus, daß das Gehirn nicht inhärent logisch ist; vielmehr handelt es sich um eine Art mustererkennende Maschine, die in unberechenbarer Weise von einem Zustand in den nächsten übergeht. Auf der einen Seite kann es zum Beispiel passieren, daß Sie der Geruch von frischgebackenem Brot (oder was sonst eine besondere Erinnerung in Ihnen auslöst) plötzlich in ein siebenjähriges Kind verwandelt und in die mütterliche Küche zurückversetzt. Auf der anderen Seite stellt de Bono fest: »Jede wertvolle kreative Idee muß im nachhinein immer logisch sein.« Wissenschaftliche Artikel bieten ein klassisches Beispiel dafür: Sie sind so herrlich logisch abgefaßt – doch der eigentliche wissenschaftliche Fortschritt, der ihrer Publikation vorausgeht, hängt ab von Ahnungen, Zufällen, Phantasie und Glück.

In Kreisen, die sich mit künstlicher Intelligenz befassen, ist in jüngster Zeit immer wieder darüber diskutiert worden, ob Computer je imstande sein werden, wie Menschen denken zu lernen. Computer sind natürlich Experten auf dem Gebiet der Algorithmen (Ablaufsvorschrift für logische Handlungspläne). Doch Algorithmen können eben nicht, wie Roger Penrose in seinem kürzlich erschienenen Buch

The Emperor's New Mind betont, mit kreativem Denken gleichgesetzt werden. Es gibt indessen neue Ansätze in der Computerwissenschaft, den sogenannten neuralen Netzwerken, die in stark vereinfachter Form die Nervenzellen im menschlichen Gehirn nachzuahmen versuchen. De Bono beschreibt diese Methode in seinem Buch mit einer hervorragenden, witzigen Analogie: Er vergleicht die Funktionsweise des Gehirns mit einem Strand voller Kraken. Obwohl neurale Netzwerk-Computer sich gegenwärtig noch im Elementarstadium befinden, erinnern sie aufgrund der Tatsache, daß sie selbstorganisiert sind, an das Gehirn.

Ein anderer Punkt, den de Bono anspricht und über den es sich nachzudenken lohnt, ist die einzigartige und doch einengende Rolle der Sprache im Bereich der menschlichen Kommunikation. Wir alle sitzen in der Falle, die uns die Sprache gestellt hat, meint er und sagt: »In gewisser Hinsicht ist Sprache ein Museum der Ignoranz.« Beispielhaft dafür ist die Wörtern innewohnende Tendenz, bestimmte Situationen zu polarisieren und zu kategorisieren: Man ist entweder schuldig oder unschuldig, hat recht oder unrecht, ist glücklich oder unglücklich. De Bono nennt dies die »Messerschneiden-Unterscheidung«. Unser traditionelles logisches System genießt diese Dichotomie – und ist gleichzeitig von ihr abhängig. De Bono nennt dieses System »Gesteinslogik« und stellt ihm die nicht absolute, sondern sich je nach Umständen und Zusammenhängen ändernde »Wasserlogik« gegenüber. Wahrnehmungen, Erinnerungen und Erfahrungen spielen bei der menschlichen Kommunikation eine weitaus größere Rolle, als man gemeinhin annimmt. So sind die meisten Kunstwerke beispielsweise von ihrem kulturellen Umfeld abhängig; große Kunst, die nur allgemein menschliche Faktoren berührt, kann jedoch auch universalen Anklang finden.

Wenn meine Sprache mich gefangenhält – wie kann ich da noch *Der Klügere gibt nicht nach* angemessen beschreiben? Das Buch geht weit über das hinaus, was der eingängige Titel vermuten läßt. Es fordert nicht mehr und nicht weniger als eine Revolution in unserem Denken. De Bono verkündet mutig eine »Neue Renaissance«. Dies sind große, kühne Worte, die in manchen Ohren etwas überzogen klingen mögen. Aber wir leben in der Tat in einer sehr aufregenden, außergewöhnlichen Zeit. Der Gedankenzug, der uns in die Zukunft bringt, hat den Bahnhof bereits verlassen. An Bord befinden sich einige wenige tapfere Passagiere. Dr. Edward de Bono ist gewiß unter ihnen – und erkennt Präsident Michail Gorbatschow unter seinen Mitreisenden. Wenn Sie auch mitfahren wollen, lesen Sie dieses Buch!

Vorbemerkung des Autors

Oft wird mir die Frage gestellt, worin die Verbindung zwischen meiner medizinischen Ausbildung und meiner Arbeit auf dem Gebiet des Denkens liegt. Auf den ersten Blick scheint es sich dabei um zwei völlig verschiedene Bereiche zu handeln. In Wirklichkeit ist die Verbindung jedoch sehr direkt, und ohne meine medizinischen Kenntnisse hätte ich meine Ideen wahrscheinlich nie entwickeln können.

Das menschliche Gehirn in seiner Eigenschaft als biologisches System geht mit Information ganz anders um als herkömmliche Informationssysteme. In herkömmlichen Systemen speichern wir Information anhand von Symbolen und arbeiten mit ihnen nach bestimmten Regeln (Logik, Mathematik, Grammatik und so weiter). Herkömmliche Computer speichern Information in ihrem Gedächtnis und wirken dann mittels eines Prozessors auf sie ein. In biologischen Systemen arbeiten Information und Empfangsoberfläche als sich selbst organisierendes System zusammen, das heißt, sie schaffen sich ihre eigenen Muster und Einteilungen. In der Biologie wird der jeweils nächste stabile Zustand des Systems durch Information angeregt.

Als ich vor etwa zwanzig Jahren das Buch *The Mechanism of Mind* (Der Mechanismus des Verstandes)* schrieb, wurde ein Großteil der darin vertretenen Ideen von vielen Leuten für reiner Blödsinn gehalten. Ebendiese Ideen sind inzwischen für all jene, die mit selbstorganisierten Systemen arbeiten, zur Selbstverständlichkeit geworden. Sogar die Mathematik tastet sich langsam auf das Gebiet nichtlinearer Systeme vor, ja es gibt einen Bereich der Mathematik, der sich mit selbstorganisierten Systemen beschäftigt.

Die Verbindung zwischen Medizin und Denken ist also sehr direkt, und es ist in der Tat kaum vorstellbar, wie jemand, der zukünftig auf dem

* *The Mechanism of Mind*, London 1969

Gebiet des Denkens arbeiten will, dies ohne Kenntnis der grundlegenden biologischen Vorgänge tun kann.
Der Zivilisationsprozeß hat bei der »Zähmung« des Denkens gute Arbeit geleistet, indem er daraus ein Spiel aus Symbolen und Regeln machte – allerdings ohne Bezug auf das zugrundeliegende Informationssystem. Erstmals in der Geschichte sind wir heute dazu imstande, Einsicht in dieses grundlegende System zu nehmen. Wir können zudem damit beginnen, die Auswirkungen dieser Kenntnisse auf unsere herkömmlichen Denkgewohnheiten zu untersuchen. Laterales Denken und Provokation beispielsweise sind mathematisch notwendige Komponenten eines musterbildenden Systems.
Da jede wertvolle kreative Idee im nachhinein immer logisch sein muß (sonst wäre uns ihr Wert nämlich nicht einsichtig), sind wir bisher immer davon ausgegangen, daß Logik allein genügt. In einem musterbildenden System ist eine solche Annahme völlig falsch.

Einleitung: Die Neue Renaissance

Humor ist die mit weitem Abstand wichtigste Funktion des menschlichen Verstands.

Das überrascht Sie? Wenn Humor wirklich so wichtig ist, warum ist er dann von den klassischen Philosophen, von Psychologen und Informatikern dermaßen vernachlässigt worden?

Die Bedeutung von Humor sowie die Frage, warum er von traditionellen Denkern außer acht gelassen worden ist, bilden den Schlüssel zu diesem Buch. Humor kann uns mehr über die Arbeitsweise des Gehirns – im Sinn von Verstand – als alle anderen Verhaltensmuster – einschließlich der Vernunft – sagen. Er gibt uns darüber Aufschluß, daß unsere herkömmlichen Denkmethoden – und unser Denken *über* diese Methoden – auf dem falschen Modell eines Informationssystems beruhen. Humor verrät uns einiges über die Wahrnehmung, die wir von alters her zugunsten der Logik vernachlässigt haben. Er zeigt uns Möglichkeiten zur Veränderung der Wahrnehmung und belegt, daß es in direkter Folge auch zu Veränderungen auf der Gefühlsebene kommen kann. Nach den Kriterien der Logik wäre dies ein Ding der Unmöglichkeit.

Auf der ganzen Welt gibt es wahrscheinlich nicht mehr als zwei Dutzend Leute, die wirklich (das heißt auf der elementarsten Systemebene der Gehirnmechanismen) verstehen, warum ich Humor eine solche Bedeutung zuspreche.

Nach der Lektüre dieses Buches wird es vielleicht ein paar mehr geben, die die Grundlage meiner Behauptung – und ihre Folgen für die Zukunft unserer Gesellschaft – verstanden haben werden.

*

Es gibt Menschen, die hoffen, sich auf eine bessere Welt Hoffnungen machen zu können. Sie dürsten geradezu nach einer solchen Hoffnung. Doch gibt es für uns, die wir uns mit schnellen Schritten der Jahrtausendwende nähern, tatsächlich Anlaß für solche Hoffnung? Das Jahr 2000 hat keinerlei mystische Bedeutung, stellt aber einen einmaligen Kristallisationspunkt dar, wie er nur alle tausend Jahre einmal vorkommt. Zu einem *Wendepunkt* kann es nur werden, wenn wir bewußt darauf hinarbeiten. Aber wie – und warum eigentlich?

Andere vertreten den Standpunkt, daß die Zwänge der Evolution, das Emporkommen neuer Wertvorstellungen und die Anwendung eines kollektiven gesunden Menschenverstandes auf Dauer eine Wendung zum Besseren nach sich ziehen müssen. Solange ein jeder vor der eigenen Tür kehrt, meinen sie, und sich nicht scheut, seine Mitmenschen und seine jeweilige Regierung scharf zu kritisieren – so lange wird gleichsam automatisch alles besser.

Eine dritte Gruppe wiederum erkennt die Notwendigkeit einer Art Neuen Renaissance. Diese Menschen haben die Nase voll von ewigen Diskussionen, Polemiken, Konfrontationen, Konflikten und Problemen, die sich nicht lösen lassen. Sie sehen die ernsthafte Bedrohung unserer Umwelt, die Verschuldung und die Armut der Dritten Welt, die rapide Verbreitung von Drogen und neuen Seuchen sowie die ständig steigenden Kosten fürs Eigenheim, das sich kaum ein junges Paar mehr leisten kann. Sie wollen sich nicht länger mit der Ausrede abspeisen lassen, daß diese Faktoren auf Wachstumsraten und die angeborenen Mängel der menschlichen Natur, also auf Engstirnigkeit, Egoismus, Habsucht und Aggressivität zurückzuführen sind.

Vielleicht tun wir ja bereits alles, was in unserer Macht steht, und können einfach nichts weiter ausrichten. Vielleicht steht es um die Welt erheblich besser denn je zuvor, und wir sind uns der existierenden Probleme nur aufgrund der Allgegenwart der modernen Massenmedien bewußter denn je zuvor.

Schließlich gibt es auch einige wenige Menschen, nach deren Entscheidung die Neue Renaissance bereits begonnen hat. Der Zug verläßt soeben den ersten Bahnhof. An Bord befinden sich nur eine Handvoll Leute. Viele Leute werden erst erheblich später zusteigen, wenn klar ist, in welche Richtung der Zug fährt. Nach Ansicht zahlreicher Beobachter sind die von Michail Gorbatschow – aus welchen innenpolitischen Notwendigkeiten und Gründen auch immer – initiierten Umdenkprozesse als Signal für die Veränderung von Denkgewohnheiten anzusehen: Der alte Konfrontationskurs wird durch konstruktivere Verhaltensweisen ersetzt. Präsident Gorbatschow ist nicht der Lokführer, aber einer der ersten Reisenden.

*

Das rechte Wort zur rechten Zeit am rechten Ort. Die Neue Renaissance bedarf einer offiziellen Ankündigung, damit die Menschen sie zur Kenntnis nehmen und sich mit Hoffnung und Entschlossenheit darauf einstellen können. Diese Ankündigung ist Sinn und Zweck dieses Buches.

Die Ankündigung einer Neuen Renaissance wird immer anmaßend und provozierend wirken, egal, von wem sie stammt und welche Rechtfertigung dahintersteht. Muß denn alles und jedes immer gleich offiziell angekündigt werden? Dient die Ankündigung als solche etwa dazu, die Dinge überhaupt erst in Bewegung zu setzen? Werden wir eine Neue Renaissance allein dadurch hervorrufen, daß wir an sie *glauben*?

In der Tat müssen wir an eine Neue Renaissance glauben – und zwar deshalb, weil sie realisierbar ist. Wir tun auf jeden Fall gut daran, einen Vorgang zur Kenntnis zu nehmen, der bereits in Gang ist. Welchen Sinn hätte es, damit noch länger zu zögern? Zumal die Neue Renaissance über eine weit solidere Grundlage verfügt als blanke Hoffnung und das Jahr 2000.

*

Worauf soll sich die Neue Renaissance gründen?

Die letzte Renaissance basierte auf der Wiederentdeckung der griechischen Klassik und ihrer Denkgewohnheiten in puncto Logik, Vernunft, Argumentation, Wahrheitsbegriff und der Rolle des Menschen. *Vor* dieser letzten Renaissance war das abendländische Denken ausschließlich von Dogmatik und Theologie bestimmt. So mußten Weltkarten zum Beispiel große Landmassen zeigen, in deren Mittelpunkt Jerusalem lag – und dies nicht etwa, weil die Erfahrungen der Seefahrer einer solchen Aufteilung Vorschub geleistet hätten, sondern weil das Dogma es so bestimmte.

Auf diese Weise entstanden Denkgewohnheiten, die uns auf bestimmten Gebieten durchaus gute Dienste leisteten. Man kann mit Fug und Recht behaupten, daß die strikte Anwendung der durch Argumentation und Vernunft entwickelten Prinzipien die Grundlage der uns vertrauten Zivilisation bildet. Der technische Fortschritt ermöglicht es uns, Menschen auf den Mond zu schicken und wieder zurückzuholen, durch Live-Sendungen im Fernsehen weltweit 300 Millionen Menschen zu erreichen und die modernste Form der Energiegewinnung (Kernkraft) einzusetzen.

Ist es möglich, daß diese hervorragenden Denkgewohnheiten trotz allem in mancher Hinsicht beschränkt und unzulänglich sind? Während wir auf technischem Gebiet enorme Fortschritte gemacht haben, hinken wir in humanitären Belangen hinterher. Unser angestammtes Konfliktverhalten ist so primitiv wie eh und je, während die Waffen, die dabei zum Einsatz kommen, dank unserer bestechenden technischen Brillanz immer besser geworden sind.

Ist es möglich, daß unsere Denkraster in gewisser Weise sogar gefährlich sind? Kann es sein, daß sie an ihre Grenzen gestoßen und nicht mehr imstande sind, die Probleme der Gegenwart zu lösen, ja daß sie sogar weiterem Fortschritt im Wege stehen? Ist es an der Zeit, sie zu ändern und zu verbessern? Und wenn ja: Auf welchen Kriterien sollen sie in Zukunft basieren?

*

Die Denkraster der Neuen Renaissance müssen auf elementaren Grundlagen basieren, die wesentlich wichtiger sind als alle philosophischen Wortgeplänkel oder Glaubenssysteme. Gemeint ist die Arbeitsweise des menschlichen Gehirns – und namentlich die Art und Weise, wie dieses Gehirn Wahrnehmung produziert.

Zum erstenmal seit Menschengedenken können wir uns ein Bild machen von der Struktur des Gehirns und der Funktionsweise des Verstandes. Mag sein, daß wir noch nicht *alles* wissen, doch sind uns die wesentlichen Funktionsmechanismen des Systems so weit bekannt, daß wir unsere übernommenen Denkgewohnheiten kritisch unter die Lupe nehmen können und in der Lage sind, neue zu entwickeln. Wir können erkennen, daß einige der schlimmsten Verirrungen des menschlichen Geistes durch die Denkraster der letzten Renaissance gefördert worden sind. Wir können erkennen, warum das von uns entwickelte und hochgeschätzte Denk- und Sprachsystem sich gut für die Logik eignet, aber für Wahrnehmung kaum taugt. Auch verstehen wir nun, wie das

Versäumnis, uns mit Wahrnehmung auseinanderzusetzen, den Unzulänglichkeiten und Gefahren unseres heutigen Denkens Vorschub geleistet hat. Wir erkennen, daß die Denkraster der Vergangenheit mitverantwortlich waren für einen Großteil des menschlichen Elends, und sehen, daß sie keine konstruktiven Lösungsmöglichkeiten für die Probleme der Zukunft aufzeigen.

Der Klügere gibt nicht nach faßt die traditionellen Denkgewohnheiten, so wie sie von der letzten Renaissance festgelegt wurden, zusammen.

Wir stoßen hier auf die »Argumentation«, die Basis für unsere Suche nach der Wahrheit sowie unseres auf Gegensätzlichkeiten beruhenden wissenschaftlichen, juristischen und politischen Systems. Sie konfrontiert uns mit den absoluten, definitiven und festgefügten Urteilen – und mit dem darauf beruhenden Selbstvertrauen (das manchmal sogar in Arroganz ausartet). Wir stehen hier vor sich gegenseitig ausschließenden Unvereinbarkeiten, die den eigentlichen Kern unserer Logik bilden. Zwei Parteien können nicht zur gleichen Zeit im Recht oder im Unrecht sein. Das Wesen der Logik besteht aus Identität und Widerspruch. Um mit der Logik des Widerspruchs umgehen zu können, schaffen wir in der Sprache einander ausschließende Kategorien wie »falsch/richtig« und »Freund/Feind«. Dennoch gibt es, wie ich im folgenden zeigen werde, Kulturen, die keinen Widerspruch darin sehen, wenn eine bestimmte Person zur gleichen Zeit Freund *und* Feind ist.

Die letzte Renaissance entdeckte die Methoden des Sokrates und anderer Denker aus dem »Goldenen Zeitalter« der griechischen Philosophie wieder und polierte sie auf. Es ist gut möglich, daß die Argumentationsmethode bereits zuvor benutzt wurde, doch Sokrates entwickelte sie zu wahrer Meisterschaft. Ein bemerkenswertes Paradox liegt darin, daß die Wiederbelebung der griechischen Argumentationsmethode während der letzten Renaissance zwei gegensätzlichen Absichten diente: Auf der einen Seite diente das Logik- und Vernunftsystem den humanistischen Denkern jener Zeit als Waffe gegen das die Gesellschaft nahezu erstikkende Dogma; auf der anderen Seite nutzten es im Dienste der Kirche stehende Denker, allen voran der geniale Thomas von Aquin, zum Kampf gegen die allenthalben aufblühende Häresie.

Für die Bekämpfung von Häresie war das System wie geschaffen: Ein Denker konnte, ausgehend von allgemein akzeptierten Prinzipien (Axiomen) – wie beispielsweise der göttlichen Allmacht –, zu logisch abgeleiteten Schlüssen übergehen. Mit den gleichen Methoden versuchte man über allgemein anerkannte Gerechtigkeitsprinzipien das Verhalten der Menschen zu beurteilen und zu kontrollieren. Das System aus Prinzip, Logik und Argumentation bildet die Grundlage unseres oft angewandten – und oftmals durchaus nützlichen – legalistischen Denkens. Es versagt jedoch in der Annahme, daß Wahrnehmungen und Wertvorstellungen ein universelles Allgemeingut sind, über die sogar ein genereller Konsens besteht.

Das logisch-argumentative Denken wurde an Seminaren, Universitäten und Schulen zur Norm – einmal, weil diese Einrichtungen zur damaligen Zeit überwiegend von der Kirche beherrscht wurden, zum anderen aber auch, weil die freien humanistischen Denker sich mit Vorliebe der gleichen Methodik befleißigten. Gerade darin liegt ein Paradox: Dieselben Methoden fanden bei kirchlichen wie bei weltlichen (humanistischen) Denkern gleichermaßen Anklang – ein Umstand, der allerdings kaum noch verwundert, wenn man berücksichtigt, daß die neuen Methoden den traditionellen Denkrastern weit überlegen waren.

Kernstück der neuen Denkweise war der zugrundeliegende »Wahrheits«-Begriff. Die Argumentationsmethode fördert den Aufbau unvereinbarer Gegensätze und liefert somit den Beweis für die Richtigkeit der einen oder die Falschheit der anderen Position. Selbst wenn eine Sache *nicht* ganz und gar falsch ist, bedarf es zur Beseitigung des Überflüssigen erst einmal des geschickten Einsatzes kritischer Denkmethoden, da man ansonsten dem wahren Kern nicht auf die Spur kommt.

So entstand die Vorherrschaft kritischen Denkens als höchste Stufe zivilisierten Denkens – und damit die Verteidigung der Zivilisation selbst. Jedwede Störung innerhalb der herrschenden Systeme – die angeblich auf immer und ewig Bestand hatten – wurde zwangsläufig einer peinlichst genauen Untersuchung und schärfster Kritik unterzogen.

Die hohe Wertschätzung, die kritisches Denken in unserer Zivilisation genießt, führte zu einer Reihe unerfreulicher Konsequenzen. Ausgerechnet jene produktiven, generativen, kreativen und planenden Elemente, die wir zur Lösung unserer Zukunftsprobleme benötigen, hat das kritische Denken nicht zu bieten, und doch setzt sich ein hoher Prozentsatz führender Politiker aus Rechtsanwälten zusammen, die keine andere Denkweise kennen.

Kann fehlerfreies Denken als gutes Denken bezeichnet werden? Ist fehlerfreie Fahrweise eine gute Fahrweise? Wenn Sie den Anspruch erheben, absolut fehlerfrei Auto fahren zu wollen, dann lassen Sie am besten den Wagen in der Garage. Die Vermeidung von Fahrfehlern läßt, wie das kritische Denken, keinen Raum für generative, produktive und kreative Aspekte, und doch sind diese Elemente unabdingbare Voraussetzung für gesellschaftliche Fortschritte. Doch woher sollen sie kommen? In den stabilen Stadtstaaten des klassischen Griechenland mögen sie ja nebensächlich gewesen sein, legte doch die Vollkommenheit der menschlichen Existenz (Frauen und Sklaven ausgenommen) den Schluß nahe, daß jegliche Störung, wenn schon nicht direkt schlecht, so doch zumindest unnötig sein muß. Selbst in der relativ stabilen Gesellschaft des Mittelalters, die Glück und Zufriedenheit erst in der nächsten Welt verhieß, kam es darauf vielleicht nicht an. In der heutigen Zeit führt jedoch kein Weg an ihnen vorbei, und deswegen ist auch die amerikanische Neigung, in den Schulen ausschließlich »kritisches Denken« zu lehren, in ihrer mittelalterlichen Unzulänglichkeit geradezu erschreckend.

Ob der argumentative Stil auch für den auf Konfrontation ausgerichteten politischen Stil in unserer Zeit verantwortlich ist, steht auf einem anderen Blatt. Die Griechen hinterließen uns sowohl die Kunst der Argumentation als auch die Demokratie, und da wir nicht wissen, wie Demokratie ohne kontroverse Diskussion funktionieren kann, haben wir versucht, beides unter einen Hut zu bringen. Dennoch gibt es viele Kulturen (zum Beispiel den Manichäismus und den Hinduismus, um nur zwei von ihnen zu nennen), die die Vorstellung von einer ständigen Auseinandersetzung zwischen Gut und Böse ganz unabhängig vom Denken der alten Griechen entwickelt haben.

Hegels Vorstellung historischer Opposition und Spannung ebnete den Weg für den dialektischen Materialismus des Marxismus und dessen revolutionäre Kraft. Heute beeinträchtigt dieses auf der verändernden Kraft des Konflikts basierende System ein konstruktives und kreatives Denken, das bitter nötig wäre, um der Perestroika in der UdSSR zum Erfolg zu verhelfen.

Zusammenfassend können wir sagen, daß unser herkömmliches Denksystem auf »Wahrheit« beruht, die mittels Logik und Argumentation (und unter Zuhilfenahme von Statistiken und anderen wissenschaftlichen Methoden) freigelegt und kontrolliert werden muß. Das Resultat ist eine ausgeprägte Tendenz zur Negativität und zur Aggression. Negativität gilt als wirkungsvolle Methode zur Aufdeckung der Wahrheit, sie setzt sich dabei nicht nur gegen störende Außeneinflüsse zur Wehr, sondern vermittelt dem Angreifer gleichzeitig auch ein Gefühl persönlicher Genugtuung.

Das plausibelste Argument für die argumentative Denkweise besagt, daß sie der engagierten Untersuchung bestimmter Themen Vorschub leistet. Ohne die persönliche, durch die Argumentation erworbene Genugtuung (Gewinn/Verlust, Aggression, Klugheit, Pluspunkte erzielen) fehlt angeblich die Motivation. Diese Erklärung hat durchaus einiges für sich. Trotzdem ist sie mit Vorbehalt zu genießen, denn jenseits einer bestimmten Motivationsebene gerät der eigentliche Gegenstand der Untersuchung ins Hintertreffen: Die Debatte wird einseitig und sinkt auf das Niveau einer Selbstbeweihräucherung und des Jagens nach persönlichen Vorteilen herab. Niemand wird Argumente, die nur der gegnerischen Seite nützen, von sich aus zur Sprache bringen, und zwar auch dann nicht, wenn sie einen wesentlichen Beitrag zur Lösung der anstehenden Probleme liefern könnten.

Ich werde später noch ausführlicher und in jeweils anderem Zusammenhang auf diese Punkte zurückkommen.

*

Kehren wir zurück zur Bedeutung des Humors.

Humor ist deswegen so wichtig, weil zwischen der Logik des Humors und unserer herkömmlichen Logik ein himmelweiter Unterschied besteht. In der herkömmlichen (aristotelischen) Logik gibt es klare, scharf konturierte, dauerhafte Kategorien. Wir entscheiden darüber, ob etwas in eine bestimmte Kategorie paßt, ob es nicht hineinpaßt oder nicht hineinpassen *kann* (Widerspruch). Die Logik des Humors hängt dagegen unmittelbar von Mustern, Strömungen, Erwartungen und Zusammenhängen ab.

Für die Logik unserer traditionellen Denkweise habe ich den Begriff »Gesteinslogik« *(rock logic)* geprägt, für die Logik des Humors den Begriff »Wasserlogik« *(water logic)*. Ein Stein hat seine eigene Form. Er ist hart, scharfkantig, dauerhaft und unveränderlich. Wir können seine Form sehen und fühlen. Wir können sagen: Ein Stein »ist«. Er wird uns

nicht im Stich lassen und sich in etwas anderes verändern. Er wirkt auf uns wie eine unabhängige absolute Einheit. Wasser – obwohl nicht weniger real – ist völlig anders beschaffen als Stein. Es fließt. Die Betonung liegt eher auf »zu« denn auf »ist«. Das Fließen des Wassers richtet sich nach dem Gefälle (Zusammenhang). Außerdem paßt sich das Wasser der Form des Behälters an, in dem es sich befindet.
Wir können einen Kugelschreiber unter dem Gesichtspunkt seiner Einzelteile beschreiben: Metalle, Hartplastik, Weichplastik, unterschiedlich geformte Komponenten. Wir können auch den Funktionsmechanismus des Kugelschreibers und seine Bedeutung als Schreibinstrument beschreiben. Doch der »Wert« des Kugelschreibers hängt von den jeweiligen Gegebenheiten und unserer Auffassung davon ab. Für jemanden, der nicht schreiben kann, ist der Kugelschreiber so gut wie wertlos. Für jemanden, der des Schreibens kundig ist, hat er dagegen einen bestimmten Wert. Steht im gegebenen Fall kein anderes Schreibutensil zur Verfügung, so erhöht sich der Wert. Dient der Kugelschreiber dazu, eine wichtige Telefonnummer zu notieren oder ein dringend benötigtes Rezept auszustellen, so steigt sein Wert noch weiter – und zwar nicht nur in den Augen des Benutzers, sondern auch im Sinne anderer. Der Kugelschreiber hat vielleicht auch einen Geschenkwert, ja er kann, falls mit ihm ein geschichtsträchtiger Vertrag unterzeichnet wurde, sogar historischen Wert besitzen (und dies auch für jemanden, der nicht schreiben kann).

Fügt man einem Stein einen zweiten hinzu, so hat man zwei Steine. Doch wenn Wasser zu Wasser kommt, erhält man nicht zwei Wasser. Lyrik basiert auf Wasserlogik. In Gedichten fügen wir Wörter, Bilder, Metaphern und andere Hilfsmittel der Wahrnehmung Schicht auf Schicht zusammen. Das alles summiert sich zu ganzheitlicher Wahrnehmung.
Wenn Sie wollen, können Sie das in einem Glas enthaltene Wasser tropfenweise ausschütten. Ein Stein läßt Ihnen diese Wahl nicht – er ist entweder ganz im Glas oder überhaupt nicht. In unserem Rechtssystem ziehen wir eine scharfe Trennungslinie zwischen »schuldig« und »unschuldig«. Der für schuldig Befundene wird bestraft. In Japan wird die Hälfte aller Festgenommenen wieder auf freien Fuß gesetzt; der Staatsanwalt ist berechtigt, Gesetzesbrecher laufenzulassen, die sich für ihr

Tun entschuldigen und den Eindruck erwecken, sich in Zukunft besser betragen zu wollen. Das japanische System betont also nicht die Verurteilungskategorie, sondern konzentriert sich auf das Kommende. Die Verbrechensrate in Japan ist sehr niedrig. Auf 9000 Einwohner kommt dort ein Rechtsanwalt; in den USA beträgt das Verhältnis 400 zu 1.
Gesteinslogik bildet die Grundlage für unsere althergebrachte Verarbeitungslogik mit ihren unabänderlichen Kategorien, Identitäten und Widersprüchen. Wasserlogik bildet die Grundlage für die Logik der Wahrnehmung. Bis vor kurzem hatten wir nicht die geringste Ahnung von der Funktionsweise der Wahrnehmung. Inzwischen haben wir damit begonnen, auf dem Umweg über die Funktionsweise des Gehirns auch die Wahrnehmung zu begreifen.

*

Ein Pferd ist etwas anderes als ein Auto, obwohl es sich bei beiden um Transportmittel im Überlandverkehr handelt. Ein Vogel ist etwas anderes als ein Flugzeug, obwohl beide durch die Luft fliegen. Tennis ist anders als Schach, obgleich sowohl das eine wie das andere mit zwei Spielern ausgetragen werden kann und einen Gewinner und einen Verlierer produziert. Suppe ist etwas anderes als Spaghetti, obwohl beides Nahrungsmittel sind und oft als Entrée verspeist werden.
Ebenso gibt es zwei unterschiedliche Arten von Informationssystemen. Da ist zunächst das herkömmliche »passive« System, bei dem Teile, Symbole oder Information aufgezeichnet und auf einer irgendwie gearteten Oberfläche gespeichert werden. Die Information auf der Oberfläche verändert sich nicht. Die Oberfläche verändert sich nicht. Wir brauchen einen Operator außerhalb des Systems, der die Information unter Befolgung bestimmter Regeln steuert. Stellen Sie sich einen Schachspieler vor. Die Figuren hocken passiv und unbeweglich auf dem Schachbrett, bis der Spieler sie den Regeln entsprechend und mit einer bestimmten Strategie im Sinn bewegt.
Herkömmliche Computer sind passive Informationssysteme. Die Information wird auf Bändern oder Disketten gespeichert und schließlich (anhand bestimmter Vorschriften und zu einem bestimmten Zweck) von einem zentralen Prozessor verarbeitet. Auch der Schüler, der seine Rechenaufgaben in ein Heft schreibt, ist ein Beispiel für ein passives Informationssystem. In passiven Systemen gibt es eine klare Tren-

nungslinie zwischen der passiven Speicherung der Information und ihrer Handhabung durch einen Operator von außen. Auch die Art und Weise, wie wir mit der Sprache und mit Symbolen umgehen, basiert auf dem Verhalten passiver Informationssysteme. Wir benutzen die gespeicherten Einzelheiten unter Befolgung mathematischer, grammatikalischer und logischer Regeln.

Bei dem anderen Systemtyp handelt es sich um ein »aktives« System. Hier gibt es keinen außerhalb des Systems arbeitenden logischen Operator. Alle Aktivität spielt sich innerhalb der Speicherfläche ab. Die Information ist aktiv. Die Oberfläche ist aktiv. Die Information wirkt auf die Oberfläche ein, um Anordnungen, Abfolgen, Muster, Schleifen und so weiter zu bilden.

Ein einfaches Beispiel für ein aktives (selbstorganisiertes) Struktursystem ist Regen, der auf eine unberührte Landschaft fällt. Mit der Zeit läuft das Regenwasser zu Strömen, Bächen und Flüssen zusammen. Die Landschaft ist verändert worden. Regen und Landschaft interagieren. Es gibt Aktivität. Zukünftiges Regenwasser wird in den neugeformten Bahnen fließen. Passive Systeme speichern lediglich einen Ort oder eine Form auf der Oberfläche. Der Ort oder die Form beziehen ihre Bedeutung aus einer zuvor definierten Situation. Aktive Systeme speichern Ort, Zeit, Abfolge und Zusammenhang – also all jene Faktoren, die für die Bildung von Mustern und den Bezug der Dinge untereinander verantwortlich sind. Aktive Systeme werden manchmal als »selbstorganisierte Systeme« bezeichnet, weil sie nicht von einem außerhalb befindlichen »Organisator« abhängig sind, sondern sich selbst organisieren. Vor allem auf den Gebieten Thermodynamik, Biologie, Mathematik und Wirtschaftswissenschaften kommt den selbstorganisierten Systemen immer größere Bedeutung zu.

*

1968 schrieb ich ein Buch mit dem Titel *The Mechanism of Mind (Der Mechanismus des Verstandes)*. Es fand damals kaum Beachtung, da die Zeit für die darin formulierten Ideen noch nicht reif war.

In jenem Buch führte ich aus, daß sich die neuronale Struktur im Gehirn wie ein selbstorganisiertes System verhält, das eingehende Informationen dazu ermutigt, sich selbst zu einer Reihe stabiler Zustände zusammenzufinden, die einander folgen – womit wir bei der Bildung von

Sequenzen und Mustern angelangt wären. Ich beschrieb diese Musterbildung als das natürliche Verhalten verhältnismäßig einfacher neuronaler Strukturen.
Mittlerweile haben die Prinzipien, die ich in dem Buch zur Diskussion stellte, großen Anklang gefunden. Sie bilden die Grundlage für die neuesten Entwicklungen auf dem Computermarkt, den neuralen Netzwerk-Computern. In der Folge sind eine Reihe unterschiedlicher Modelle und Computersimulationen dieser Art von System vorgelegt worden, so zum Beispiel von Gerald Edelman (1977) und von John Hopfield (California Institute of Technology). Ich behaupte nicht, daß diese Folgeentwicklungen auf den Konzepten beruhen, die ich 1969 zum Ausdruck brachte, denn ich war nicht der einzige, der damals über das Verhalten von neuronalen Strukturen arbeitete. Ich behaupte allerdings, daß jene Ideen und Konzepte, die zur damaligen Zeit merkwürdig, verrückt und nebensächlich erschienen, mittlerweile Allgemeingut geworden sind. Inzwischen gibt es Bereiche der Mathematik, die sich mit dem Verhalten solcher Systeme beschäftigen. Bemerkenswert ist auch, daß das von mir 1969 vorgeschlagene Modell von M. H. Lee und Mitarbeitern per Computer nachvollzogen wurde und sich wie erwartet verhielt.* Dies ist insofern bedeutsam, als Begriffsmodelle sich bisweilen anders verhalten als erwartet.

*

Wenn Sie sich morgens anziehen, dann haben Sie es mit einer ganzen Reihe von Kleidungsstücken zu tun. Wenn Sie beispielsweise elf Kleidungsstücke tragen wollen, so gibt es theoretisch 39 Millionen verschiedene Reihenfolgen, von denen ungefähr 5000 praktikabel sind (Sie können die Schuhe zum Beispiel nicht vor den Socken anziehen). Sie müssen also, um sich anziehen zu können, unter den 5000 Möglichkeiten eine Auswahl treffen.
Die mathematischen Berechnungen, die zu einer dermaßen riesigen Auswahl führen, sind einfach; ich komme später noch auf sie zurück. Der springende Punkt ist, daß wir, wenn unsere Gehirne wie herkömmliche Computer arbeiteten, ungefähr zwei Tage zum Anziehen

* M. H. Lee und A. R. Marudarajan, *International Journal of Man-Machine Studies* (1982), Bd. 17, S. 189–210

bräuchten, eine Woche zur Zubereitung des Frühstücks und eine Woche für den Weg zur Arbeit. Jedesmal wenn Sie nach einem Glas greifen, müßten Sie erst herausfinden, wie es gehalten und gefüllt wird und wie man daraus trinkt.
Doch weil das Gehirn sich wie ein selbstorganisiertes System mit selbstgeschaffenen Mustern verhält, ziehen wir uns in der üblichen Zeit an und trinken ganz normal aus einem Glas. Sobald die Muster erst einmal vorhanden sind, machen wir von ihnen einfach Gebrauch. Wir sollten diesem musterbildenden Verhalten unendlich dankbar sein, denn ohne es wäre das Leben nicht zu bewältigen.
Kommt es wirklich darauf an, ob wir die Arbeitsweise des Gehirns nun tatsächlich verstehen oder nicht? Kommt es wirklich darauf an, ob wir das Informationssystem, um das es hier geht, verstehen?
Auf jeden Fall. Philosophie und Psychologie haben von jeher darunter gelitten, daß bei ihnen eine Beschreibung die andere jagt, und dies in einem komplizierten Tanz von Worten. Jede einzelne Beschreibung paßt nur auf das, was sie beschreibt. Wenn wir weiterkommen wollen, müssen wir den eigentlichen Mechanismus verstehen. Kein Mechanismus ist so fundamental wie die Arbeitsweise der neuronalen Strukturen im Gehirn. Sobald wir ihre Mechanismen verstanden haben, sind wir von den endlosen Beschreibungen befreit. Wir können auf diesem Verständnis aufbauen und (wie im Fall des lateralen Denkens) neue Denkwerkzeuge erfinden. Wir können die Schwächen und die negativen Tendenzen innerhalb des Systems erkennen und sehen, wie diese durch unsere herkömmlichen Denkgewohnheiten noch gefördert werden. Wir begreifen allmählich, daß wir neue Denkgewohnheiten benötigen.
In diesem Buch werde ich mich ausführlich damit beschäftigen, wie es im Gehirn zur Bildung von Mustern und deren Anwendung kommt. Ich werde mich außerdem damit beschäftigen, inwiefern diese Musterbildung die Grundlage von Wahrnehmung und an der Entstehung der folgenden Teilaspekte von Wahrnehmung beteiligt ist: Wiedererkennen, Unterscheidungsvermögen, Polarisierung, Konzentrierung, Humor, Einsicht, Kreativität sowie der Vorteile und Probleme der Sprache. Ich werde untersuchen, inwieweit der Gehirnmechanismus tatsächlich unser Denken beeinflußt. Die Mehrzahl der auf diesem Gebiet tätigen Forscher befassen sich mit der Konstruktion von Computern, die

ähnlich »denken« wie das menschliche Gehirn; es geht ihnen also vor allem um die Schaffung künstlicher Intelligenz. Mein Schwerpunkt liegt eher auf der Beobachtung des Verhaltens solcher Systemtypen, wobei es mein Ziel ist, ihren Schwächen auf die Spur zu kommen und dadurch verbesserte Anwendungsmöglichkeiten zu finden. Ich möchte auf den Stärken des Systems aufbauen und seine Schwächen verringern. Ich möchte bessere »Software« für das Gehirn entwerfen.

Unsere herkömmlichen Denksysteme basieren eher auf der Sprache denn auf der Arbeitsweise des Gehirns. Folglich besteht bisweilen die Tendenz, die negativen Seiten des Systems (die starke Neigung zur Polarisierung) zu fördern und die Pluspunkte (Kreativität und Veränderungen der Wahrnehmung) zu vernachlässigen.

*

Die im Gehirn geprägten Muster sind nicht symmetrisch: Dies ist ein entscheidender Punkt für das Verständnis von Gehirnmechanismen. Aber was hat es zu bedeuten?

Wenn Sie zu einem neuen Restaurant fahren, dann wählen Sie die Route, die Ihnen am vertrautesten ist. Unter Umständen haben Sie einen langen Anfahrtsweg. Nach dem Essen macht Sie einer Ihrer Bekannten, mit dem Sie den Abend verbracht haben, darauf aufmerksam, daß es einen viel kürzeren Nachhauseweg gibt. Sie folgen seinem Rat und merken, daß Ihnen dieser Weg, hätten Sie ihn schon bei der Hinfahrt benutzt, eine Menge Zeit erspart hätte. Der Anfahrtsweg zum Restaurant ist also nicht gleich dem Nachhauseweg. Wenn die Musterfolge von A nach B nicht gleich der von B nach A ist, dann sind die Muster nicht symmetrisch.

Solange das Gehirn sich in seiner Eigenschaft als Bewußtsein auf Hauptstraßen bewegt, sind wir uns eventueller Seitenwege nicht einmal bewußt: Sie werden vorübergehend durch die dominante Route unterdrückt. (Ich werde später noch darauf eingehen, daß es sich hierbei um das einfache und natürliche Verhalten der neuronalen Struktur handelt.)

Wenn wir es »irgendwie« schaffen könnten, von der Haupt- auf die Nebenstraße zu kommen, dann ist der Rückweg zum Ausgangspunkt ganz klar. Diese Seitwärtsbewegung, das Kreuzen eingefahrener Bahnen, liegt dem Begriff »laterales« Denken zugrunde (bei dem wir Muster seitwärts durchqueren, statt ihnen auf Hin- und Rückweg zu folgen). Das »Irgendwie«, das uns die Durchkreuzung der Muster ermöglicht, ist das Wesen des Humors und erwächst beim bewußt kreativen Denken aus lateralen Denktechniken wie beispielsweise der Provokation.

Die Bedeutung von Humor liegt eben darin, daß er auf die Bildung von Mustern, die Asymmetrie von Mustern und die Umstellung von einem zum anderen Muster schließen läßt. In einem passiven Informationssystem geschieht nichts dergleichen. Deswegen blieb traditionsgebundenen Philosophen, Psychologen und Informatikern auch nichts anderes übrig, als Humor zu ignorieren, denn in passiven Informationssystemen kann es gar keinen Humor geben. Kreativität und laterales Denken beruhen auf der gleichen Basis wie Humor.

Das Hauptstraßenmuster richtet sich nach der Folge unserer persönlichen Erfahrungen (in Vergangenheit und Gegenwart), nach den Wörtern und Begriffen, die der jeweilige Kulturkreis zur Verfügung stellt, sowie nach dem sich aus unserer unmittelbaren Umgebung ergebenden Kontext. Wenn es uns gelingt, »irgendwie« auf einen Seitenweg auszuweichen, dann stoßen wir auf eine kreative Idee, die absolut logisch ist – sobald wir sie erst einmal gefunden haben. Dies ist die Grundlage von Einsicht und das Resultat gezielten lateralen Denkens. Hier aber stoßen wir auf den entscheidenden Punkt, nämlich die Erklärung dafür, warum wir kreatives Denken nie ernst nehmen konnten.

Jede wertvolle kreative Idee (und damit meine ich Konzepte und Wahrnehmungen, nicht die künstlerische Betätigung) muß im nachhinein stets logisch sein. Andernfalls könnten wir den Wert dieser Idee nie einsehen. Sie wäre nichts weiter als eine »verrückte Idee«. Vielleicht sind wir in zwanzig Jahren imstande, sie zu begreifen – oder auch nie, denn es kann sich natürlich auch um eine tatsächlich verrückte Idee gehandelt haben.

Meine ersten Publikationen über laterales Denken wurden von vielen für verrückt gehalten, weil sie unserer herkömmlichen Denkweise in etlichen Punkten widersprachen. Mittlerweile gilt laterales Denken als sinnvoll – und in selbstorganisierten Systemen als mathematisch unabdingbar. Da jede wertvolle kreative Idee, damit wir sie akzeptieren können, im nachhinein logisch sein muß, sind wir bisher bedauerlicherweise davon ausgegangen, daß wir sie mittels besserer Logik gleich von vornherein hätten erreichen können und daß kreatives Denken daher

überflüssig sei. Diese scheinbar »logische« Gedankenfolge hat bewirkt, daß wir kreatives Denken bisher nie ernsthaft in Erwägung gezogen haben.
Daß bei musterbildenden Systemen Ideen, die in der Retrospektive klar und deutlich erscheinen, oft nicht vorhersehbar sind, ist eine ziemlich neue Erkenntnis, zu deren Verständnis man – zumindest in groben Zügen – über die Natur von musterbildenden Systemen informiert sein muß. Die überwältigende Mehrheit der Denker in Gegenwart und Vergangenheit hat sich nur mit passiven Informationssystemen befaßt und kann diesen Punkt deshalb nicht nachvollziehen. Im herkömmlichen System gibt es keinen Ort und keine Mechanismen für kreatives Denken, ja nicht einmal ein Bedürfnis danach. In musterbildenden Systemen hingegen ist kreatives Denken absolut notwendig, und selbstverständlich sind der Ort und die Mechanismen dafür ebenfalls vorhanden.
Dies ist nur ein – wenn auch sehr wichtiges – Beispiel dafür, wie sehr das Versäumnis, das Informationssystem des Gehirns zu verstehen, unser Denken einengen kann. Es macht unsere Schwächen beim kreativen Denken verständlich, das bei der Lösung jener Probleme, denen wir mittels Analyse nicht beikommen können, so dringend erforderlich ist.
Wie kann es uns gelingen, seitwärts auf die Nebenstrecke überzuwechseln, um zu kreativer Einsicht zu gelangen? Wir können natürlich auf eine solche Einsicht warten, auf Intuition, einen Unfall oder Fehler oder auch einen Glückstreffer und die verrückte Idee eines anderen. Dabei handelt es sich um die herkömmlichen Quellen für neue Ideen – und gelegentlich setzen sie sich sogar durch. Wir können uns aber auch zielgerichtete, systematischere Methoden ausdenken und sie zur Anwendung bringen. Wir können zum Beispiel mit »Provokation« arbeiten, gekennzeichnet durch das neue Wort »PO«. Ich erfand es als Sprachsignal, das eine absichtliche Provokation anzeigt. Ein solches Signal ist erforderlich, um eine Feststellung wie »Autos sollten eckige Räder haben« nicht völlig verrückt oder unsinnig erscheinen zu lassen. Eine Provokation ist eine Aussage, die außerhalb unseres normalen Erfahrungsbereiches liegt. Sie zwingt uns, aus den alten Bahnen auszuscheren. Von der Provokation aus gelingt uns der Absprung zu einem neuen Muster, der Entwurf einer neuen Idee. Die Provokation »PO – Autos haben eckige Räder« führte vor vielen Jahren zum Entwurf einer

sich den Unebenheiten des Untergrunds anpassenden Radaufhängung. Anstatt über jede Bodenwelle hinwegzurumpeln, sollen die Autos gleichsam darüber »hinwegfließen«. Dieses Konzept wird gegenwärtig in die Tat umgesetzt.

Ähnlich bewußter Techniken bediente sich auch Peter Ueberroth, der die Olympischen Spiele 1984 in Los Angeles dank der Einführung neuer Konzepte zu einem überwältigenden Erfolg machte. Zuvor stand die Zukunft der olympischen Bewegung auf dem Spiel, weil keine Stadt sich mehr auf die riesigen finanziellen Verluste einlassen wollte, die vergangene Spiele mit sich gebracht hatten. Es ist der Kreativität (und den Führungsqualitäten) von Herrn Ueberroth zu verdanken, daß sich heute wieder viele Städte um die Austragung der Olympiade bewerben. Herr Ueberroth hatte neun Jahre zuvor anläßlich eines Vortrags, um den mich die *Young Presidents Organisation* in Boca Raton, Florida, gebeten hatte, erstmals von den lateralen Denktechniken erfahren. Er selbst berichtete darüber in der *Washington Post* vom 30. September 1984.

Es gibt noch weitere laterale Denktechniken, so zum Beispiel die des »beliebigen Worts«. In einem passiven Informationssystem wäre diese Technik völlig unsinnig; in einem selbstorganisierten System ist sie dagegen absolut logisch und mathematisch einsichtig.

*

Was können wir darüber hinaus noch von aktiven Informationssystemen lernen, die ihre eigenen Muster schaffen und verwenden?

Wenn Sie eine Stahlkugel auf den Strand fallen lassen, dann wird sie sich genau unterhalb der Stelle, an der Sie sie losgelassen haben, in den Sand eingraben. Und nun lassen Sie dieselbe Kugel in das weite Ende eines Trichters fallen. Gleichgültig, wo sie die Kugel (innerhalb des Trichterradius) loslassen, so wird sie doch stets an derselben Stelle am anderen Ende des Trichters wieder herauskommen. Alles Wasser, das irgendwo im weiten Einzugsgebiet eines Flusses niederfällt, endet über kurz oder lang auch in diesem Fluß. Muster innerhalb eines selbstorganisierten Systems verhalten sich ebenso. Sie haben ein großes Einzugsgebiet. Das bedeutet, daß viele instabile Muster auf ein stabiles Hauptmuster zulaufen. Wir nennen dieses mit dem Einzugsgebiet eines Flusses vergleichbare Verhalten »Zentrierung«.

Zentrierung ist eine sehr nützliche Eigenschaft der Wahrnehmung, bedeutet es doch, daß wir Dinge und Situationen auch dann noch wiedererkennen können, wenn sie nicht genau in der uns vertrauten Form auftauchen. Wir können einen Teller unabhängig vom Blickwinkel wiedererkennen, selbst wenn die Perspektive des Fotografen ihn oval erscheinen läßt.

Sprache basiert auf dieser Zentrierungs- und Einzugsfähigkeit von Mustern. Dies ist generell ganz gut und nützlich, birgt jedoch auch etliche Probleme in sich: Wir können alles nur unter dem Gesichtspunkt bereits vorhandener Strukturen sehen. Englisch ist wahrscheinlich die reichste Sprache der Welt, weil sie eine solche Fülle von Wörtern und Abstufungen aufweist.

Sie eignet sich hervorragend für Beschreibungen, aber nur sehr bedingt für die Wahrnehmung. (Dies mag für jene, die die Funktionstüchtigkeit und den Abwechslungsreichtum der Sprache schätzen, überraschend, ja sogar empörend klingen.) Im Englischen sind nicht viele Abstufungen zwischen »Freund« und »Feind« und zwischen »mögen« und »nicht mögen« im Gebrauch. Wir können die dazwischenliegenden Abstufungen auf mannigfaltige Weise beschreiben, doch handelt es sich dabei um Beschreibungen im nachhinein. Eine Inuit-Sprache im Norden Kanadas kann bis zu zwanzig Abstufungen zwischen »Freund« und »Feind« enthalten. Es gibt sogar ein einzelnes Wort, das die folgende Mitteilung zum Ausdruck bringt: »Ich mag dich sehr gerne, aber auf die Robbenjagd möchte ich mit dir nicht gehen.« Ein solches Wort ermöglicht es dem Beobachter, die andere Person in ebendiesem Licht zu sehen.

Der Verstand kann nur das sehen, was er zu sehen bereit ist. Das Gehirn muß die bestehenden Muster und Einzugsgebiete benutzen. Wenn wir uns einbilden, bestimmte Daten zu analysieren, dann durchforsten wir in Wirklichkeit nur unseren Vorrat an bestehenden Ideen, um zu sehen, ob vielleicht eine paßt. Unsere Analyse kann den Ansprüchen allerdings gerecht werden, solange unser Ideenvorrat groß genug ist.

Die Datenanalyse allein wird jedoch keine neuen Ideen hervorbringen. Die Bedeutung dieser Aussage wird klar, wenn man bedenkt, daß alle Wissenschaft und jeder Fortschritt auf der Annahme basieren, die Datenanalyse allein könne sämtliche Ideen produzieren, die wir in Zukunft benötigen. Produzenten von neuen Ideen müssen in der Tat eine Menge »Kopfarbeit« leisten und die gefundenen Ideen mit den Daten vergleichen. Mit der Datenanalyse allein ist es nicht getan.

*

Um Tennis spielen, einen neuen Tanzschritt oder segeln zu lernen, bedarf es normalerweise häufiger Wiederholung und Übung. Wir wissen aus Erfahrung, daß Lernen mit Zeitaufwand und Wiederholungen verbunden ist.

Wie oft müssen Sie Ihren Finger ins Feuer halten, bevor Sie gelernt haben, es nicht mehr zu tun? Nur einmal. Wie ist es möglich, daß ein Lernprozeß derart schnell vonstatten geht? Der Finger im Feuer mag gut und gerne das einfachste Beispiel für ein »Glaubenssystem« sein. Ein Glaubenssystem ist eine Art der Weltsicht, die uns daran hindert, die Gültigkeit dieses Glaubens in Frage zu stellen. Glaubenssysteme produzieren Wahrnehmungen, die das Glaubenssystem noch verstärken. Sie können derart übermächtig werden, daß manche Menschen bereit sind, dafür ihr Leben aufs Spiel zu setzen.

Der Verstand muß sich Glaubenssysteme schaffen, weil er ohne sie nie imstande wäre, seine unterschiedlichen Erfahrungen miteinander zu verknüpfen. Sie sind praktisch und notwendig. Die neuronalen Strukturen im Gehirn bilden ganz mühelos jene Kreisläufe, die wahrscheinlich die Basis unserer Glaubenssysteme bilden. Die »Verbindungsfunktion« des Gehirns rührt unmittelbar aus der Art, wie die Nerven miteinander verkoppelt sind, und ermöglicht es uns (wie Kant vermutete), an Ursache und Wirkung und andere Beziehungen zu glauben.

*

Wie wahr sind Glaubenssysteme? Welche Bedeutung hat »Wahrheit« bei der Wahrnehmung, im Glauben und in der Logik? Ist »Wahrheit«, wenn wir einmal von der besonderen Variante der mathematischen Wahrheit absehen, etwa selbst ein Glaubenssystem? Einige Wahrheiten sind zweifelsohne tatsächlich wahr. Andere sind als »wahr« verwertbar. Vielleicht liegt der gesellschaftliche Wert von Wahrheit darin, Bestimmung zu sein – solange wir nicht von der Vermutung ausgehen, dieselbe bereits erreicht zu haben. Dies sind einige der Themen, die ich in diesem Buch ausführlich behandeln möchte.

*

Was wird geschehen, wenn wir uns gegen eine Neue Renaissance entscheiden und uns weiterhin mit unseren herkömmlichen Denkgewohnheiten begnügen?
Vielleicht verschwinden ja unsere gegenwärtigen Probleme auf einen Schlag, und die Welt bessert sich. Und warum? Weil dies der Kreislauf von Bestimmung oder Entwicklung sein könnte.
Vielleicht lernen wir ja mit unseren vorhandenen Denkfertigkeiten besser umzugehen und können daher unsere Probleme besser bewältigen. Warum? Weil wir immer mehr Erfahrungen sammeln und mehr Informationen zur Verfügung haben.
Vielleicht genügen ja Veränderungen in unseren Wertvorstellungen, um unser vorhandenes Denkvermögen voll auszuschöpfen und alle Probleme zu lösen. Warum? Weil der Fehler nicht in unserem Denkvermögen, sondern bei unseren Wertvorstellungen liegt.
Mit diesen Möglichkeiten können wir uns entweder zufriedengeben – oder nicht.
Vielleicht sollten wir aber auch unsere gegenwärtigen Methoden zur Förderung des Fortschritts daraufhin untersuchen, ob sie den an sie gestellten Ansprüchen überhaupt genügen. Zu diesen Methoden zählen unter anderem: das Konzept des intelligenten Verhaltens und der Evolutionsbegriff, das Hin und Her politischer Debatten, die Problemanalyse und die Datenanalyse zur Produktion neuer Ideen, Lehren aus der Geschichte und umwälzende Veränderungen in unseren Wertvorstellungen. Unsere gegenwärtigen Methoden ließen sich definieren als »die intelligente Anwendung traditioneller Logik mit Hilfe der zur Verfügung stehenden Informationen innerhalb bestimmter Wertvorstellungen«.
Ich halte diese Methoden für unzureichend. Mit Intelligenz allein ist es gewiß nicht getan. Wie viele hochintelligente Menschen sind schlechte Denker! Ein intelligenter Mensch könnte sein Denken beispielsweise nur zur Verteidigung eines bestimmten Standpunkts benutzen. Je geschickter die Verteidigung, desto geringer die Chance, daß er je das Bedürfnis verspürt, das Thema gründlicher zu untersuchen, anderen zuzuhören oder Alternativen zu entwickeln. So etwas nenne ich schlechtes Denken.
Die Beziehung zwischen Intelligenz und Denken ist mit der zwischen einem Auto und seinem Fahrer vergleichbar. Die Pferdestärken und die

Konstruktion des Wagens stellen ein bestimmtes »Potential« dar. Doch die tatsächliche Leistung des Autos hängt auch von der Geschicklichkeit des Fahrers ab. Ein leistungsstarker Wagen kann miserabel chauffiert, ein schlichteres Modell durchaus geschickt gesteuert werden.

Wir setzen große Hoffnungen darauf, daß der Evolutionsprozeß den Weg zum Fortschritt ebnet. Und warum? Zum einen glauben wir, daß Evolution bestens funktioniert, zum anderen begegnen wir jeglicher Planung, also dem Gegenteil von Evolution, mit dem allergrößten Mißtrauen. Weil wir davon ausgehen, daß hinter jeder Planung eine bestimmte Sichtweise steht, begegnen wir geplanten Ideen und verplanten Zukünften mit tiefem Argwohn. Auch halten wir es nicht für möglich, daß eine Planung tatsächlich alle relevanten Faktoren berücksichtigen kann. Wir bezweifeln, daß sie der menschlichen Natur und den Bedürfnissen des Menschen gerecht werden kann, und glauben nicht, daß Planung die Folgen der Planung voraussieht. Wir denken sofort an die Planung von Wohntürmen. Viele dieser Einwände sind absolut berechtigt – und dennoch planen und entwerfen wir unentwegt: Verfassungen, Rechtssysteme, neue Medikamente, Autos und Teppiche.

Gerne setzen wir unsere Hoffnungen auf die Evolution: Sie verläuft maßvoll und graduell und bietet daher den Bedürfnissen, Wertvorstellungen, Reaktionen und Geschehnissen die Möglichkeit, selbst Ideen zu entwickeln. Der Evolutionsprozeß läßt den Gestaltungskräften der Kritik einen gewissen Spielraum. Schlechte Ideen werden das Zeitliche segnen, gute Ideen hingegen überleben und sich mit der Zeit sogar noch verbessern. Wir haben eine Schwäche für die Evolutionsmethode, denn sie paßt hervorragend zu unseren überlieferten Denkgewohnheiten. Veränderungen verfügen über ihre eigene Dynamik, und wir können sie, weil Kritik die Basis unserer Denktradition bildet, durch den Einsatz ebendieser Kritikfähigkeit modifizieren und kontrollieren. Außerdem ist die Evolution ein kollektiver Prozeß, der demokratisch wirkt, während Planung immer etwas Autokratisches an sich hat.

Die Evolution hat also einiges für sich; die Gründe dafür sind gewichtig und erwecken Vertrauen. Aber sie hat auch einen großen Nachteil. Stellen Sie sich vor, man gäbe Ihnen einige Holzklötze in geometrischen Formen (Würfel, Quader, Dreiecke und so weiter). Sie erhalten die Klötze einzeln, einen nach dem anderen, und Ihre Aufgabe besteht darin, sie jeweils so anzuordnen, daß eine größere geometrische Form

entsteht. Mit jedem Klotz, den man Ihnen reicht, bauen Sie, wenn irgend möglich, an das an, was Sie vor sich haben. Ihr nächster Schritt ist stets von ihrem jeweiligen Standpunkt abhängig. Nur wenn es partout nicht möglich ist, an das vor Ihnen Liegende anzubauen, nehmen Sie alles auseinander und fangen wieder von vorne an. Es wird der Punkt kommen, da die Anordnung, die Sie durch den Anbau an bereits Vorhandenes erhalten, kaum mehr genügt. Nun sollten Sie eigentlich von vorne anfangen und die Klötze ohne Rücksicht auf die Reihenfolge, in der Sie sie erhalten haben, so gut wie irgend möglich neu zusammensetzen.
Die Schwäche der Evolution liegt darin, daß die Ideen und Strukturen, die sie uns vorgibt, von der Reihenfolge der Entwicklungen abhängig sind. Solange die Entwicklungslinie unseren Ansprüchen genügt, folgen wir ihr ohne weiteres. Ist sie aber katastrophal, so machen wir kehrt und denken neu darüber nach. Es ist gut möglich, daß die Ideen und Strukturen, auf die wir zurückgreifen müssen, weit hinter dem Potential unseres vorhandenen Wissens hinterherhinken. Evolution ist also (aufgrund ihrer Abhängigkeit von Zeitfolgen) keinesfalls ein rationeller, sondern allenfalls ein hinlänglicher Mechanismus.
Sprache ist in gewisser Hinsicht ein Museum der Unwissenheit. Alle Wörter und Begriffe stammen, verglichen mit unserem heutigen Wissensstand, aus Epochen relativer Unwissenheit, sind aber durch die Sprache zur Ewigkeit verdammt. Uns bleibt nichts anderes übrig, als mit ihnen die Realität der Gegenwart zu bewältigen – und das heißt, daß wir unter Umständen gezwungen sind, bestimmte Dinge und Sachverhalte in einem äußerst unzureichenden Licht zu sehen.
Das Wort »Design« sollte ein sehr wichtiges Wort sein, umfaßt es doch sämtliche Aspekte der Zusammenstellung von Einzelfakten zur Erzielung eines bestimmten Ergebnisses. Tatsache ist jedoch, daß das Wort durch den Sprachgebrauch in seiner Bedeutung reduziert wurde. Das Wort »Design« erweckt in uns allenfalls Assoziationen an Graphik, Technik und Architektur. Viele Leute verbinden mit »Design« lediglich ein äußeres Erscheinungsbild, zum Beispiel in der Mode.
Sprache allein hätte das Wort »PO« nie entwickeln können, denn es liegt auf keiner Evolutionslinie. Dennoch ist »PO« ein wichtiges Wort, und zwar sowohl aus mathematischen als auch aus gesellschaftlichen Gründen. Als ich an der Schule 57 in Moskau unterrichtete, meinte

einer meiner Schüler, daß bei jungen Leuten ein echtes Bedürfnis für »PO« bestünde; ohne dieses Wort könnten sie nämlich die Dinge nur so sehen, wie sie sind, und nicht so, wie sie sein *könnten.*

Sollen wir uns also, wenn die Evolution nicht genügt, auf eine Revolution einlassen? Überall, wo radikale, durch Evolution nicht erreichbare Veränderungen fällig sind, wird diese Frage gern bejaht. Doch in den meisten Gesellschaftsformen unserer Zeit ergeben Revolutionen alten Stils längst keinen Sinn mehr. Revolutionen sind gefährlich, verschwenderisch und destruktiv. Und oft genug führen sie lediglich dazu, daß eine Führungsclique durch eine andere ersetzt wird, ohne daß sich an dem System selbst viel geändert hätte.

Zur Charakterisierung einer Veränderung, die radikaler ist als Evolution und gradueller verläuft als Revolution, benötigen wir beinahe einen neuen Begriff: »Provolution«. Es war eine Veränderung dieser Art, auf die ich es in meinem Buch *Positive Revolution for Brazil* abgesehen hatte. Als Waffen werden nicht Gewehrkugeln, sondern Erkenntnisse und Wertvorstellungen eingesetzt. Die Schritte sind klein, aber sie summieren sich. Es wird beständig auf die Verbesserung bestimmter Zustände statt auf die Vernichtung eines Feindes hingearbeitet. Provolution basiert auf Wasser-, nicht auf Gesteinslogik.

Die Medien, die Kunst und die Kultur können durchaus wirkungsvolle Mechanismen zur Veränderung von Wertvorstellungen sein. Es ist noch nicht allzulange her, daß man sich fast schon dafür entschuldigen mußte, Nichtraucher zu sein. Heutzutage befinden sich die Raucher in der Defensive – sie sind es, die sich entschuldigen müssen. Die wachsende Sorge um die Umwelt und das zunehmende Interesse an ökologischen Belangen zeigt den enormen Einfluß, den *Pressure-groups* und kumulative, mit Nachdruck vertretene Meinungsäußerungen bei der Veränderung gesellschaftlicher Werte haben können. Die Politiker passen sich der jeweiligen Stimmung an, weil sie sonst mit Stimmenverlusten rechnen müssen. In einigen Gesellschaften ist die soziale Stellung der Frauen und bestimmter Minderheiten mit Hilfe der gleichen Mechanismen verändert worden.

Wir dürfen allerdings nicht außer acht lassen, daß Änderungen in den Wertvorstellungen bisweilen auch schädlich sein können. Es waren offenkundige Veränderungen von Wertvorstellungen, die Deutschland während der Nazizeit Macht und Zusammenhalt verliehen. Das Schüren von Haß und Feindseligkeit sowie die Hervorhebung kriegerischer »Tugenden« sind für zahllose Aggressionen verantwortlich. Auch hat das forcierte Beharren auf bestimmten Wertvorstellungen immer wieder zu Vorurteilen und Verfolgungen geführt.

Eine generelle Bereitschaft und wachsender, auf veränderte Wertvorstellungen zurückzuführender Druck tragen ihr Scherflein zum Fortschritt bei. Die Bewegung »Langsames Wachstum« *(Slow Growth Movement)* in Kalifornien zum Beispiel könnte, auch wenn sie bisweilen auf eigennützigen Motiven basiert (»Nur nicht in meinem Hinterhof!«), in der Frage, ob Städte allein um des Wachstums willen wachsen müssen, zu einer Neubesinnung führen.

Unabhängig von der Kraft veränderter Wertvorstellungen gibt es stets auch Bedarf an neuen Konzepten, mit deren Hilfe veränderte Wertvorstellungen in die Tat umgesetzt werden können. Manchmal genügt es schon, *gegen* etwas zu sein. Gerade bei der Beendigung oder Abschaffung bestimmter Sachverhalte sind Bürgerbewegungen und Lobbys oft sehr erfolgreich. Doch in vielen Fällen werden auch konstruktive Ideen benötigt. Wie reagiert man, wenn Öl aufgrund der Umweltgefährdung nicht mehr transportiert werden kann? Wie verhindert man, daß immer mehr Menschen in die Großstädte ziehen?

Bürgerbewegungen und Lobbys sind in gewisser Hinsicht Bestandteile unserer althergebrachten, auf Konfrontation ausgerichtete Denkkultur. Es reicht aus, gegen etwas zu sein – soll sich doch die Gegenpartei um eine Lösung kümmern. Eine solche Haltung zeugt von weit übertriebenem Vertrauen in die konstruktiven Fähigkeiten der »anderen Seite«.

*

Das Hin und Her politischer Argumentation hat nur geringe konstruktive oder kreative Kraft, denn Argumente sind von Natur aus weder konstruktiv noch kreativ. Sie dienen dazu, der Wahrheit auf die Spur zu kommen, und nicht, sie zu erschaffen. Mit Argumenten kann man einer schlechten Idee begegnen und eine gute durch Modifikationen verbessern. Doch Argumente können ebensowenig neue Ideen produzieren, wie die Gärtnerschere Pflanzen züchten kann. Politiker brauchen allerdings auch nicht kreativ zu sein. Für neue Ideen haben sie ihre Berater und Sachverständigen.

Auf Analyse verstehen wir uns bestens. In sämtlichen Bildungsstätten –

und zwar besonders in jenen auf höchster Ebene (wie der Harvard Business School und den Grandes Écoles in Frankreich) – liegt der intellektuelle Schwerpunkt fast ausschließlich auf der Analyse. Man geht davon aus, daß die gründliche Untersuchung einer Situation oder eines Problems die beste Voraussetzung für die Lösung darstellt. Dagegen ist kaum etwas einzuwenden – doch liegt hier gleichzeitig einer der größten Trugschlüsse der abendländischen Denkkultur.
Sie haben Schmerzen. Sie analysieren die Ursachen Ihres Unbehagens und stellen fest, daß Sie auf einer Nadel sitzen. Sie entfernen die Nadel, und damit hat es sich. Die Ursache wurde gefunden und beseitigt. Es gibt viele derartige Probleme. Einige Erkrankungen sind auf bakteriellen Befall zurückzuführen: Gelingt es, die Bakterien abzutöten, kommt es zur Heilung.

Bei vielen Problemen finden wir jedoch die Ursache nicht. Oder wir finden sie, können aber nichts dagegen ausrichten – bei menschlicher Habgier zum Beispiel. Oft liegen natürlich auch mehrere Ursachen vor. Was tun wir dann? Wir untersuchen weiter und untersuchen die Untersuchungen anderer (Wissenschaft). Doch die unendliche Flut immer neuer Analysen hilft uns nicht weiter, denn was wir brauchen, ist *Design.* Wir müssen entweder einen Ausweg aus dem Dilemma finden – oder aber einen Modus vivendi, eine Möglichkeit, mit dem Dilemma zu leben.
In der Analyse sind wir weit besser als im Design, denn um Design haben wir uns nie entsprechend gekümmert. Im Bereich Ausbildung und Erziehung haben wir Design zwar einen bestimmten Stellenwert auf den Gebieten Architektur, Technik, Graphik, Dramaturgie und Mode eingeräumt, aber das war es auch schon. Auf anderen Sektoren verließen wir uns auf die Analyse: Sie würde die Wahrheit schon an den Tag bringen. Und sobald man im Besitz der Wahrheit ist, glaubt man, zur Tat schreiten zu können. Design setzt konstruktives und kreatives Denken sowie ein Bewußtsein für Wahrnehmungen, Wertvorstellungen und andere Menschen voraus. Die einseitige Betonung der Analyse zu Lasten des Designs (eine Folge der uns vererbten Denkkultur) führt dazu, daß eine Reihe von Problemen (wie zum Beispiel der Drogenmißbrauch) so schwer in den Griff zu bekommen sind.
Seit jeher sind wir von der Analyse abhängig. Aus ihr beziehen wir nicht

nur Problemlösungen, sondern auch neue Ideen. Die meisten Experten im Bildungswesen, in der Wissenschaft sowie in Betriebs- und Volkswirtschaft sind nach wie vor überzeugt, daß sämtliche erforderlichen neuen Ideen aus der Datenanalyse bezogen werden können. Diese Einstellung ist leider falsch. Der Verstand kann nur sehen, was er zu sehen bereit ist. Bei bedeutenden wissenschaftlichen Pionierleistungen läßt sich in der Retrospektive immer feststellen, daß die dazu erforderlichen Erkenntnisse schon seit längerem existierten, bis zum entscheidenden Durchbruch aber immer nur durch die vom alten Denken getrübte Brille besehen werden (Kuhnscher Paradigmenwechsel). »Ideenarbeit« oder konzeptuelle Leistungen, wie Einstein und Keynes sie auf ihren jeweiligen Gebieten erbrachten, sind nach wie vor bitter nötig. Wir sind uns ihrer Bedeutung bewußt, doch weil unsere herkömmliche Denkweise davon ausgeht, daß im Grunde die Analyse ausreicht, überlassen wir sie getrost dem Zufall und den Genies.

*

Wie verhält es sich nun mit den Lehren, die wir aus der Geschichte ziehen? Tragen sie zur Veränderung bei? Das Studium der Geschichte nimmt in unserer Denkkultur einen hohen Rang ein. Geschichte gilt als wahres Laboratorium menschlichen Verhaltens und der Wechselwirkung von Systemen.

Die Denker der letzten Renaissance waren fortschrittlich, indem sie sich nicht der Zukunft, sondern der Vergangenheit zuwandten. Ein höchst ungewöhnliches Vorgehen. Der Blick zurück eröffnete ihnen das erhaltengebliebene Wissen und Denken der klassischen griechischen, römischen und arabischen Kulturen. Dies allein war schon großartig, gewann jedoch im Vergleich mit dem erstarrten Denken ihrer eigenen mittelalterlichen Gesellschaft noch zusätzlich an Bedeutung.

Das gesammelte Wissen aus Jahrhunderten konnte durch »Gelehrsamkeit« *(scholarship)* erschlossen werden. Die geisteswissenschaftliche Gelehrsamkeit wurde zu einem wesentlichen Bestandteil der intellektuellen Tradition. In jener Anfangszeit war sie auch völlig angebracht. Heutzutage ist sie dies weit weniger, da der Blick nach vorn für uns viel lohnender ist als die Rückschau. Geisteswissenschaftliche Gelehrsamkeit hat zwar nach wie vor einen gewissen Stellenwert, doch beansprucht sie heute eine viel zu große Zahl intellektueller Talente und Bemühungen.

Wir sind geschichtsbesessen. Überall werden wir mit Geschichte konfrontiert. Das Volumen der Geschichte nimmt ständig zu, und zwar nicht nur, weil sich unser Wissen auf diesem Gebiet permanent vergrößert, sondern auch, weil wir selbst Tag für Tag neue Geschichte produzieren. Wir können uns intellektuell darin verbeißen. Geschichte ist attraktiv, weil sie stets neue Nischen bietet und man für seine Leistungen belohnt wird – ganz im Gegensatz zu vielen anderen Gebieten, auf denen jahrelanges Bemühen unter Umständen keine Früchte trägt. Besonders auf jene, die die Analyse dem Design vorziehen, übt Geschichte eine starke Anziehungskraft aus. (Nur in der UdSSR kann Geschichte neu »designt« werden.) Gelegentlich dient sie aber auch kleineren Geistern, die anderswo vermutlich auf keinen grünen Zweig gekommen wären, als Zufluchtsort.
Geschichte hat durchaus ihre Berechtigung, doch sind die westlichen, in der letzten Renaissance entstandenen Denktraditionen viel zu sehr von ihr besessen. Sie wird ungefähr als zwanzigfach wichtiger eingestuft denn Design – und das, obwohl Designdenken mindestens ebenso wichtig ist wie Geschichte. Über Geschichte läßt sich leicht schreiben, weshalb man bisweilen den Eindruck hat, die literarische Kultur sei eine Kultur der Leichen, da das Hauptaugenmerk auf den Toten und der Vergangenheit liegt.
Das Erziehungs- und Bildungswesen hat sich seit Menschengedenken mit Wissen beschäftigt. Die kulturellen Werte lernte man in der eigenen Familie und von der Kirche, handwerkliche Fertigkeiten während einer langen Lehrzeit beim eigenen Vater oder bei einem Meister. Der Sinn der Erziehung bestand darin, den Nutznießern des Wissens Wissen zu vermitteln. Wissen läßt sich problemlos lehren, weil es in Buchform gefaßt werden kann. Und Wissen ist leicht überprüfbar.
Doch ist Wissen allein schon genug? Sobald ein(e) Schüler(in) die Schule verläßt, muß er oder sie damit beginnen, mit der Zukunft umzugehen, die in Form von Entscheidungen, Wahlmöglichkeiten, Alternativen, Plänen und Initiativen auf sie oder ihn zukommt. Selbst wenn wir hundertprozentig über die Vergangenheit im Bilde wären, benötigen wir für die Anwendung dieses Wissens auf die Zukunft immer noch »Denken«. Die Wissensbasis muß durch die Denkfertigkeiten des Handelns ergänzt werden. Zur Beschreibung dieser Fähigkeiten schlug ich vor etlichen Jahren den Begriff »Operabilität« *(operacy)* vor. Zur

Operabilität gehören: die Überprüfung der Konsequenzen einer Handlung, das Durchdenken relevanter Faktoren, die Bewertung von Prioritäten, die Beachtung der Interessen anderer, die Formulierung von Zielen und so weiter. All diese Faktoren können ganz speziell in den Schulen gelehrt werden – zum Beispiel in Form von CoRT-Denkprogrammen.* In vielen Ländern (den Vereinigten Staaten, Kanada, China, der UdSSR, Australien, Bulgarien, Malaysia, Venezuela, Singapur und so weiter) wird dieses Programm bereits benutzt. An sämtlichen Schulen Venezuelas ist es Pflichtfach, außerdem wird es an den führenden Schulen Chinas unterrichtet. In den USA erfreut sich das Programm wachsender Verbreitung, und die Regierung von Singapur, die es gründlich getestet hat, will es an sämtlichen Schulen einführen. Entscheidend ist, daß die Denkfähigkeiten von Operabilität sich erheblich von jenen unterscheiden, die in Debatten und beim kritischen Denken zum Tragen kommen. Kritische Denkfertigkeiten sind ebenfalls in das Programm aufgenommen worden – aber eben nur als ein Bestandteil unter vielen.

Wissen und kritisches Denkvermögen allein reichen nicht aus. Lehrer und Pädagogen brauchen sehr lange, um dies einzusehen – zum Teil auch deshalb, weil der Erziehungs- und Bildungssektor dazu neigt, sich in die eigene Sonderwelt zurückzuziehen, und, ohne sich viel um die Außenwelt zu kümmern, seine eigenen Prioritäten auswählt, festlegt und erfüllt.

*

Sollen wir die herkömmlichen, durch die letzte Renaissance eingeführten Denkmethoden wirklich verwerfen? Sie haben uns doch in Wissenschaft und Technologie, beim Aufbau der Demokratie sowie in unserer zivilisatorischen Entwicklung insgesamt gute Dienste geleistet – oder etwa nicht?

Es steht außer Zweifel, daß uns die herrschende Denkkultur sehr weit gebracht hat. Die Spekulation darüber, ob eine andere Denkkultur uns weitergebracht hätte, ist – besonders im zwischenmenschlichen Bereich – müßig, weil sie nie nachgeprüft werden kann. Doch wir können unserer tradierten Denkkultur den ihr gebührenden Dank erweisen

* CoRT *(Cognitive Research Trust)* ist ein sechzig Lektionen umfassendes Programm, das von der S.R.A. als gezielte Lehrmethode für Denken als Schulfach herausgegeben worden ist.

und trotzdem ihre Unzulänglichkeit erkennen. Sie mag jenen Epochen, für die sie geschaffen wurde (die griechische Antike und das europäische Mittelalter), angemessen gewesen sein. Aber damals handelte es sich um stabile Gesellschaften mit allgemein anerkannten Wahrnehmungen und nur begrenztem technischem Wandel. Die Probleme unserer Tage sind zum Teil auf die rasche Folge von Veränderungen und die Unausgeglichenheit des Wandels zurückzuführen. Verantwortlich dafür sind nicht zuletzt die »Cleverneß« unseres herkömmlichen Denksystems und der Mangel an »Weisheit«.
Die Unzulänglichkeit unseres überlieferten Denksystems kann wie folgt beschrieben werden:

Wir müssen von unserem destruktiven zu einem um vieles konstruktiveren Denktyp gelangen.
Wir müssen von der reinen Argumentation Abstand nehmen und statt dessen zur echten Erforschung eines Themas gelangen.
Wir müssen das kritische Denken von dem hohen Roß herunterholen, auf das wir es gesetzt haben, und es dem konstruktiven Denken unterordnen.
Wir müssen die Fähigkeiten der Analyse mit einem ebenso hohen Anteil an »Designer«-Fähigkeiten koppeln.
Wir müssen ebensoviel Ideenarbeit wie Informationsarbeit leisten. Wir müssen begreifen, daß es mit der Datenanalyse allein nicht getan ist.
Wir müssen uns von unserer Geschichtsbesessenheit befreien und uns mehr um die Zukunft kümmern.
Wir müssen genausoviel Wert auf »Operabilität« wie auf Wissen legen. Die Fähigkeiten des Handelns sind nicht minder wichtig als die des Wissens.
Wir müssen (zum erstenmal) begreifen, daß kreatives Denken ein ernstzunehmender und äußerst wichtiger Bestandteil des Denkprozesses ist.
Wir müssen von unserer ausschließlichen Beschäftigung mit Verarbeitungslogik Abstand nehmen und uns mit Wahrnehmungslogik befassen (von der Gesteins- zur Wasserlogik gelangen).
Wir müssen den Übergang von Cleverneß zur Weisheit finden. Wahrnehmung ist die Grundlage von Weisheit.

*

Unsere vorherrschende Denkkultur mag beschränkt und unzureichend sein – doch ist sie deshalb schon gleich gefährlich? Ein unzulänglicher Koch ist eben nur unzulänglich. Ein unzulänglicher Fahrer aber ist gefährlich. Bestimmte Gefahren sind unmittelbar auf die Natur unserer überlieferten Denkkultur zurückzuführen; andere wiederum liegen in einer gewissen Selbstgefälligkeit und Arroganz unsererseits, die sich dahingehend äußern, daß wir eine eindeutig unzulängliche Denkkultur nach wie vor für völlig ausreichend halten.
Zu den unmittelbaren Gefahren gehören undurchdachte Wahrnehmungen, Polarisierungen, mißverständliche Sprache, überflüssige Konfrontationen, Selbstherrlichkeit und aggressive Glaubenssysteme. Ein Großteil des Elends, das die Menschen einander zugefügt haben und immer noch zufügen, läßt sich auf einen oder mehrere dieser Faktoren zurückführen. Der Gerechtigkeit halber muß allerdings gesagt werden, daß uns dieselben Denkmethoden auf dem Gebiet des Rechtswesens und der Medizin möglicherweise viel Elend erspart haben.
Die größten Gefahren sind wahrscheinlich Arroganz und Selbstgefälligkeit sowie die Fähigkeit, Arroganz und Selbstgefälligkeit auch noch in Schutz zu nehmen. Vor dem Wandel steht die Einsicht in die Unzulänglichkeit des Bestehenden. Wer Arroganz verteidigt, verleugnet die Notwendigkeit der Veränderung. Wer die menschlichen Denkgewohnheiten für perfekt hält – was viele Leute tun –, kann auch nicht einsehen, daß sie durch zusätzliche Denkgewohnheiten (kreativer, konstruktiver und designerischer Art) ergänzt werden müssen. Wir können unsere gegenwärtige Denkkultur immer verteidigen, stellt sie doch im Grunde genommen ein spezielles Glaubenssystem dar, das auf bestimmten Auffassungen von Wahrheit und Logik beruht. Jedes Glaubenssystem umgibt sich mit einem Gerüst aus Wahrnehmungen, innerhalb dessen es unangreifbar ist. Die Arroganz der Logik besagt, daß wir, solange unsere Argumentation logisch einwandfrei ist, unbedingt auch im Recht sein müssen: »Ich habe recht – du hast unrecht.«
In Wirklichkeit hängt der Wert jeder Schlußfolgerung sowohl von der Gültigkeit der Logik als auch von der Gültigkeit der ursprünglichen Wahrnehmungen und Wertvorstellungen ab. Ein defekter Computer produziert Unsinn. Ein fehlerfrei arbeitender Computer, der mit Unsinn gefüttert wird, produziert ebenfalls Unsinn. Das weiß jedes Erstsemester in Logik.

Jedes Erstsemester in Logik weiß auch, daß die Brillanz der Logik kein Ausgleich ist für unzureichende Wahrnehmung. Und doch ignorieren wir diese Tatsache. Dafür gibt es drei Gründe: In den festgefügten Gesellschaftssystemen, in denen die Regeln der Logik entwickelt wurden, konnte man davon ausgehen, daß bestimmte Axiome oder Wahrnehmungen allgemeingültig und nicht umstritten waren. Erst viel später stellte sich heraus, daß zum Beispiel die Axiome, auf denen Euklid seine Geometrie gründete, ziemlich spezifisch waren; konnten sie doch nur auf geraden Flächen Anwendung finden. Der zweite Grund besteht in unserer Annahme, daß Logik selbst umgekehrt werden kann, um Wahrnehmungen zu rechtfertigen – eine gefährliche und irreführende Illusion. Der dritte und wahrscheinlich wichtigste Grund liegt darin, daß wir nicht wissen, wie wir mit Wahrnehmungen umgehen sollen. Ein intelligenter Mensch kann jede Debatte gewinnen, indem er Wahrnehmungen, Wertvorstellungen und Umstände so wählt, daß sie zur Logik passen.

Die größte Gefahr liegt vielleicht nicht einmal in der Arroganz, mit der wir unser herrschendes Denksystem verteidigen, sondern in der Selbstgefälligkeit, mit der wir daran festhalten – und zwar nur deshalb, weil wir uns nichts anderes vorstellen können. Infolgedessen haben wir so viel an intellektuellen Anstrengungen, Ressourcen, an Bildung und Wertschätzung in die bereits existierende Methode investiert, daß die weit dringender benötigte Denkschulung dabei zu kurz kommt. Die Reserven sind ausgeschöpft, und viele Erzieher haben mir gesagt, daß einfach keine Zeit vorhanden ist, um Denken an den Schulen zu unterrichten.

An unsere Institutionen und Strukturen sind wir ebenso gekettet wie an unsere Glaubenssysteme. Das Paradoxe an der Sache ist, daß Veränderung um so notwendiger wird, je weiter wir in die Zukunft vorstoßen, daß aber der Spielraum dafür immer geringer wird, weil alles in festgefügten Positionen erstarrt ist. Wir verlassen uns einseitig auf die Überlegenheit der offensiven und defensiven Argumentation und vermögen daher nicht zu erkennen, daß etwas »richtig« und trotzdem in einem größeren Zusammenhang unzureichend sein kann. Aus einer Defensivhaltung heraus weigern wir uns, jenen größeren Kontext zu beachten oder gar zu akzeptieren. Wir begreifen nicht, daß die Argumente, mit denen wir die Argumentation als solche verteidigen, die konstruktiven und kreativen Denkelemente vermissen lassen, die wir so dringend benötigen. Und gerade deshalb ist es so wichtig, daß eine Neue Renaissance angeregt, gefordert und verkündet wird und daß wir alle auf sie hinarbeiten.

*

Es gibt Menschen, die den Verhärtungen, Argumenten und Wortspielen der herkömmlichen Denkkultur den Rücken gekehrt und sich völlig vom Denken abgewandt haben. Sie haben sich der Spiritualität, den Emotionen, ganzheitlichen Überzeugungen, dem Mystizismus und einer allgemeinen, gutgemeinten Sorge um die Menschheit und um die Natur zugewandt. Seit jeher haben solche inneren Einstellungen wertvolle Beiträge zur individuellen und gesellschaftlichen Entwicklung geleistet. Aber genügen sie auch?

Es gilt, Brücken zu entwerfen und zu bauen. Wirtschaftssysteme müssen funktionstüchtig bleiben, und die gesundheitliche Versorgung muß gewährleistet sein. Reichen, um dies zu bewerkstelligen, richtige Einstellungen und richtige Wertvorstellungen aus? Die Spiritualität des Fernen Ostens geht mit einer Passivität und Fügsamkeit einher, die nur dann eine abgerundete Philosophie ergeben, wenn man sich auch in Dinge fügt, die in anderen Kulturkreisen als inakzeptabel gelten (Armut und Krankheit zum Beispiel). Darüber hinaus funktioniert das Vertrauen auf den guten Willen am besten in einer kleinen Gemeinschaft, in der sich die Mehrheit über die meisten Wahrnehmungen und Wertvorstellungen einig ist. Außerdem dürfen wir nicht vergessen, daß »innere Gefühle«, »Wahrheit« und »Richtigkeit« nicht unbedingt vor »Selbstherrlichkeit« bewahren.

So nützlich die *New-Age*-Tendenzen auch sein mögen – ich glaube nicht, daß wir auf den menschlichen Verstand und das Denken, die beiden wertvollsten Ressourcen, verzichten dürfen. Vielmehr müssen wir Denkgewohnheiten entwickeln, die konstruktiver und kreativer als unsere bisherigen sind – und dazu benötigen wir nicht nur *New-Age*-Werte, sondern auch Denkweisen der Neuen Renaissance. Werte allein genügen nicht, Denken allein reicht ebenfalls nicht aus. Was wir brauchen, sind Wahrnehmungen, Werte und Denken.

*

Es ist nicht damit getan, unser Denken ein bißchen positiver und ein bißchen konstruktiver zu gestalten. Wenn dies der Fall wäre, dann bräuchte ich dieses Buch nicht zu schreiben. Die Menschen zu konstruktiverem, positiverem Denken anzuhalten ist zwar durchaus sinnvoll, doch auf diesem Gebiet sind mir andere weit voraus. Es geht hier auch um etwas weitaus Grundsätzlicheres und Ernsteres als um bloße Mahnungen.

Sollte der Anschein entstehen, daß in diesem Buch ein Großteil unserer herkömmlichen Denkkultur in ihren Grundfesten (Identität, Widerspruch, Dichotomien, Logik, Sprache, Debatte, Datenanalyse, Geschichte usw.) erschüttert wird, so entspricht dies durchaus meiner Absicht. Wir wissen inzwischen so viel über selbstorganisierte Informationssysteme, daß wir durchaus die Frage stellen können, ob die traditionellen Denkgewohnheiten tatsächlich noch so zeitgemäß und perfekt sind, wie weithin angenommen wird. Sind also unsere herkömmlichen Denkmethoden »falsch« oder »irrig«? Ich bin in der Tat der Meinung, daß unsere traditionellen Denkmethoden auf einem falschen Informationsmodell beruhen. Doch selbst eine Methode mit einer falschen Grundlage kann sich in der Praxis bestens bewähren. Sogar eine reine Retortenmethode kann ihren Wert haben. In der vorherrschenden Denkkultur wird normalerweise eine rigorose Kennzeichnung mit »falsch« oder »irrig« erwartet. Für meine Zwecke genügt es indessen, wenn wir unsere überlieferten Denkmethoden als beschränkt, ungenügend und in mancherlei Hinsicht sogar als gefährlich bezeichnen.

Eine Säge eignet sich hervorragend zum Zerteilen von Holz, doch zum Zusammenfügen von Holzstücken ist Ihnen mit Hammer und Nägeln oder Leim, mit Schrauben und einem Schraubenzieher besser gedient. Die Analyse hat ebenso ihre Daseinsberechtigung, aber ohne konstruktives Design geht es nicht.

Nach meiner Überzeugung könnten wir selbst für die Aufgaben, die das augenblickliche System zur Zufriedenheit erfüllt, ein besseres Denksystem entwerfen. Statt – um nur ein einfaches Beispiel zu nennen – einen Standpunkt gegen den anderen auszuspielen, könnten beide Seiten ihre Ansichten parallel darstellen und dann miteinander vergleichen. Außerdem könnten wir neue Verfahren, neue Begriffe und neue Wörter für bereits existierende Sprachen, ja sogar vollkommen neue Sprachen für das Denken entwerfen (ein Projekt, mit dem ich mich gegenwärtig

beschäftige). Doch all das geschieht nicht von heute auf morgen. In der Zwischenzeit können wir unser Holz weiterhin mit der Säge zersägen – auch dann noch, wenn wir uns der Grenzen des Systems langsam bewußt werden.
Das Hauptziel dieses Buches ist folgendes: Es soll das Signal sein für den Beginn einer Neuen Renaissance – und zwar nicht nur, um einer Hoffnung Ausdruck zu geben, eine Notwendigkeit zu erfüllen oder aus einer bestimmten Geisteshaltung heraus, sondern auch deshalb, weil eine fundamentale Neubewertung jener Denkkultur ansteht, die uns die letzte Renaissance hinterlassen hat. Als Grundlage für diese Neubewertung dient uns die Berücksichtigung der Funktionsweise des Gehirns in seiner Eigenschaft als selbstorganisiertes Informationssystem.

*

Die in diesem Buch vorgelegten Ideen werden, wie ich vermute, Wut und Empörung hervorrufen. Ideen dieser Art können nur in Buchform erscheinen. Hierin liegt eine der wichtigsten Rechtfertigungen für die fortwährende Existenz von Büchern sowie eine Rechtfertigung fürs Lesen. Aber die Hüter der Kultur sind sprachorientiert. Jedes einzelne Buch muß diese »literarische« Türschwelle passieren. Und da in weiten Teilen des vorliegenden Buches die Angemessenheit unserer herkömmlichen, sprachorientierten Argumentation und Logik in Frage gestellt wird, erwarte ich kein sehr objektives Echo. Die Leserschaft wird sich also ihre eigene Meinung bilden müssen.
Wir haben gegenwärtig vermutlich den Punkt erreicht, an dem Fortschritte in Philosophie oder Psychologie ein Verständnis des zugrundeliegenden Informationssystems und seiner neurophysiologischen Grundlage voraussetzen. Diese These wird bei jenen, die einen geisteswissenschaftlichen Hintergrund haben und glauben, daß die alten Wortspielereien ausreichen, auf erbitterten Widerstand stoßen – ein Dilemma, das den gesellschaftlichen Fortschritt behindern wird. Und trotzdem müssen wir in unserer Besorgnis um die Umwelt irgendwann so weit kommen, daß guter Wille und wissenschaftliches Verständnis Hand in Hand gehen.
Kybernetiker, Mathematiker und Informatiker werden mit diesem Buch weit weniger Schwierigkeiten haben als jene, deren Geisteshaltung »literarisch« oder »legalistisch« geprägt ist. Geschäftsleute und

anderweitig »Tätige« (im Gegensatz zu den rein deskriptiv Tätigen) werden ebenfalls erkennen, wie wichtig »Operabilität«, konstruktives und kreatives Denken sind. Zudem gibt es viele Menschen, die schon immer der Meinung waren, daß »Design« ebenso wichtig wie »Analyse« ist.

Natürlich wird der Einwand erhoben werden, wie die Gesellschaft mit einem Phänomen wie Hitler fertig werden kann, wenn wir das herkömmliche Schubladendenken und die strikte Zweiteilung in »richtig« und »falsch« erst einmal aufgegeben haben. Die Antwort lautet schlicht und einfach, daß die Gesellschaft mit Hitler genauso verfahren würde wie mit einem tollwütigen Hund, einem außer Kontrolle geratenen Lastwagen, einem umweltbelastenden Ölleck oder einer Meningitis-Epidemie – also angemessen. Die Abkehr vom grob vereinfachten Schwarzweißdenken in den Kategorien »richtig« und »falsch« bedeutet noch lange nicht, daß alles stets richtig oder stets falsch sein muß. Die Extreme »immer« und »niemals« sind Teil unseres tradierten Bedürfnisses nach Absoluten, auf dem unsere Identitäts- und Widerspruchslogik beruht. So gilt es beispielsweise allgemein als richtig, alles mögliche auszuprobieren, um Erfahrungen zu sammeln. Doch heißt das etwa auch, daß man einen Sprung aus dem zwölften Stock probieren oder den Geschmack von Zyankali testen sollte?

*

Es gibt so viele Bereiche, in denen neue Ideen dringend vonnöten sind. Wir brauchen neue Ideen in der Betriebswirtschaft (zum Beispiel eine »Fürsorgeschleife«, die mit der »Produktivitätsschleife« verflochten ist), in der Politik (zum Beispiel Macht, die nicht absolut, sondern konsumierbar ist), in der Ökologie (zum Beispiel »ökologische Tarife«), in Fragen der Lebensqualität, in Organisationen und im Verhalten, in der Technologie und ihrer Anwendung, im Erziehungswesen und so weiter. Unsere herkömmlichen Denkgewohnheiten können diese neuen Ideen nicht liefern. Viel zu viele kluge Köpfe sind durch diese Gewohnheiten gelähmt und sterilisiert worden.

Wir brauchen eine Neue Renaissance, und ich glaube, daß sie bereits begonnen hat. Ich errichte lediglich einen von vielen Wegweisern, die mit der Zeit überall aufgestellt werden. Es bleibt jedem einzelnen selbst überlassen, ob er den Wegweiser ignorieren oder beachten will.

Die Neue Renaissance wird in ihrer Denkweise konstruktiv und kreativ sein. Wahrnehmungen, Wertvorstellungen und Menschen werden bei ihr im Mittelpunkt stehen. Es gibt eine Grundlage für die neue Denkweise der Neuen Renaissance. Und davon handelt dieses Buch.

Edward de Bono
Palazzo Marnisi
Malta

Unser Denksystem

Dieses Buch beschäftigt sich unter anderem mit den folgenden Themen:

Warum Humor eine der wichtigsten Eigenschaften des menschlichen Gehirns ist und von den Philosophen klassischer Prägung seit jeher vernachlässigt wurde.
Warum unser Gehirn, im Gegensatz zur landläufigen Meinung, vermutlich ein sehr einfacher Mechanismus mit einer äußerst komplexen Funktionsweise ist.
Dem sehr wichtigen Unterschied zwischen unseren herkömmlichen »passiven« und »aktiven« Informationssystemen.
Warum gerade ihre hervorragenden deskriptiven Fähigkeiten die Sprache in bezug auf die Wahrnehmung so unbeholfen und ungeeignet gemacht haben.
Warum wir nur das sehen können, was wir sehen wollen.
Warum es eventuell einfacher sein mag, rückwärts statt vorwärts zu lernen.
Warum Muster sowohl über ein weites Einzugsgebiet als auch über messerscharfe Unterscheidungsmerkmale verfügen.

Warum unsere Zivilisation durch die von den alten Griechen übernommenen, sich auf Wahrheit und Vernunft gegründeten Denktraditionen möglicherweise in falsche Bahnen gelenkt wurde.
Woher unsere Leidenschaft für Geschichte herrührt und warum wir nach wie vor von ihr besessen sind.
Warum ich unsere herkömmliche Denkweise als »Tischplattenlogik« bezeichne.
Woher es kommt, daß wir auf technischem Gebiet derart erfolgreich sein konnten, im menschlichen Bereich aber so gut wie keine Fortschritte gemacht haben.

Warum die Analyse von Daten allein keine neuen Ideen produziert und sogar das Aufspüren alter Ideen in diesen Daten aller Wahrscheinlichkeit nach so gut wie unmöglich macht.
Wie wir das Verhalten eines Neurons in einer neuronalen Struktur auf das Verhalten des Verstandes in politischen und ökonomischen Fragen übertragen und zur weltweiten Konfliktvermeidung heranziehen können.
Wie wir einem musterbildenden System folgen und gleichzeitig unseren freien Willen bewahren können.
Wieso wir bei unseren Versuchen, Kreativität zu begreifen, auf ganzer Linie versagt haben, und warum etwas, das in der Rückschau logisch erscheint, sich in der Voraussicht jeglicher Logik entziehen kann.
Warum Vorurteile, Überzeugungen, Gefühle oder Einsichten noch nie mittels logischer Argumente entkräftet werden konnten und warum man sie allein durch Wahrnehmung verändern kann.
Warum es in selbstorganisierten Systemen billig und einfach ist, Überzeugungen zu formen, und warum sie die einzige begriffliche Wahrheit darstellen.
Warum wir der herkömmlichen Logik und ihrer absoluten Selbstherrlichkeit auf den Leim gegangen sind.
Wie wir bestimmte kreative Hilfsmittel entwerfen können, die bewußt zur Erzeugung neuer Ideen eingesetzt werden können.
Warum es keinen Grund dafür geben mag, etwas zu sagen, bis es gesagt worden ist – die in einem musterbildenden System mathematisch notwendige Provokationslogik.
Warum ein einziges, willkürlich gewähltes Wort ein hervorragendes kreatives Hilfsmittel sein kann.
Warum wir unbedingt viele neue Wörter erfinden müssen, um unserem Denken auf die Sprünge zu helfen.
Warum wir die in dem neuen Wort »PO« zum Ausdruck kommenden Funktionen (wie zum Beispiel Stillstand) benötigen.
Warum die etablierte wissenschaftliche Methode mit ihrer Forderung nach der »vernünftigsten« Hypothese begrifflich falsch ist.
Warum die »Laffer-Kurve« (mehr = besser) in unserer herkömmlichen Denkweise so problematisch ist.
Warum unsere heißgeliebten Diskussionen darauf abzielen, ein bestimmtes Thema auszuloten, aber schnell jeden Tiefgang vermissen lassen.

Warum unser inhärentes Fortschrittsmodell – Evolution mittels Sichdurchwurstelns – zwangsläufig erfolglos sein muß.
Warum Philosophie, solange wir die Funktion des menschlichen Gehirns nicht berücksichtigen, nie mehr als eine Wortspielerei sein kann.
Warum die falschen Dichotomien, die wir aufgestellt haben, um das logische Prinzip des Widerspruchs vertreten zu können, so schlimme Auswirkungen gezeitigt haben.
Warum gerade Lyrik und Humor die von der Verstandeslogik unterschiedene Wahrnehmungslogik besonders gut veranschaulichen.
Warum wir die Wahrnehmung der Kunst überlassen haben und warum die Kunst so wenig geleistet hat.
Warum Wahrheit am treffendsten als das Zusammentreffen bestimmter Umstände mit einem bestimmten Resultat umschrieben werden kann.
Wie es uns schließlich gelingen könnte, aus der Informationstechnologie eine neue Ideologie abzuleiten – genau wie einst Karl Marx aus der Dampfmaschinentechnologie der industriellen Revolution eine neue Ideologie schuf.

Der Faktor Mensch

Ich möchte auf einen Punkt zurückkommen, den ich bereits angesprochen habe: Durch unsere hervorragenden Leistungen im technologischen Bereich erscheinen unsere Defizite in humanitären Fragen in einem besonders schlechten Licht. Fernsehen und Weltraumsatelliten ermöglichen uns die unmittelbare Kommunikation mit Milliarden von Menschen. Wir fliegen schneller als der Schall. Mit der nuklearen Sprengkraft unserer Atomwaffen können wir die gesamte Menschheit (mehrfach) vernichten.
Bestimmte Aspekte unseres Denksystems haben uns nach meiner Überzeugung an größeren Fortschritten gehindert. Ich bin der Meinung, daß wir das Älterwerden, den Krebs und Virusinfektionen inzwischen im Griff haben sollten; es müßte längst Heilmethoden für die meisten Geisteskrankheiten, unerschöpfliche und umweltfreundliche Energie aus der Atomfusion, Nahrungsmittel in Hülle und Fülle, wesentlich leistungsstärkere Transportmittel und überragende Erziehungssysteme geben. Unsere Wissenschaft ist längst nicht so perfekt,

wie sie sein könnte – sie wurde durch unsere herkömmlichen Denkraster gehemmt. Darauf werde ich später noch einmal zurückkommen. Davon abgesehen hege ich die größte Bewunderung für unsere technischen Errungenschaften.

Der menschliche Bereich bietet freilich ein anderes Bild: Armut, Kriege, Rassismus, Vorurteile, Umweltkatastrophen, Gewalt, Verbrechen, Terrorismus, Geldgier, Egoismus und extrem kurzfristig angelegtes Denken. Unsere kriegerischen Gebräuche haben sich kaum verändert, nur die Waffen sind stärker geworden. Wir geben jährlich etwa eine Billion [1000 Milliarden; Anm. d. Übers.] Dollar für Waffen aus. Unsere Regierungsformen – Demokratien wie Diktaturen gleichermaßen – entsprechen im großen und ganzen denen der alten Griechen. Es hat sich wenig verändert. Warum? Lassen Sie mich zuerst auf die altbekannten Ausreden eingehen:

Der Mensch ist von Natur aus so. Wir sind egoistisch, raffgierig und aggressiv, und daran wird sich auch nichts ändern. Ferner wird behauptet, daß unser Gefühlsleben von uralten, elementaren »tierischen« Teilen des Gehirns gesteuert wird.

Die Welt ist zu unübersichtlich geworden, und wir bekommen sie nicht mehr in den Griff. Ökologie, Wirtschaft und Politik greifen ineinander und beeinflussen sich direkt und indirekt auf mannigfache Weise. Uns fehlen die entsprechenden Systeme, um mit dieser komplizierten Situation fertig zu werden.

Wir stehen der Geschwindigkeit des Wandels ohnmächtig gegenüber. Die erfolgreiche Bekämpfung von Kinderkrankheiten führt zur Bevölkerungsexplosion. Der industrielle Fortschritt bedroht unsere Umwelt durch lokal begrenzte Verunreinigung mit weltweiten Folgen (Ozonloch, Treibhauseffekt).

Die Wachstumsrate von Fortschritt ist von Land zu Land verschieden. Während einige Länder ihr Bevölkerungswachstum stabilisiert haben, leiden andere unter einer enormen Bevölkerungsexplosion. In etlichen Ländern (wie zum Beispiel in Schweden, Kanada und den Vereinigten Staaten) stehen Umweltprobleme zuoberst auf der Tagesordnung. Und dennoch werden Jahr für Jahr zwischen 27 und 29 Millionen Morgen Regenwald zerstört, und jeden Tag sterben mindestens drei Arten aus. In einigen Teilen der Welt herrschen nach wie vor mittelalterliche Ansichten zum Thema Krieg.

Unsere Strukturen werden der Situation nicht mehr gerecht. Politisches Denken ist *per se* kurzsichtig und eigennützig (besonders in einer Demokratie).
Unser Entwicklungsstand überschreitet mittlerweile die Aufnahmefähigkeit unseres Gehirns. Alle diese Ausreden – mit Ausnahme der ersten – beschreiben lediglich, wie sich die Lage infolge explosionsartiger Entwicklungen in jüngster Zeit zugespitzt hat. Wir müssen uns also fragen, warum sie sich zuvor nicht drastisch verbessert hatte. In der Tat geht nur die erste Ausrede überhaupt darauf ein: Die menschliche Natur mit ihrer unverbesserlichen Aggression und Raffsucht ist an allem schuld. Den einzigen Versuch, daran etwas zu ändern, stellen unsere Religionen dar. Sie haben zwar einige lobenswerte Veränderungen mit sich gebracht, sind gleichzeitig aber auch für viele Probleme mitverantwortlich (Haß, Vorurteile, Kriege und Verfolgungen).
Es gibt indes noch eine weitere Erklärung, und auf sie möchte ich näher eingehen. Von Einstein stammt die Bemerkung, daß sich alles verändert hat außer unserer Denkweise. Nach meiner festen Überzeugung ist das Ausbleiben humanitärer Fortschritte auf unsere überholten Denkgewohnheiten zurückzuführen. Es ist ein zwiefaches Versäumnis: Auf der einen Seite sind die Mittel zur Bewältigung humanitärer Probleme unzureichend, auf der anderen Seite verschlimmern wir die Probleme und Konflikte auf diesem Gebiet und schaffen ständig neue. Neben einfacher Unzulänglichkeit existieren also auch unmittelbar schädliche Einflüsse.
Die Erfahrung hat gezeigt, daß es unmöglich ist, Wahrnehmungen, Gefühle, Vorurteile und Überzeugungen durch Vernunft und Logik zu verändern. Trotzdem halten wir den frommen Glauben aufrecht, daß die Welt eine viel bessere wäre, wenn endlich alle Menschen Vernunft annähmen. Es gibt, wie wir später noch sehen werden, gute Gründe dafür, daß sich Gefühle und Überzeugungen jeglicher Logik verschließen. Veränderungen in diesen Bereichen sind nur durch Wahrnehmung möglich. Doch bisher ist es uns in keiner Weise gelungen, das Wesen der Wahrnehmung zu begreifen.
Unsere in die Sprache übernommene Logik (und hier besonders die falschen Dichotomien, die durch die Anwendung des Widerspruchsprinzips erforderlich werden) hat primitive und oberflächliche Wahrnehmungen à la »falsch/richtig« oder »wir/sie« produziert und verfestigt.

Überzeugungen und Vorurteile können mittels logischer Argumente in ihrem Wesen nicht verändert, wohl aber verstärkt und als Wahrnehmungen gefestigt werden.
Da wir musterbildende Systeme nie verstanden haben, konnten wir weder die starke »Wahrheit« von Glaubenssystemen noch die Tatsache, daß Wahrnehmung keine andere Wahrheit kennt, begreifen. Wie besessen haben wir versucht, kritisches Denken und Argumentation als Werkzeuge der Veränderung einzusetzen. Beide sind aber für diesen Zweck so gut wie untauglich, weil sie kein echtes kreatives Element beinhalten. Von Kreativität und Paradigmenwechseln haben wir nicht die geringste Ahnung.
Wir können Menschen mit erstaunlicher mathematischer Präzision auf den Mond schicken, aber die Wettervorhersage für den morgigen Tag bereitet uns Schwierigkeiten. Warum? Unsere Erfolge beschränken sich weitgehend auf statische Systeme, in denen sich die Variablen gleich bleiben und unabhängig voneinander agieren. (Der Weltraum liefert dafür ein ausgezeichnetes Beispiel.)
Alle Mängel, die ich im vorausgehenden aufgeführt habe, sind ausnahmslos auf unsere althergebrachten Denkmuster zurückzuführen, auf Logik, Vernunft, Wahrheit, Sprache, Identität, Widerspruch, Kategorisierungen und so weiter. Auf den Ursprung dieser Mängel werde ich in der Folge noch näher eingehen. Ich werde außerdem zeigen, daß wir zu völlig neuen Perspektiven gelangen, wenn wir nicht einem konstruierten Sprachsystem (griechischem Erbe) folgen, sondern uns an die Funktionsweise unseres Gehirns (eines selbstorganisierten musterbildenden Systems) halten.

Wahrnehmung

Seit nunmehr vierundzwanzig Jahrhunderten konzentrieren wir unsere intellektuelle Kraft auf die Logik des Verstandes und nicht auf die Logik der Wahrnehmung – und dies, obwohl letztere gerade im humanitären Bereich eine wesentlich größere Rolle spielt. Warum haben wir diesen Fehler gemacht?
Es ist denkbar, daß wir Wahrnehmungen keine allzu große Bedeutung beigemessen und geglaubt haben, daß letztlich doch Logik und Ver-

stand dominieren würden. Die Ungenauigkeit, Subjektivität und Veränderlichkeit von Wahrnehmungen gefiel uns nicht; daher suchten wir unser Heil bei den unerschütterlichen Absoluten Wahrheit und Logik. Die Griechen erfanden die Logik in gewisser Beziehung auch deshalb, weil sie mit ihrer Hilfe Wahrnehmung verständlich machen wollten. So begnügten wir uns damit, die Wahrnehmung der Kunst zu überlassen (dem Theater, der Lyrik, der Malerei, der Musik, dem Tanz), während die Vernunft sich über die Wissenschaft, die Mathematik, die Wirtschaft und das Regierungsgeschäft hermachte. Wir haben Wahrnehmung nie verstanden.

All diese Erklärungen haben ihre Berechtigung, aber die letzte ist bei weitem die wichtigste. Wahrnehmung hat in der Tat ihre eigene Logik – eine Logik, deren Ursprung unmittelbar im Verhalten selbstorganisierter musterbildender Systeme liegt und sich radikal von der Tischplattenlogik herkömmlicher Vernunft und Sprache unterscheidet. Die Wahrheit der Wahrnehmung hat mit konstruierter Wahrheit nichts gemein.

Niemals zuvor in der Geschichte der Menschheit sind wir in der Lage gewesen, die Struktur und die neurologische Grundlage der Wahrnehmung zu verstehen. Niemals zuvor in der Geschichte der Menschheit hatten wir die Möglichkeit, die Logik der Wahrnehmung zu verstehen. Uns blieb also gar nichts anderes übrig, als die Wahrnehmung zu vernachlässigen.

Konfrontiert mit Phänomenen der Wahrnehmung, haben wir allemal Zuflucht bei den Gewißheiten der klassischen Logik gesucht. Daher ist auch ein Buch wie *The Closing of the American Mind* so altmodisch und rückschrittlich. Statt sich mit der Vielschichtigkeit der Wahrnehmung auseinanderzusetzen, plädiert es für eine Rückkehr zu ebenjenen Denkgewohnheiten, die unsere Zivilisation ruiniert haben. Einem sprachorientierten Philosophen bleibt keine andere Wahl, denn das Begreifen der Wahrnehmung setzt das Begreifen selbstorganisierter Systeme unabdingbar voraus.

Da wir die Wahrnehmung nicht verstehen, haben wir untätig zugesehen, wie unser Weltbild durch die Unzulänglichkeiten der Sprache verzerrt wurde und wie dieses verzerrte Weltbild schließlich erstarrte. Ihre Unzulänglichkeit gegenüber der Wahrnehmung resultiert ausgerechnet aus jenen Eigenschaften, die die Sprache zu einem hervorragenden

Medium des Beschreibens machen. Weil wir komplizierte Situationen beschreiben können, hatten wir keine Veranlassung, unsere Wahrnehmungsmuster zu verbessern. Und die falschen Dichotomien und Scheingewißheiten der Sprache halfen da erst recht nicht.

Unserer Sprachlogik liegt ein Schubladendenken zugrunde, welches unweigerlich auf die Wahrnehmung abfärbt. Alle »Kriminellen« werden primär als Kriminelle angesehen.

Wir haben Wahrnehmung der Kunst überlassen. Wie hat die Kunst damit gearbeitet? Sie hat gewiß Veränderungen im Massengeschmack hervorgerufen; sie hat sogar Revolutionen verursacht. Kunst ist bestenfalls dogmatisch, exzentrisch und propagandistisch. Kunst stellt Wahrnehmungen dar, die durchaus neu und wertvoll sein können – aber noch nie hat sie uns Werkzeuge geliefert, die zur Veränderung von Wahrnehmungen geeignet waren.

Die Kunst kann fortfahren wie bisher und weiterhin unsere Kultur bereichern – nur sollten wir uns nicht länger vormachen, daß sie uns bei der Wahrnehmung weiterhilft. Wir müssen die Logik der Wahrnehmung erlernen und brauchen Werkzeuge, mit deren Hilfe sie vertieft und verändert werden kann. So wertvoll Wahrnehmungspropaganda auch sein mag – wir dürfen uns nicht mit der passiven Empfängerrolle begnügen.

Unser Bedarf an Logik und Datenverarbeitung wird in absehbarer Zeit nahezu ausschließlich durch Computerarbeit gedeckt werden. Die Anforderungen an unsere Wahrnehmungsfähigkeiten werden dadurch größer denn je. Von unserer Wahrnehmungsauslese und unserem Können hängt es ab, womit wir den Computer füttern. Das Resultat kann, unabhängig von der Güte des Computers, niemals besser sein als unsere perzeptive Eingabe.

Die Qualität jedes ökonometrischen Modells hängt von seinen Bestandteilen, den Bezügen und Parametern, ab. Diese wiederum sind eine Frage der Wahrnehmung, die, sobald vorhanden, durch Messungen erhärtet werden muß.

Die Entwicklung echter »intelligenter« Computer beschwört extreme Gefahren für uns herauf – es sei denn, wir entwickeln unsere Wahrnehmungsfähigkeiten in weit größerem Maße als bisher. Gelingt uns dies nicht, so wird uns ein solcher Computer unsere fehlerhaften Wahrnehmungen mit gefährlich logischen Reaktionen beantworten.

Humor

Humor ist das weitaus wichtigste Phänomen des menschlichen Geistes. Woher kommt es also, daß er von den Philosophen der Klassik, von Psychologen und Informatikern völlig vernachlässigt wurde – von den Logikern ganz zu schweigen?
Vom System aus gesehen, ist Vernunft ein billiger Rohstoff, der mit Hilfe von Kästchen, Zahnrädern und simplen, linearen Computern erzeugt werden kann. Jedes Sortiersystem resultiert, läßt man es zurücklaufen, in einem einfachen Urteilssystem. Humor kann jedoch nur entstehen, wenn in einem sich selbst organisierenden System asymmetrische Muster vorkommen. Humor ist also deshalb von solcher Bedeutung, weil wir dank seiner Existenz eine Menge über das Informationssystem des Gehirns in Erfahrung bringen können. Auch kann Humor unsere Verhaltensweisen beeinflussen, indem er uns lehrt, daß wir uns vor rigidem Dogmatismus hüten sollten – denn mit Humor betrachtet, kann eine Sache urplötzlich ganz anders aussehen.
Die klassischen Philosophen, die Psychologen und Informationstheoretiker haben den Humor folglich deshalb nicht untersucht und verstanden, weil sie sich von jeher mit sogenannten »passiven« Informationssystemen beschäftigen (und dabei im wesentlichen mit der Manipulation von Tischplattensymbolen anhand vorgeschriebener Regeln). Humor jedoch spielt sich im Bereich »aktiver« (selbstorganisierter) Informationssysteme ab. Auf die grundlegenden Unterschiede zwischen den breitgefächerten Klassen der beiden Informationssysteme werde ich noch zu einem späteren Zeitpunkt eingehen.
Lyrik ist gleichfalls ein »logischer« Prozeß und schöpft aus der Wahrnehmungslogik, ohne sich jedoch in den Rahmen der herkömmlichen Logik zwängen zu lassen. Die »Wasserlogik« der Wahrnehmung unterscheidet sich in der Tat erheblich von der überlieferten »Gesteinslogik«.

Anwendungsbereiche

Einer erfundenen Geschichte zufolge ließen sich der amerikanische und der russische Botschafter auf ein Wettrennen ein. Der Amerikaner gewann. Die Lokalzeitungen berichteten über das Rennen und teilten ihren Lesern mit, daß der russische Botschafter zweiter und sein amerikanisches Gegenüber vorletzter geworden sei. Die Tatsache, daß nur zwei Konkurrenten an dem Wettlauf teilgenommen hatten, blieb unerwähnt.

In dieser absurden Geschichte stimmen zwar die Einzelheiten, aber ein wichtiges Detail fehlt. Einer seriösen Zeitung würde so etwas natürlich nicht passieren – oder etwa doch? Der *Independent* sieht sich gerne als eine der »seriösesten« Londoner Zeitungen. In der Besprechung eines meiner Bücher unterstellte er mir jedoch, ich beanspruche das Urheberrecht auf die schöpferische Leistung für die Olympischen Spiele 1984, weil ihr Organisator Peter Ueberroth einmal eines meiner Seminare besuchte – was einfach lächerlich klingt. Unerwähnt ließ der Zeitungsartikel, daß Herr Ueberroth in einem Interview mit der *Washington Post* vom 30. September 1984 die neuartigen Konzepte, die die Olympiade zu einem Erfolg machten, sich selbst und seinem gezielten Einsatz »lateralen Denkens« sowie spezieller Techniken zuschrieb, mit denen er 1975 erstmalig durch mich bekannt gemacht wurde. In meinem Buch ging ich ausdrücklich auf Ueberroths persönliche Leistung ein, was der Kritiker jedoch wissentlich unterschlug – vermutlich, um meinen angeblichen Anspruch ins Lächerliche zu ziehen. Erstaunlicherweise wurde diese absichtlich verzerrte Darstellung vom Chefredakteur des *Independent* auch noch verteidigt.

Da es in den Medien keine Wahrheit gibt, eignen sie sich hervorragend als Modell für die Wahrnehmung. Wahrnehmung kennt keine Wahrheit. Wahrnehmung ist immer vom Standpunkt abhängig und immer unvollständig.

Das Verstehen des Wahrnehmungsvorgangs ist von nicht zu überschätzender praktischer Bedeutung, weil er den Großteil unserer Denkprozesse umfaßt (technische Bereiche ausgenommen). Der obige Kommentar zur Praxis der Medien ist nur ein Beispiel dafür. Von den Medien sollten wir niemals Objektivität erwarten, denn Wahrnehmung bewegt sich in anderen Bahnen.

Das einzige Wahre an der Wahrnehmung ist die »Wahrheit« des Glaubens, die, wie wir noch sehen werden, ganz einfach dem Kreislauf entspringt, der jedem Glaubenssystem zugrunde liegt. Sobald wir erst einmal begreifen, wie ein Glaube entsteht und wie er genährt wird, verstehen wir auch, weshalb logische Argumente ihm nichts anhaben können, ja daß die Änderung der Wahrnehmungsweise die einzige Möglichkeit ist, Überzeugungen, Vorurteile und fehlerhafte Wahrnehmung zu verändern. Das ist, da die verschiedenen Glaubenssysteme den Löwenanteil menschlicher Belange repräsentieren, von enormer praktischer Bedeutung. Wir werden außerdem erkennen, weshalb wir diese diversen Glaubenssysteme nicht unterschätzen sollten.

Wir werden uns außerdem noch mit den eklatanten Nachteilen der Sprache in ihrer Eigenschaft als Wahrnehmungs- und Denksystem beschäftigen. Auch dieses Kriterium erweist sich in der Praxis als äußerst bedeutsam, da die Sprache unser wichtigstes Kommunikations- und Denkinstrument ist. Erst wenn wir begreifen, aus welchen Gründen wir uns künstliche Dichotomien (wir/sie, richtig/falsch, unschuldig/schuldig) geschaffen haben und wie groß ihr Einfluß dank des Messerklingeneffekts auf die Wahrnehmung ist, können wir den Versuch unternehmen, für Abhilfe zu sorgen.

Unsere Sprache braucht, wenn uns an umfassenderer Wahrnehmung gelegen ist, viele neue Wörter. Begreifen wir erst einmal, daß zwischen einer im nachhinein adäquat anmutenden sprachlichen Beschreibung und der ursprünglichen Wahrnehmung ein erheblicher Unterschied besteht, so nimmt vielleicht auch unser starker Widerwille gegen neue Wortschöpfungen ab. Das könnte sich in der Praxis als sehr wertvoll erweisen.

Die Kenntnis der Symmetrie von Mustern wird es uns zum erstenmal seit Menschengedenken ermöglichen, Phänomene wie Humor, Einsicht und Kreativität zu verstehen. Indem wir uns die logische Notwendigkeit von Provokation (zum Überspringen von Mustern) erschließen, werden wir auch in die Lage versetzt, spezielle schöpferische Denkwerkzeuge zu erfinden.

Das Verständnis der Wahrnehmungsprozesse und der Eigenart von Hypothesen wird uns begreiflich machen, warum wir nur das sehen können, was zu sehen wir bereit sind. Daraus muß folgen, daß die Datenanalyse allein kaum imstande ist, neue Ideen zu produzieren – falls sie nicht ohnehin sozusagen in der Luft liegen. Überdies wird uns ersichtlich, warum eine einzige, am »wahrscheinlichsten« anmutende Hypothese als Grundlage für wissenschaftliche Methoden nicht ausreicht – auch dies wiederum von außerordentlich praktischem Nutzen.

Unsere einzigen Versuche, in unserem klassischen Denksystem einen

Fortschritt zu erzielen, stellen bis auf den heutigen Tag das kritische Denken und die Argumentation dar. Beides durchdringt die gesamte Gesellschaftsordnung (Gesetzgebung, Politik, Wissenschaften und so weiter). Beides beruht auf der Vorstellung eines »Wahrheitsfindungsprozesses«. Weder Design noch konstruktive Elemente – die Voraussetzung zum Fortschritt – sind auch nur im Ansatz vorhanden. Was die heutige Zeit braucht, unterscheidet sich erheblich von den Zeiten, da die alten Griechen ihre Dispute führten oder die Theologen des Mittelalters ihre Streitigkeiten austrugen. Die Erkenntnis, daß kritisches Denken und Argumentation nur schwache Instrumente des Fortschritts darstellen, ist ebenfalls von großer praktischer Bedeutung.

Wir werden sehen, daß die Kunst durchaus wertvolle Dienste leistet, wenn sie mit neuen, detaillierteren Wahrnehmungsweisen und Einsichten aufwartet. Sie werden jedoch stets mit großer Selbstgewißheit präsentiert. Kunst versorgt das Publikum nicht mit den entsprechenden Werkzeugen, mit denen es eigene Wahrnehmungen formen und verändern könnte. Kunst ist kein Kochkurs, sondern ein Menü aus vorzüglich komponierten Speisen. Wir können also ganz und gar nicht davon ausgehen, die Wahrnehmung sei bei der »Kunstwelt« in den besten Händen.

Bei all diesen Fragen geht es um die Grundpfeiler, auf denen unsere abendländische Zivilisation beruht: Glaube, Wahrheit, Vernunft, Argumente, Wissenschaft, Kunst und so weiter. Eine umfassendere Kenntnis des Wahrnehmungsprozesses hätte direkten Einfluß auf jeden einzelnen dieser Pfeiler. Bisher verfügten wir nicht über die nötigen Grundlagen dazu, doch nun, da wir uns ständig neues Wissen über die Funktion sich selbst organisierender Systeme erwerben, können wir uns nicht mehr auf diesen Mangel herausreden.

Das menschliche Gehirn

... wenn wir das menschliche Gehirn doch nur verstehen könnten.
... es wird lange dauern, bis wir hinter die Geheimnisse des Gehirns kommen.
... wissen wir erst einmal, wie unser Verstand arbeitet, dann wird es uns wie Schuppen von den Augen fallen.

Eines Tages aß ich in einem kleinen Restaurant auf dem Col de Frêne in der Nähe des französischen Städtchens Annecy zu Mittag. Mein Blick schweifte über das Tal zu den ansteigenden Alpenhängen hinüber. Ein Bussard fiel mir ins Auge, der hoch in den Lüften seine Kreise zog. Zwanzig Minuten lang glitt er im Flug dahin, ohne auch nur ein einziges Mal mit den Flügeln zu schlagen. Der Bussard war vollkommen mit dem System vertraut und segelte von einem warmen Aufwind zum nächsten. Die menschlichen Drachenflieger landeten regelmäßig schon nach kaum zwei Minuten im Tal. Es macht schon einen Unterschied, wenn man mit dem System vertraut ist.
Nehmen wir einmal an, daß wir eines Tages die Arbeitsweise des Gehirns verstehen – was würden wir tun?

1. Wir würden uns sofort an den Entwurf eines Computers machen, der ebenso wie das Gehirn funktioniert.

2. Wir würden versuchen, das Gehirn zu bestimmten Zwecken zu manipulieren.

3. Wir würden unsere vorhandene »Software« auf ihre Zweckmäßigkeit für das System hin durchleuchten und versuchen, bessere Software zu entwickeln.

Nun, wir wissen jetzt, wie das Gehirn funktioniert. Diese Behauptung wird bei denen, die geradezu dogmatisch an ihrer Unwissenheit hängen

(»Das Gehirn ist viel zu wichtig, als daß wir es je verstehen könnten!«), sowie jenen, die es immer gern etwas komplizierter haben, auf energischen Widerspruch stoßen. Letztere vertreten die Ansicht, daß sich die komplexen Gehirnfunktionen nur in einem äußerst komplizierten System abspielen können – ein Standpunkt, dem nur die ersten Wissenschaftler anhingen, die sich mit künstlicher Intelligenz beschäftigten. Andere wiederum vertraten von jeher die Meinung, bestimmte einfache Systeme seien zu höchst komplizierten Vorgängen fähig. Mathematiker wissen genau, daß eine einfache Aussage in der Chaostheorie zu immenser Komplexität führen kann.

Meine Behauptung wird auch bei jenen Spezialisten auf Abwehr stoßen, die die Funktionsweise des Gehirns erst dann exakt zu kennen glauben, wenn sie über jede einzelne Neuronenverbindung sowie die Beschaffenheit und Lage jedes einzelnen Neurotransmitters im Bilde sind.

Auf Zuspruch wird meine Behauptung jedoch bei all jenen stoßen, die wissen, daß uns die Kenntnis einer breitgefächerten Kategorie von Systemen (unter Nichtbeachtung der Details) sehr wohl in die Lage versetzt, nützliche Aussagen über das Verhalten des Systems zu machen. Wir sind zweifellos an einem Punkt angelangt, der uns die Einsicht ermöglicht, daß das Gehirn in die große Kategorie selbstorganisierter Systeme fällt. Mit diesem Wissen können wir uns nun daranmachen, das Verhalten solcher Systeme im großen und ganzen zu untersuchen und dann auf diesem Verhalten aufzubauen. Einzelheiten können später nachgeliefert werden. Eine derartige Kenntnis der Natur des Systems wird sich insbesondere dann als wichtig erweisen, wenn wir begreifen, daß sie sich erheblich von unserer herkömmlichen Vorstellung vom Gehirn unterscheidet (als einer Art Fernsprechvermittlung mit »Fräulein vom Amt«).

Uns durch dogmatische Unwissenheit bremsen zu lassen, können wir uns nicht länger leisten. Wenn wir die Arbeitsweise des Gehirns also tatsächlich verstehen – was fangen wir mit diesem Wissen an? Wir entwerfen doch wahrhaftig Computer, die die Funktionsweise des Gehirns imitieren! Solche Neuro-Computer sind sogar schon im Einsatz. Unsere Bestrebungen laufen darauf hinaus, das Gehirn durch zunehmend geschicktere Propaganda zu manipulieren. Nicht anders funktioniert politischer Etikettenschwindel.

Als ich *The Mechanism of Mind* schrieb, hatte ich nicht im Sinn, einen Computer mit diesen Eigenschaften zu bauen. Andere haben diesen Weg gewählt. Ich interessiere mich mehr für die Software (das Denksystem). Können wir bessere Software für das Gehirn entwickeln? Und wie gut ist unsere jetzige Software?

Das Feld der Software ist das der Wahrnehmung und damit der wichtigste Teil des Denkens, der jedoch von unseren derzeitigen logischen Denkgewohnheiten außer acht gelassen wird. Das hat mich, wie bereits erwähnt, dazu veranlaßt, praxisnahe Lehrmethoden für das Denken zu entwickeln, die mittlerweile weltweit von Millionen Schülern angewandt werden.

Unsere herkömmlichen Ansichten über das Gehirn haben Kreativität zu einem völlig unverständlichen Geheimnis gemacht. Da jede wertvolle kreative Idee im nachhinein den Anschein von Logik erwecken muß (sonst wüßten wir sie nicht zu schätzen), kamen wir zu dem Schluß, logischeres Denken hätte uns schon viel früher auf diese Idee bringen müssen.

Allerdings führt nur das Wissen, daß das Gehirn ein sich selbst organisierendes, musterbildendes System mit asymmetrischen Mustern ist (auf die ich später noch eingehen werde), zu den logischen Grundlagen für Provokation, beliebigen Einstieg und andere mit Vorbedacht gewählte Werkzeuge des lateralen Denkens, die es uns ermöglichen, Muster zu überspringen.

Wir wollen wissen, welche praktischen Auswirkungen unsere Kenntnis des Gehirnsystems zeitigen könnte. Wir können uns die Unzulänglichkeiten und die Gefahren unserer bestehenden Denkgewohnheiten vor Augen führen.

Wir können neue und sinnvolle Software vorschlagen.

Das sind genau die Themen, die ich in diesem Buch ausführlich behandeln möchte. Ich werde mich mit Wahrheit, Logik, Vernunft, Sprache und vor allem mit Wahrnehmung beschäftigen.

Können wir uns wirklich schrittweise aus dem Verhalten eines Neurons innerhalb eines Netzwerks lösen und dahin gelangen, unser Denkverhalten in so wichtigen Fragen wie Politik, Wirtschaft, Weltkrisen und Glaubenssystemen zu verstehen und zu verändern?

Das können wir – und genau das ist der Sinn dieses Buchs.

Die Gültigkeit des Denkmodells

In diesem Buch wird eine bestimmte Erklärung für die Funktionsweise des Gehirns vertreten; wie können wir absolut sichergehen, daß sie auch stimmt? Die Antwort auf diese Frage folgt in zehn Punkten.

1. Der Zweck der Wissenschaft besteht darin, Gedankenmodelle zur Funktionsweise der Welt vorzustellen. Wissenschaft kann rein gar nichts »beweisen«. Bevor Einstein auf den Plan trat, schien Newtons Sichtweise der Himmelsmechanik vollkommen. Es wird nicht lange dauern, und Einsteins Theorien werden ebenfalls modifiziert. Manchmal genügt es schon, ein Gedankenmodell auf den neuesten Stand zu bringen, ein andermal stellt sich heraus, daß unterschiedliche Modelle eine ganze Reihe unterschiedlicher Wirkungen aufweisen, und manchmal muß ein Modell von Grund auf verändert werden.
In diesem Buch stelle ich das Modell eines sich selbst organisierenden Informationssystems auf neuronaler Basis zur Debatte. Das ist unser Gedankenmodell. Unsere Kenntnis des Gehirns kann selbstverständlich nicht daher kommen, daß wir die »Arbeitsleistung« jeder einzelnen Gehirnzelle messen. Eine solche Messung gibt uns keinen Aufschluß über die Gesamtorganisation und die Funktionsweise des Gehirns. Die Konstruktionspläne der Eisenbahnwaggons und die metallurgische Zusammensetzung der Schienen sagen uns noch lange nichts über das organisatorische Arbeitskonzept der Bahn. Wir benötigen ein Funktionskonzept, das uns zeigt, auf welche Weise das interaktive Verhalten der Neuronen eine ganze Serie geistiger Aktivitäten in Gang setzt: Humor, Einsicht, Wahrnehmung, Gefühle und so weiter.
Ich sagte bereits, daß dogmatische Ignoranz in der Wissenschaft fehl am Platz ist: »Das Gehirn ist viel zu kompliziert, als daß wir es je verstehen könnten.«

2. Im wesentlichen beschäftigen wir uns, verglichen mit passiven Systemen (herkömmlichen Computern), mit einer sehr breit gefächerten Klasse selbstorganisierter Systeme, innerhalb derer durchaus andere Modelle möglich sind. Im Detail werden sie höchstwahrscheinlich voneinander abweichen. Wo ich beispielsweise von einer Nervenverbindung ausgehe, könnte eine chemische Verbindung bestehen.

Der Kunstgriff der Wissenschaft besteht darin, den Rahmen für eine systematische Klasse so breit wie möglich abzustecken und dennoch bestimmte Verhaltensmuster vorhersagen zu können. Der simple Kontrast zwischen passiven und selbstorganisierten Informationssystemen läßt an Verhaltensunterschieden beileibe keinen Mangel aufkommen. Mitunter wird die Ansicht vertreten, das Gehirn speichere Informationen wie ein Hologramm. Das mag vielleicht so sein, doch reicht diese Beschreibung nicht aus zur Erklärung dafür, wie sich das Gehirn von einem Zustand in einen anderen begibt, um Gedanken zu produzieren. Die Hologrammtheorie ist, wie viele andere Erklärungsversuche auch, in funktionaler Hinsicht mit dem hier benutzten Modell vereinbar.

3. Unser Modell basiert auf einem außerordentlich einfachen System, das sich auf sehr komplexe Art und Weise verhalten kann. Da in der Biologie die Tendenz besteht, mit komplizierten Verhaltensmustern in einfachen Systemen zu arbeiten (das Chiffrieren der Erbfaktoren besteht aus nichts anderem als einer Kette verschiedener Proteine), ist die Ausgangsbasis von vornherein günstiger als bei einem hochkomplexen System. Die Hauptsache ist jedoch, daß das Verhalten des Systems, aus dem Musterbildung, Einsicht und Humor hervorgehen, eben dem natürlichen Verhalten dieses Systems entspricht. Das System kann sich gar nicht anders verhalten. Welten trennen es von anderen Modellen, bei denen man irgendwann sagen muß: »So, und jetzt bringen wir irgendwo noch den Humor unter!«
Beschreibende Modelle, die nichts anderes aussagen als: »Es geschieht einfach« oder auch »Dieser Mechanismus löst diesen bestimmten Vorgang aus«, taugen nur wenig. Sie ähneln vielmehr der Kinderzeichnung einer Kiste mit der Aufschrift: »Alles, was passiert, ist hier drin.«

4. Unser Ausgangsmodell ist tatsächlich inzwischen von Computern simuliert worden und hat sich im großen und ganzen wie erwartet verhalten. Dieser Tatbestand ist um so bedeutsamer, bedenkt man, daß komplizierte Modelle in der Praxis bisweilen »erstarren« oder »explodieren«. Am allerwichtigsten ist jedoch, daß das riesige Arbeitspensum, welches inzwischen auf dem Gebiet der Neuro-Computer geleistet worden ist, den Beweis erbracht hat, daß solche Systeme in der Tat funktionieren und sehr schnell lernen. Obwohl sie noch nicht in die

kommerzielle Produktion gegangen sind, bewähren sich solche Maschinen doch tagtäglich aufs neue. Es steht also außer Frage, daß ein derartiges Informationssystem funktionstüchtig und wirkungsvoll ist. In gewisser Weise ist dies ein Beweis für »Design«. Die Neuro-Computer sind entwickelt worden, um unsere Vorstellung von der Arbeitsweise des Gehirns zu simulieren, und ihr Erfolg beweist, daß ein solches System in der Tat funktioniert.

5. Unser sich selbst organisierendes System ist mit allem, was wir bisher über Neuronen und neuronale Systeme wissen, vereinbar. Die nötigen Einzelheiten werden im Laufe der Zeit durch die Fortschritte auf dem Gebiet der Neurologie nachgeliefert. Die Entdeckung der Funktion eines Enzyms namens »Kalpain« zur »Verbindung« von Assoziationen beispielsweise erfolgte im Anschluß an die Voraussage, daß ein solcher Mechanismus mit einer derartigen Funktion vorhanden sein müßte. Es ist gut möglich, daß die Neurologie beizeiten mit mehreren Gehirnen oder Gehirnschichten aufwarten wird, die unabhängig voneinander und im Einklang mit einer für die Arbeitsleistung verantwortlichen Koordinationsinstanz funktionieren. Die Neurologie wird möglicherweise die außerordentlich starke Wirkung von Nervenschaltstellen als auch von chemischen Elementen, die im verborgenen wirken, an den Tag bringen. Der Organisationstypus des Systems wird sich jedoch durch diese Entdeckungen nicht verändern.

6. Die von unserem Modell vorhergesagten Wirkungen (wie Humor, Einsicht, Kreativität und die Auswirkung von Gefühlen auf die Wahrnehmung) stimmen mit unseren alltäglichen Erfahrungen überein. Hier gibt es nichts, was der empirischen Erfahrung widerspricht; und dennoch mag es etliche Faktoren geben, die mit unserer herkömmlichen Auffassung vom Gehirn als einer Art Fernsprechvermittlung nicht in Einklang zu bringen sind.

7. Darwins Abstammungslehre ist nie bewiesen worden – und dabei wird es wahrscheinlich auch bleiben. Wir akzeptieren und benutzen dieses Modell, weil es einleuchtend ist, sich zur Erklärung bestimmter Phänomene mehr oder weniger gut eignet und weil uns kein besseres Modell zur Verfügung steht. Die gleichen Erwägungen lassen sich auch

auf unser selbstorganisiertes Modell anwenden. Es ist von der Funktion her nicht minder gültig als Darwins Evolutionstheorie. Es bleibt jedem freigestellt, ein besseres Modell vorzuschlagen, das sich gleichfalls auf das einfache Verhalten von Neuronen stützt. Dieses Modell ist aller Wahrscheinlichkeit nach sogar um etliches überzeugender als Darwins Modell, dessen Theorie von der Artenvielfalt durch zufallsbestimmte Mutation auf recht schwachen Beinen steht.

8. Die Ausbeute an nützlichen Resultaten ist bei weitem der wichtigste Aspekt bei jedem Konzept. Das hier zur Diskussion gestellte Modell hat zum Verständnis kreativer Prozesse bei Konzeptveränderungen geführt. Daraus resultieren die Logik der Provokation und die gezielte Erschaffung kreativitätsorientierter Denkwerkzeuge (laterales Denken), die mittlerweile in großem Umfang und mit meßbarem Erfolg zum Einsatz gekommen sind. Darüber hinaus sind dem Modell einfache Methoden für den Unterricht wahrnehmenden Denkens an Schulen entlehnt worden, die sich als sehr wirkungsvoll erwiesen haben. Abgesehen von den praktischen Ergebnissen (wie rückwärts zu lernen) hat das Modell außerdem noch zum Verstehen solcher Erscheinungen wie Einsicht und Humor geführt.
Im ganzen Buch verstreut finden sich immer wieder praktische Hinweise, die sich unmittelbar aus diesem selbstorganisierten Strukturmodell ableiten lassen. Eine Gesamtübersicht dieser Auswirkungen finden Sie auf Seite 262.

9. Die Geometrie Euklids ist mehr als eine hervorragende geistige Leistung – sie ist außerdem ein sehr praktikables System, von dem wir nur profitieren können. Da sie nicht auf gekrümmte und verschiedene andere Oberflächen anwendbar ist, bestand der erste Schritt aus der Definition des Raums. Der zweite Schritt bestand in der Definition verschiedener Axiome, die sich aus dem Verhalten einfacher Elemente ableiteten, zum Beispiel dem von Geraden in einem präzise definierten Raum: Zwei Parallelen haben keinen Schnittpunkt. Auf diesen Axiomen wurde daraufhin das gesamte System aus Theoremen und Beweisen aufgebaut.
Nichts hindert uns daran, das Gehirn zu vergessen und das hier vorgestellte Modell so aufzufassen, als handle es sich dabei um die Definition

einer bestimmten Art »selbstorganisierten« Universums. Bei den Elementen muß es sich nicht unbedingt um Neuronen handeln. Wir könnten dieses Universum als »musterbildenden Raum« bezeichnen. Dann würden wir das Verhalten innerhalb dieses Raumes untersuchen und dabei auf einige sehr einfache Prinzipien stoßen. Genauso bin ich stellenweise in diesem Buch verfahren. Zu guter Letzt schauen wir uns an, was passiert, wenn diese Prinzipien oder »Axiome« zusammenwirken. Wir erzielen ein Ergebnis, das dem menschlichen Geist verblüffend ähnlich sieht. Wir können uns immer noch dazu entschließen, diese Ähnlichkeit zu ignorieren.

10. Schließlich kommt es mir so vor – worüber der Leser anderer Ansicht sein mag –, als erkläre unser Konzept bestimmte Verhaltensweisen des Gehirns (wie Humor, Einsicht und Kreativität) weit besser als alle anderen vorhandenen Modelle. Das gleiche gilt für das umfangreiche Gebiet der »Wahrnehmung«, der ich besonderes Augenmerk widme. Es ist durchaus möglich, daß sich bestimmte Teile des Gehirns anders verhalten (bestimmte algorithmische Ordnungen zum Beispiel) – das will ich gar nicht bestreiten.
Ich sehe meine Aufgabe darin, ein plausibles Modell für Wahrnehmungsprozesse zur Verfügung zu stellen, das sich aus unserer Kenntnis des Neuronenverhaltens ableitet und damit kompatibel ist. Wer meint, es handle sich bei diesem Modell nicht in erster Linie um ein sich selbst organisierendes System, darf gerne ein anderes und besseres Modell zur Diskussion stellen.
Ich bin also der Ansicht, daß es triftige Gründe genug gibt, mit dem selbstorganisierten Modell zu operieren. Das praktische Verständnis und die Einsichten, die aus einem derartigen Modell (oder einer breitgefächerten Klasse von Modellen) hervorgehen, können sich als sehr wertvoll erweisen und uns bei der Veränderung unseres Denksystems behilflich sein.
Die Grenzen der Evolutionstheorie in Hinsicht auf Mutationen und die enormen Schwierigkeiten beim Paradigmenwechsel hängen beispielsweise unmittelbar mit der grundsätzlichen Beschaffenheit selbstorganisierter Systeme zusammen.
Mit Gewißheit können wir die Funktionsweise des Gehirns besser verstehen als die der Schwerkraft.

Verschiedene Welten

Angenommen, Sie leihen jemandem in einem islamischen Land Geld und er gibt Ihnen schließlich ein Bündel Geldscheine zurück, so erfordert es die Sitte, daß sie es ihm Schein für Schein vorzählen. Tun Sie dies jedoch einem Schuldner in einem westlichen Land an, er würde Ihr Verhalten als zutiefst beleidigend auffassen. Die islamische Welt ist eben anders als die westliche.

Japanerinnen werden am Arbeitsplatz katastrophal schlecht behandelt (obwohl sich das allmählich ändert). Sobald sie heiraten, erwartet man von ihnen, daß sie ihren Posten räumen. Und selbst wenn sie nicht heiraten, setzt man ihnen, sobald sie erst dreißig geworden sind, den Stuhl vor die Tür, damit ihre Stelle von jüngeren Frauen mit geringerer Bezahlung übernommen werden kann (das Gehalt erhöht sich mit jedem Beschäftigungsjahr). Es geschieht ganz selten, daß Frauen in größeren Firmen in leitende Positionen aufsteigen. In den eigenen vier Wänden jedoch hat die Japanerin die Zügel fest in der Hand. Sie trifft die Entscheidungen und verwaltet die Haushaltskasse. Der Ehemann liefert, unabhängig von seiner beruflichen Stellung, das ganze Gehalt bei ihr ab. Er selbst bekommt von ihr nur ein kleines Taschengeld für seine täglichen Ausgaben – der Grund dafür, daß Spesenkonten japanischer Firmen horrend hoch sind. Die japanische Mutter kümmert sich um die Erziehung der Kinder. Hier haben wir es mit zwei völlig unterschiedlichen Welten zu tun, der Welt der Arbeit und der Welt in den eigenen vier Wänden.

Auf dieser Erde gibt es Organismen, die ohne Sauerstoff auskommen. Wir haben uns dermaßen an die sauerstoffverbrauchende Welt gewöhnt (die die Fische mit einbezieht), daß wir sie für die einzig mögliche Welt halten. Falsch! In den tiefsten Tiefen des Pazifiks gibt es fremdartig anmutende, wurmähnliche Kreaturen, die nicht von Sauerstoff leben, sondern von Schwefelwasserstoff, der aus vulkanischen Spalten auf dem Meeresboden hervorsprudelt. In diesen Tiefen ist kaum noch Sauerstoff im Wasser vorhanden. Ein weiteres Beispiel für eine andere Welt.

Die meisten jungen Französinnen und Franzosen lernen heutzutage Englisch. Trotzdem können Sie in Situationen geraten, wo alle Menschen um Sie herum ausschließlich Französisch sprechen. Sie reden also lauter und langsamer Englisch und können gar nicht begreifen, warum

Ihre Zuhörer Sie nicht verstehen. Sie befinden sich in einer anderen Welt, und was in Ihrer Welt selbstverständlich sein mag, hat in der anderen Welt unter Umständen keinerlei Bedeutung.

Drei Leute halten jeweils einen kleinen Klotz aus Kiefernholz in der Hand. Die erste Person läßt los, und der Klotz fällt zu Boden. Die zweite Person läßt ebenfalls los, und der Klotz steigt in die Höhe. Die dritte Person läßt los, und der Klotz rührt sich nicht vom Fleck. Man berichtet Ihnen darüber am Telefon. Im ersten Fall verhält sich alles erwartungsgemäß. Im zweiten Fall ist das Verhalten äußerst merkwürdig, im dritten ganz einfach unglaublich. Und warum? Weil Sie davon ausgehen, daß sich alle drei Vorgänge in ein und derselben Welt abspielen.

Es stellt sich heraus, daß die erste Person auf der Erdoberfläche stand, daher fiel der Holzklotz zu Boden. Die zweite Person befand sich zufällig unter Wasser, daher stieg das Holz an die Oberfläche – ein in dieser Situation vollkommen logisches und normales Verhalten. Die dritte Person hielt sich in einem Raumschiff auf, das die Erde umkreist. Im All herrscht Schwerelosigkeit, so daß der Holzklotz dort bleibt, wo er losgelassen wurde – ein in dieser Welt gleichfalls normales und logisches Verhalten.

Sobald wir den Unterschied zwischen den Welten verstehen, begreifen wir auch das unterschiedliche Verhalten. Ohne Kenntnis der Unterschiede zwischen diesen Welten wären wir davon ausgegangen, daß alle drei Personen auf der Erdoberfläche standen, was uns eine harte Nuß zu knacken gegeben hätte.

Euklids berühmte Geometrie funktioniert nur auf einer geraden, nicht jedoch auf einer gekrümmten Fläche (wo sich Parallelen durchaus schneiden können).

Die angeführten Beispiele belegen, daß Verhalten von System zu System und von Welt zu Welt verschieden ist. Wir dürfen nicht vergessen, daß das Verhalten in einer anderen Welt nur so lange unverständlich bleibt, bis wir erkennen, daß es sich um eine andere Welt handelt.

Stellen Sie sich vor, Sie lassen kleine Kugeln auf ein Tablett mit Sand fallen. Jede der Kugeln sinkt direkt unterhalb des Punktes, da sie losgelassen wurde, in den Sand. Betrachten wir nun die Lage der Kugeln im Sand, so erhalten wir ein ziemlich genaues Bild ihrer Ausgangspositionen. Die Kugeln rühren sich nicht vom Fleck. Sie bleiben, wo sie sind. Die Oberfläche des Sandes bleibt unverändert, nichts rührt sich. Dies ist ein typisches Beispiel für ein passives System. Es veranschaulicht alle Informationsspeicherungssysteme, die Informationen auf einer neutralen Oberfläche festhalten und unverändert erhalten. Diese Art von System reicht von den Eintragungen eines Schuljungen in sein Heft bis hin zu den elektronischen Zeichen, die ein Supercomputer auf einer magnetischen Festplatte hinterläßt. Wollen wir die Informationen nutzen, so muß ein neutraler Operator (das Gehirn des Schülers oder der Rechner des Computers) die gespeicherten Informationen mittels einer bestimmten logischen Prozedur zugänglich machen.

Wir wollen uns nun einem anderen System, einer anderen Welt, zuwenden. Diesmal befindet sich auf dem Tablett kein Sand, sondern ein Plastiksack, der mit einem sehr zähflüssigen Öl gefüllt ist. Wir lassen die erste Kugel auf die Oberfläche fallen. Da sie ein größeres spezifisches Gewicht als das Öl hat, sinkt sie langsam nach unten, wobei sie die Plastikhaut vor sich herschiebt. Erst auf dem Boden des Tabletts kommt die Kugel zur Ruhe. Die Oberfläche auf dem Tablett ist nun nicht mehr flach, sondern fällt schräg zur Kugel hin ab. Wir lassen noch mehr Kugeln auf die Oberfläche fallen. Jede rollt den Abhang hinunter und bleibt neben der ersten Kugel liegen.

Auf dem mit Sand gefüllten Tablett bleiben die Kugeln genau unterhalb des Punktes liegen, wo sie fallen gelassen wurden. Auf dem Öltablett bleiben sie nicht dort, wo sie aufgetroffen sind, sondern sie bewegen sich. Die Oberfläche des Sandtabletts bleibt eine Ebene, während sich die Oberfläche des zweiten Tabletts durch die erste Kugel verändert. Da die Kugeln sich bewegen und die Oberfläche sich verändert, bezeichnen wir sie als aktive Oberfläche.

In dem (passiven) Sandmodell blieben die Kugeln dort liegen, wo sie fallen gelassen wurden. In dem (aktiven) Ölmodell trafen sämtliche Kugeln an einem Punkt auf dem Tablett zusammen. Die Oberfläche hat den Kugeln im Endeffekt ermöglicht, »sich selbst zu organisieren«, und zwar zu einer Gruppe. Dies ist ein einfaches Beispiel für ein selbstorganisiertes System. Die Organisation der Kugeln in ihrer Gruppe wurde nicht durch eine außenstehende Instanz herbeigeführt, sie ist vielmehr ein natürliches Charakteristikum des Systems selbst. Dies ist von großer Bedeutung und stellt einen der Hauptunterschiede zwischen passiven Systemen (die einen neutralen Operator brauchen, um die Dinge in

Bewegung zu setzen) und aktiven Systemen (in denen die Informationen selbst in Bewegung sind) dar.
Wir wollen noch zwei zusätzliche Modelle in Erwägung ziehen. Das erste besteht darin, ein kleines Handtuch aus dem Badezimmer auf einen Tisch zu legen. Aus einem Tintenfaß entnehmen Sie einen Löffel voll Tinte und träufeln sie an einer beliebigen Stelle auf das Handtuch. Es bildet sich ein Tintenfleck, ein passives System, das Dokument Ihrer Handlung. Die Tinte bleibt, wo sie hingegossen wurde.
Bei unserem »aktiven« Modell ersetzen wir das Handtuch durch eine flache Schüssel mit Gelatine (dem bei Kindern so beliebten Wackelpudding). Diesmal erwärmen Sie die Tinte in ihrem Behälter. Wenn Sie nun einen Löffel heißer Tinte auf die Gelatine gießen, schmilzt diese unter der erhitzten Flüssigkeit, bis die Tinte sich abgekühlt hat. Sie gießen die erkaltete Tinte und die aufgelöste Gelatine ab: Auf der Oberfläche des Wackelpuddings hat sich eine flache Vertiefung gebildet. Mit dieser Vertiefung, die dem Tintenfleck auf dem Handtuch entspricht, haben Sie der Oberfläche Ihren Stempel aufgedrückt. Jetzt gießen Sie einen zweiten Löffel Tinte auf die Oberfläche. Landet diese zweite Portion in der Nähe der ersten Vertiefung, so wird die Tinte in diese Mulde laufen. Setzen Sie den Versuch noch weiter fort, werden Sie entdecken, daß sich an der Oberfläche ein Bach oder Kanal gebildet hat (was allerdings ausbleibt, wenn die Tintenportionen zu weit voneinander entfernt aufgegossen wurden). Was ist passiert? Die erste Eingabe hat die Aufnahmeweise der Oberfläche hinsichtlich der zweiten Eingabe verändert und so weiter, und so fort.
Das Gelatinemodell hat, ähnlich wie schon das Ölmodell, ein Umfeld geschaffen, in dem sich die eingehenden »Informationen« selbst organisieren können. Beim Ölmodell ordneten sie sich zu einer Gruppe, beim Gelatinemodell zu einem Kanal, einer Sequenz, einem Muster. Ist dieses Muster erst einmal entstanden, so mündet darin alles, was in der Nähe auftaucht, und folgt dem vorgegebenen Muster.
Diese beiden Modelle belegen den krassen Unterschied zwischen zwei sehr unterschiedlichen Systemen oder Welten. Im passiven System bleibt die Information dort, wo sie eingegeben wurde, und wir bewegen diese Information nach unserem Belieben und unseren eigenen Regeln – den Regeln der Logik oder der Mathematik beispielsweise. Im aktiven System schaffen Oberfläche und Eingabe die Voraussetzungen dafür,

daß sich die Informationen auf irgendeine Weise, etwa in Mustern oder Sequenzen, selbst organisieren können.
Der Unterschied zwischen den beiden Systemen ist vor allem deswegen von solcher Bedeutung, weil wir bei fast all unseren Informationssystemen auf das passive Modell zurückgegriffen haben. Wir speichern Information auf passive Art und Weise und bewegen sie anhand bestimmter Regeln hin und her. Unsere Denksysteme basieren samt und sonders auf diesem Modell. Mittlerweile spricht immer mehr dafür, daß das Gehirn ganz gewiß nicht so, sondern als selbstorganisiertes System funktioniert, in dem die Informationen sich selbst nach bestimmten Mustern organisieren.
Bei den herkömmlichen Computern gab es Informationsspeicherung und Informationsmanipulation. Bei den neuesten Computern (Neuro-Computern) ist die Verkabelung so eingerichtet, daß sie das Nervensystem des Gehirns imitieren. Bei ihnen handelt es sich um aktive selbstorganisierende Systeme, in denen sich die Information selbst organisiert.

Herkömmliche Tischplattenlogik

Stellen Sie sich vor, ein Kind sitzt an einem Tisch, auf dem sich eine Anzahl Bauklötze unterschiedlicher Form, Größe und Farbe befinden (ähnlich wie die Lernbauklötze, die in Kindergärten benutzt werden). Außerdem befinden sich auf dem Tisch noch etliche Schachteln unterschiedlicher Form, Größe und Farbe.
Das Kind darf mit den Klötzen, solange bestimmte Spielregeln eingehalten werden, nach Belieben verfahren, also zum Beispiel alle roten Klötze unabhängig von ihrer Form auf einen Stapel oder alle Klötze in eine rote Schachtel legen und so weiter. Wenn sie sich einmal in der roten Schachtel befinden, dann dürfen nur noch die roten Klötze herausgenommen werden. Die Klötze können je nach Form oder nach Form und Farbe umgruppiert werden. Das Kind stößt eventuell auf zwei Klötze, die in Form, Farbe und Größe übereinstimmen, oder aber auch auf zwei, die überhaupt nichts gemeinsam haben. Es begreift schnell, daß etwas, was in die rote Schachtel gehört, nicht gleichzeitig auch in die grüne Schachtel gehören kann. Es erkennt sofort, daß etwas, was sich in einer Schachtel befindet, die wiederum in einer größeren Schachtel

steckt, gleichzeitig auch in der größeren Schachtel ist. Die Klötze bleiben sich gleich. Von selbst bewegen sie sich nicht, aber sie können mit Leichtigkeit bewegt werden. Sie verändern sich nicht.

In diesem einfachen Tischplattenverhalten sind mehrere Denkprozesse verborgen. Charakteristische Merkmale müssen zunächst wahrgenommen und später aufgespürt werden. Es gibt Beurteilungen. Es gibt Begriffsklassen. Es gibt Einbeziehungen, Ausschließungen und Widersprüche. Es gibt völlige Gleichheit und vollkommene Unterschiedlichkeit.

Dieses einfache System ist ein gutes Beispiel für das Denksystem, das wir von Aristoteles, Platon und anderen griechischen Denkern übernommen haben. Im Mittelalter wurde es von Theologen ausgefeilt, die eine Logik brauchten, mit der sie die wahre Theologie verteidigen konnten. Später wurde es durch die Renaissance noch weiter verfeinert; man sah darin ein Mittel gegen die Religion und passive Akzeptanz sowie eine Grundlage für die Vernunft. Das System ist einfach und wirksam und hat uns sehr gute Dienste geleistet.

Statt farbiger Klötze benutzen wir die Wörter der Sprache, die unsere Erfahrungen einigermaßen versinnbildlichen. Bis zu einem gewissen Grade bilden wir bewußt Wörter, die eine bestimmte, von uns beabsichtigte Bedeutung vermitteln sollen. Das System basiert auf dem starken Wort »ist« und seinem Gegenüber »ist nicht« (und bildet die Grundlage für das wirksame Prinzip des Widerspruchs).

So sah bislang die Basis unseres logischen Denkens aus. Lassen Sie uns nun eine andere Welt und ein anderes System erkunden.

Die Tischplatte besteht nun aus einer Miniaturlandschaft, die aus einem speziellen Sand modelliert worden ist. Darüber sprenkeln wir wahllos Wasser. Wie im wirklichen Leben bilden sich zunächst kleine Rinnsale, die zusammenfließen, bald größere Bäche und schließlich kleine Flüsse. Die Landschaft hat Gestalt angenommen. Alles Wasser, das von nun an auf unser Modell fällt, muß den vorgeformten Bahnen folgen.

Nachdem wir die Entstehung der Strömungsmuster beobachten konnten, machen wir uns nun an die Veränderung unseres Modells. Diesmal formen wir die Landschaft aus Kunststoff (eventuell genügt eine Plastikgußform). Wird dieses Modell nun von unten mit Luft aufgepumpt, so ähnelt es der ursprünglichen Landschaft; wird es jedoch auf andere Art und Weise aufgeblasen, so verändert sich die Landschaft und mit ihr die

Strömungsmuster. Das hängt nun jeweils davon ab, an welcher Stelle das Wasser auftrifft. Wir haben es also nicht mehr mit einer einzigen, festgeformten Landschaft zu tun, sondern mit einer ganzen Palette denkbarer Landschaften und den ihnen eigenen Strömungsmustern.
Ein Kind, das die Strömungsmuster beobachtet, wird bemerken, daß die farbigen Flächen (die Städte markieren) in unterschiedlichen Strömungsmustern unterschiedlich miteinander verknüpft sind.
Das Kind übt zwar keine bewußte Kontrolle über das aufgegossene Wasser aus, aber es fällt ihm auf, daß das Wasser immer dann an einem bestimmten Punkt auftrifft, wenn es selbst in eine bestimmte Richtung schaut.
Manchmal folgt das Wasser den bereits vorhandenen Kanälen, manchmal löst es eine Veränderung der Landschaft aus und bahnt sich in der veränderten Umgebung neue Wege. Mit der Zeit lernt das Kind ein paar Muster (in Landschaft A folgt dies auf jenes, dann kommt das und so weiter) und sagt vielleicht: »Wenn ich dorthin schaue, verändert sich die Landschaft, und das Wasser nimmt diesen Weg . . .«
Die Fließbahnen in diesem zweiten System stellen ein Muster dar, das (als die Landschaft noch aus Sand bestand) geformt wurde. Die veränderte Landschaft (aus aufgepumpter Plastik) verkörpert einen veränderten Hintergrund, denn die Muster müssen sich dem unterschiedlichen Hintergrund anpassen. (Wir werden später noch sehen, inwieweit »Gefühl« den Hintergrund des Verstandes verändert.) Im zweiten System nimmt das Kind keinen so bewußten Einfluß auf die Auswirkungen wie noch im Spiel mit den Blöcken.
Doch so, wie man auf andere Gedanken kommt, wenn man seinen Blick schweifen läßt und ein anderes Bild anschaut, so kann das Kind, indem es in eine andere Richtung blickt, bestimmte Folgeerscheinungen auslösen.
Wir werden bald sehen, daß dieses einfache Landschaftsmodell viel präziser beschrieben werden kann, wenn man es auf das Verhalten von Neuronen innerhalb eines neuronalen Netzwerks wie das Gehirn überträgt. Für den Augenblick wollen wir uns damit begnügen, daß zwischen dem Tischplatten- und dem Landschaftsmodell ein enormer Unterschied besteht. Es handelt sich hier in der Tat um zwei verschiedene Welten.

Das Nervensystem des Gehirns

In diesem Kapitel werde ich das sehr vereinfachte Modell eines Nervensystems beschreiben – oder doch zumindest eines, das mit unserem Wissen über tatsächlich im Gehirn existierende Nervensysteme übereinstimmt. Der Einfachheit halber werde ich keine neurologischen Fachausdrücke benutzen, da diejenigen Leser, die auf diesem Gebiet nicht bewandert sind, sonst ständig in einem Glossar nachschlagen müßten. Hier kommt es einzig und allein auf das funktionelle Verhalten des Systems an.

Dieses funktionelle Verhalten trifft auf eine sehr breit gefächerte Klasse von Systemen dieser Art zu. Sie mögen sich von Fall zu Fall in Einzelheiten unterscheiden, ja mitunter wird vielleicht sogar eine bestimmte Wirkung auf verschiedene Weise erzielt, dennoch bleibt die Wirkung die gleiche. Verschiedene Arten von Lichtschaltern mögen sich in Einzelheiten unterscheiden, ihr Effekt ist dennoch der gleiche. Das hier vorgestellte Modell entspricht im wesentlichen dem 1969 in *The Mechanism of Mind* von mir vorgeschlagenen. Die Computersimulierung hat erwiesen, daß dieses Modell im großen und ganzen wie erwartet funktioniert.

Das eigentliche Verhaltensmuster hängt auch in diesem Fall, wie bei jedem Modell dieser Art, im wesentlichen von den Parametern ab, das heißt den Größenordnungen, die den verschiedenen Interaktionen zugeordnet werden. Letztere habe ich hier nicht mit einbezogen und werde das Modellverhalten daher mit optischen Parametern (wie diese auch immer beschaffen sein mögen) beschreiben. Ich bin der Meinung, daß es nicht nur im Körper, sondern auch im Gehirn Schichten lokaler Rückkoppelungssysteme gibt, die die Parameter innerhalb der optischen Bandbreite halten.

Stellen Sie sich vor, das Neuron sei ein Krake mit einer Vielzahl von Armen (statt der üblichen acht). Einige davon sind womöglich sehr lang. Jeder Arm ruht auf dem Körper eines anderen Kraken und kann ihm Elektroschocks versetzen, und zwar mittels einer chemischen Absonderung am Ende des Tentakels (was einem Neurotransmitter entspricht). Kaum hat ein Krake genügend elektrische Impulse erhalten, wacht er auf und fängt an, seinen Artgenossen die gleiche Behandlung zuteil werden zu lassen. Am Strand wimmelt es nur so von Kraken, die alle auf die gleiche Art und Weise miteinander verbunden sind. Theoretisch kann jedes der Tiere dank seiner langen Tentakel einen weit entfernten Kraken berühren, doch hier wollen wir uns der Einfachheit halber darauf einigen, daß jeder Krake mit seinem unmittelbaren Nachbarn in Verbindung steht.

Wenn wir nun eine Gruppe von Kraken stimulieren, etwa mit blendendem Licht aus einem Hubschrauber, der über ihnen schwebt, so werden sie aktiv und senden elektrische Impulse durch ihre Greifarme. Um einen besseren Einblick in das Geschehen zu haben, wollen wir annehmen, daß die Farbe eines aufgewachten Kraken sich von Graugrün in ein lebhaftes Gelb verwandelt. Wir sehen jetzt also, daß sich von der Gruppe, die wir mit Licht stimuliert haben, ein gelber Fleck nach allen Seiten hin ausbreitet. Dieser gelbe Fleck könnte gut und gerne den gesamten Krakenstrand bedecken und entspräche dann in etwa einem epileptischen Anfall im Gehirn, bei dem ebenfalls sämtliche Systeme aktiviert werden.

Fügen wir nun ein weiteres Merkmal hinzu: Ist ein Krake wach (und lebhaft gelb gefärbt), so entströmt ihm ein beißender Geruch – eine Mischung aus verfaulendem Fisch und Ammoniak. Er ist den Kraken derart unangenehm, daß sie sich, sobald er eine bestimmte Intensität erreicht hat, einfach nicht mehr aufwecken lassen. Wenn der sich ausbreitende gelbe Fleck mit seinen aktivierten Kraken also eine bestimmte Größe erreicht hat, so wird auch der Gestank eine bestimmte Intensität haben. Ist dieser Punkt erreicht, wacht kein Krake mehr auf, und der Fleck wird nicht mehr größer.

In neurologischer Hinsicht haben wir es hier mit zunehmender Aktivierung bei gleichzeitigem Aufbau von Hemmung zu tun. Letztere kann entweder durch chemische Wirkstoffe oder durch direkte negative Rückkoppelung mittels eines anderen Nervenstrangs erfolgen. Beides hat die gleiche Funktion.

Wenn es damit getan wäre, dann hätten wir stets einen runden gelben Fleck um die Kraken herum, die zuerst vom Hubschrauberlicht beschienen wurden. Wir wollen also noch einen Effekt hinzufügen. Wenn ein Krake schon wach ist, wenn ihm einer der Greifarme einen elektrischen Schlag versetzt, dann entzündet sich die Stelle, auf der der Tentakel liegt. Diese wunde Stelle macht den Kraken von nun an um so empfindlicher für jeden elektrischen Impuls, der aus diesem Greifarm kommt. Das bedeutet, daß die Verbindung zwischen zwei benachbarten Gruppen von Kraken, die beide durch das Hubschrauberlicht aufgeweckt werden, in Zukunft sehr viel enger sein wird als mit anderen Kraken.

Dieser Effekt bildet die Grundlage für zwei außerordentlich wichtige Phänomene: Assoziation und Rekonstruktion. Ich sagte 1969 voraus, daß sie ein notwendiger Bestandteil des Systems sein müßten. Andere Forscher kamen in der Folge zu dem Ergebnis, daß wir es in der Tat mit einer Veränderung der Enzyme zu tun haben (Kalpain), die dafür sorgt, daß die Verbindung zwischen Neuronen, die gleichzeitig stimuliert werden, stärker ist als zwischen diesen und beliebigen anderen Neuronen. Zurück zu den Kraken. Wenn wir bisher zwei Hubschrauberlichter auf die beschriebene Weise eingesetzt haben und in Zukunft nur noch eins benutzen wollen, dann wird der gelbe Fleck sich vermutlich auf die Gruppe mit den besseren Verbindungen verlagern. Es kommt also – als ob wir auch diesmal zwei Lichtkegel hätten – zu einer Wiederholung der Situation, und der gelbe Fleck breitet sich nicht in der Form eines einfachen Kreises um den Stimulierungspunkt aus, sondern folgt dem Pfad erhöhter Verbundenheit, der wiederum von gemachten Erfahrungen abhängt. Auf diese Weise kann die ganze Masse an Kraken ein Muster wiederholen oder rekonstruieren. Selbst wenn die Eingabe diesmal nicht ganz exakt wäre, entstünde dennoch ein gelber Fleck mit den gleichen Umrissen.

Jetzt wissen wir, wie die Musterwiederholung oder -rekonstruktion funktioniert – ein immens wichtiger Bestandteil des Systems. Was passiert als nächstes? Der gelbe Fleck breitet sich nicht weiter aus, sondern wird eingedämmt (durch den Gestank). Er hat sich den Erfahrungen gemäß verhalten. Unsere munteren Kraken jedoch haben (wie die Fernsehsüchtigen der heutigen Zeit) nur eine kurze Konzentrationsspanne und werden deswegen müde oder langweilen sich. Sobald sie anfangen, sich zu langweilen, vermindert sich der ausgedünstete Gestank drastisch. Das wiederum bedeutet, daß die anderen Kraken außerhalb des ersten gelben Feldes, die genügend starke Impulse zum Aufwachen erhalten, bislang aber durch den Gestank davon abgehalten wurden, nun ebenfalls aufwachen und aktiv werden können. Die erste Gruppe schläft ein, und ihr gelber Fleck verschwindet. Er überträgt sich auf die zweite, eben erst erwachte Gruppe von Kraken.

Der gelbe Fleck wandert also von einer Gruppe zu einer anderen. Mit der Zeit wird er, in seiner Größe stets begrenzt durch den Gestank, über den ganzen Strand wandern. Falls eine Gruppe mit besonders langen Greifarmen eine gute Verbindung zu einer weit entfernten Gruppe unterhält, kann der Fleck an einem Ort verschwinden und an einem weit entfernten Ort wiederauftauchen. Die Art und Weise, in der ein Gebiet nach dem anderen gelb wird, bezeichnet man als Sequenz oder Muster. Bei gleichbleibenden Bedingungen bleibt das Muster das gleiche.

Ob ein Krake aufwacht oder aktiv wird, hängt in jedem einzelnen Fall von der Zahl der Impulse ab, die er von anderen, bereits wachen Kraken erhält (in anderen Worten von der Zahl der Greifarme, die aus dieser Gruppe herüberreichen und auf ihm ruhen), und dem »Entzündungsgrad« unterhalb dieser Greifarme (in anderen Worten von der Vorgeschichte: wie oft der Krake zur gleichen Zeit aktiv war wie die andere Gruppe). Gebremst werden diese stimulierenden Effekte durch den allgemeinen Grad an Gestank, der sich hemmend auf den Kraken auswirkt, sowie durch den Müdigkeits- und Langeweilefaktor.

An diesem Punkt sollte ich hinzufügen, daß es sich bei den wachrüttelnden oder stimulierenden Faktoren und dem Erwachen des Kraken nicht um eine lineare Relation handelt. Es geht vielmehr um den sogenannten Schwelleneffekt, der für das Nervensystem typisch ist. Das heißt, daß wachsende Stimulierung bis zu einem gewissen Punkt keinerlei Wirkung zeigt und der Krake erst dann, wenn dieser Punkt überschritten ist, urplötzlich aktiv wird. Kitzeln ist ein gutes Beispiel dafür: Sie können jemanden kitzeln und kitzeln, ohne die geringste Reaktion hervorzurufen – bis die Person mit einemmal in schallendes Gelächter ausbricht. Dieser nichtlineare Effekt ist ein wichtiger Bestandteil des Verhaltens von Nervensystemen und muß bei Verhaltenseinschätzungen stets berücksichtigt werden. Er ist vergleichbar mit dem zunehmenden Druck, der auf einen Auslöser ausgeübt wird, etwa den Abzug eines Gewehrs – der ganz plötzlich stark genug ist, daß das Gewehr losknallt.

Was wird aus der gelangweilten Krakengruppe, die als erste stimuliert wurde? Verharrt sie in ihrer Langeweile und scheidet ein für allemal aus dem Spiel aus? Nein, nach einer Weile ist es mit der Langeweile vorbei, ja ihr folgt sogar eine kurze Zeitspanne erhöhter Munterkeit.

Müdigkeit, Widerstand und verstärkte Reizbarkeit sind normale Verhaltenserscheinungen von Nervensystemen.
Die erhöhte Aufnahmebereitschaft der ersten Gruppe könnte, da sie jetzt den anderen gegenüber im Vorteil ist, dazu führen, daß der gelbe Aktivitätsfleck zu ihr zurückkehrt. Dies wiederum führt dann zu einem Kreislauf des Musters: Der gelbe Fleck entsteht als Reaktion auf direkte Stimulierung an einem Ende des Strandes, wandert kreuz und quer über die gesamte Fläche und kehrt zu guter Letzt zum Ausgangspunkt zurück, um die nächste Runde zu drehen. Vermutlich ist es diese Art Kreislauf, die im Gehirn einen Gedanken entstehen läßt.
Was geschieht, wenn zwei Helikopter ihre Strahler gleichzeitig auf verschiedene Teile des Strandes richten? Es entstehen zwei gelbe Flekken, die beide versuchen, sich auszubreiten. Der Gestank nimmt zu. Die (in Hinsicht auf größere Verbundenheit und größeren Umfang) stärkere Gruppe würde sich auf Kosten der kleineren, durch den Geruch unterdrückten Gruppe ausbreiten. Wir hätten es also zu jedem gegebenen Zeitpunkt nur mit einem aktiven Gebiet, mit einem gelben Fleck zu tun, dessen Entsprechung im Gehirn zu jedem gegebenen Zeitpunkt ebenfalls aus einem Bereich der Aufmerksamkeit besteht.
Als nächstes stellt sich heraus, daß die sich am Strand räkelnden Kraken kultivierter sind als vermutet. Einige von ihnen reagieren auf Musik: Manche scheinen Jazz zu mögen, andere Country-und-Western-Musik, wieder andere sprechen nur auf Mozart an. Die Reaktion äußert sich als erhöhte Aufmerksamkeit.
Ein Stück weiter unten am Strand findet ein Picknick statt, und das Kofferradio ist auf volle Lautstärke gedreht. Im Augenblick wird Jazz gesendet. Die Kraken, die auf Jazz ansprechen, werden lebhafter, das heißt, sie weisen größere Bereitschaft zur Aktivität als alle anderen Gruppen auf. Diese durch die Musik ausgelöste Bereitschaft kommt noch zu den bereits erwähnten »Bereitschaftsfaktoren« hinzu (Verbundenheit, der Grad momentaner Stimulierung, Langeweile und so weiter). Das bedeutet, daß sich der gelbe Aktivitätsfleck wahrscheinlich eher auf die halbwache Gruppe überträgt. Hätte das Radio Country und Western gespielt, dann wäre die zweite Gruppe Kraken auf ihre Kosten gekommen. Und bei Mozart wäre die kultivierteste Gruppe an der Reihe gewesen.
Die Hintergrundmusik erhöht also die Sensibilität der verschiedenen Gruppen. Diese erhöhte Sensibilität oder Bereitschaft zur Aktivität

bedeutet, daß die Musterfolge (der Wechsel des gelben Aktivitätsflecks) durch Musik verändert wird. Eine äußerst wichtige Beobachtung.
Aufs Gehirn übertragen, geht es hier um die Auswirkungen von »Emotionen« oder chemischen Veränderungen des Hintergrunds, die ein bestimmtes Gebiet von Neuronen begünstigen, das heißt, daß die Muster eher durch solche Gebiete strömen. Die Reaktion auf ein und dasselbe Stimulans ändert sich folglich je nach Hintergrund, dessen chemische Beschaffenheit wiederum von Gefühlen geprägt ist. Dieser emotionale Effekt könnte ebensogut neurologisch wie chemisch sein – der Unterschied ist gleich null.
Die Bereitschaft zum Aufwachen (zur Aktivität) einer bestimmten Gruppe von Kraken kann auch auf andere Weise erreicht werden. Wir haben gesehen, daß ein zweiter gelber Fleck, der durch eine weitere, vom ersten Hubschrauber entfernte Lichtquelle erzeugt wurde, vorübergehend durch das stärkere Muster verdrängt wurde. Die Bereitschaft dieser Gruppe zur Aktivität wäre trotzdem größer als die anderer Kraken, so daß der gelbe Fleck eher dazu neigt, sich auf sie zu übertragen. Auf diese Weise würde die Oberfläche anderen Eingaben, die zur gleichen Zeit erfolgen, Rechnung tragen. Beachten Sie außerdem, daß beide gelbe Flecken, wären die beiden Hubschrauberlichter von vornherein dicht beisammen gewesen, sich zu einem einzigen Fleck zusammengezogen hätten.
Nun können wir die Bereitschaft irgendeines beliebigen Kraken, aufzuwachen und aktiv zu werden, wie folgt zusammenfassen:
direkte Stimulierung,
Stimulierung seitens anderer Kraken und Stärke der jeweiligen Verbindung (beruhend auf Erfahrung),
erhöhte, auf eine Phase der Langeweile folgende Wachsamkeit,
Hintergrundmusik.
Die negativen Faktoren, also Langeweile und Gestank, sind die gleichen wie zuvor.
Was nimmt in diesem Modell die Stelle des Gedächtnisses ein? Die Entzündung, die der gesteigerten Verbundenheit zugrunde liegt, wird zum Dauerzustand. In der Welt der Neuronen könnte diese erhöhte Verbundenheit durch Veränderungen von Enzymen, durch die Anlage neuer Proteine oder durch leibhaftige zusätzliche Dendrite (Greifarme) erreicht werden.

Wir können nun die charakteristischen Eigenschaften des Systems auflisten:

1. Die Aktivität eines Kraken kann andere Artgenossen, solange sie miteinander verbunden sind, ebenfalls zur Aktivität (angezeigt durch den Farbwechsel zu Gelb) anstiften.

2. Der Gesamtumfang der aktivierten Gruppe wird durch negative Rückkoppelung (durchdringender Gestank) in Grenzen gehalten.

3. Der Müdigkeits- oder Langeweilefaktor führt dazu, daß die Aktivität von einer stimulierten Gruppe zur nächsten, aktivitätsbereiten Gruppe überwechselt.

4. Stimulierung erfolgt nach dem Schwellenprinzip und ist nichtlinear.

5. Alle Kraken, die zur gleichen Zeit aktiviert werden, weisen erhöhte Verbundenheit auf (durch den Wundeffekt).

Diese einfachen Merkmale befähigen das System zu den folgenden allgemeinen Verhaltensweisen:

1. Einheitliche Aufmerksamkeit.

2. Erkennen und Rekonstruieren von Mustern.

3. Integration unterschiedlicher Eingaben.

4. Schaffung von Musterfolgen unter Einbeziehung bereits gemachter Erfahrungen.

5. Schaffung sich wiederholender Kreislaufmuster.

6. Je nach Hintergrundaktivität (oder chemischer Grundlinie) unterschiedliche Reaktion auf Stimulierung.

Insgesamt gesehen sind dies äußerst wirksame Effekte, die sich zum Verhalten eines selbstorganisierten, musterbildenden und -befolgenden Systems zusammenfügen. Sie formen so das Verhalten der Wahrnehmung.

Gehen wir nun von der Erläuterung des Systems einen Schritt weiter und wenden uns dem Verhalten des Systems zu, damit wir sehen können, inwieweit die genannten Effekte für unser Verständnis der menschlichen Wahrnehmung von Bedeutung sind.

Wie Wahrnehmung funktioniert

Ich habe den sehr weit gefaßten Typ eines selbstorganisierten, aus Neuronen bestehenden Informationssystems beschrieben. Dieses System stimmt mit unserem Wissen über die Funktionsweise des menschlichen Gehirns voll und ganz überein, ist außerdem per Computer simuliert worden (von M. H. Lee und Kollegen) und hat sich dort im großen und ganzen wie erwartet verhalten. Na und?

Von Zeit zu Zeit erhalte ich ausführliche Briefe von Leuten mit höchst eigenartiger Weltanschauung. Es gibt unendlich viele Möglichkeiten, ein und dieselbe Sache zu beschreiben. Ich könnte Ihnen beispielsweise erzählen, daß die Tasse vor Ihnen aus Trillionen winzigster Lebewesen besteht, die ihre Bewegungsabläufe unterbrochen haben, um sich in Form einer Tasse zu gruppieren. Die sinnvolle Reaktion lautet hier: »Na und?« Ich reagiere natürlich nicht so, denn ich will niemanden beleidigen, aber bei jeder Beschreibung, bei jedem Modell wollen wir doch wissen, wozu es gut ist. Oder, wie der großartige amerikanische Pragmatiker William James gefragt hätte: »Was ist es in barer Münze wert?« Der Sinn der Wissenschaft liegt nicht in Analysen und Beschreibungen, sondern darin, nützliche Modelle der Welt zu erstellen. Ein Modell ist nur dann nützlich, wenn es uns die Möglichkeit bietet, Nutzen daraus zu ziehen. Der Nutzen beschränkt sich nicht allein auf Verhaltensvorhersagen, sondern bezieht auch Interventionsmöglichkeiten mit ein. Beispielsweise führte die Anwendung des von mir beschriebenen Modells in einem bestimmten Fall zu einer Ersparnis von dreihundert Millionen Dollar.

Das Modell, das ich beschrieben habe, ist sehr breit gefächert. Es umfaßt ein ganzes Sortiment selbstorganisierter Systeme. Auf lange Sicht mag sich herausstellen, daß die Details nicht stimmen. Vielleicht finden wir heraus, daß wir mehrere Gehirne oder (wie ich vermute) verschiedene Gehirnschichten gleichzeitig benutzen, aber das wird am Gesamtbild nichts ändern. In der Wissenschaft kommt es entscheidend darauf an, ein Modell so weit wie möglich zu fassen, damit es imstande ist, viele verschiedene und ganz neue Systeme mit einzubeziehen. Andererseits jedoch darf es nicht so breit gefächert sein, daß wir keinerlei Nutzen mehr daraus ziehen können. Wir werden noch sehen, daß das Verhalten des beschriebenen Systems eine gute Quelle für viele nützliche Informationen ist.

Traditionsgemäß sind wir auf das »Ferngesprächsvermittlungs«-Modell vom Gehirn versessen. Dieses Modell sieht ein ungemein emsiges Fräulein vom Amt vor, das ständig Kabel umstöpselt, um die gewünschten Verbindungen herzustellen. Es ist nichts anderes als das passive »Tischplattenmodell«, das ich in diesem Buch so häufig erwähnt habe. Das »Fräulein vom Amt« sitzt an einem Tisch (das »Ich-Gefühl« oder Ego) und bringt die Dinge nach bestimmten Vorschriften in Gang. Bei dem von mir beschriebenen Modell handelt es sich um etwas ganz anderes: um das Modell eines selbstorganisierten Systems (das ich 1969 in meinem Buch *The Mechanism of Mind* zur Diskussion stellte). Es zeichnet sich durch ein Eigenleben und durch Dynamik aus. In diesem System herrscht totale Aktivität. Eingehende Informationen und Nervengeflechte interagieren aus eigenem Antrieb. Das »Ich«, also das Ego oder das Fräulein vom Amt, ist – wie wir später noch sehen werden – einerseits Beobachter(in), andererseits am Geschehen beteiligt.

An dieser Stelle will ich einige Dinge, die in derart breit gefächerten Systemen vonstatten gehen, auflisten (wenngleich die Liste keinesfalls Anspruch auf Vollständigkeit erhebt). Betont sei hier noch einmal das Wort »breitgefächert«, da es hier wirklich um einen sehr weit gefaßten Systemtypus geht. Die einzelnen Verhaltensweisen werde ich später ausführlich beschreiben.

Musterbildung: Das Gehirn funktioniert, indem es eine Umgebung schafft, innerhalb deren Handlungssequenzen als Muster verankert werden.

Auslöser: Das Gehirn rekonstruiert das Gesamtbild aufgrund eines einzelnen Teilstücks; das erste Teilstück kann eine Folge von Vorstellungen auslösen.

Asymmetrie: Die Sequenzfolgen sind asymmetrisch und bilden die Grundlage für Humor und Kreativität.

Erkenntnis/Einsicht/Geistesblitz: Wenn wir die Mustersequenz an einem geringfügig verschobenen Punkt betreten, so besteht die Möglich-

keit, daß wir eine Abkürzung nehmen. Wir können das dem Zufall überlassen – oder es absichtlich herbeiführen.
Rückwärts lernen: Wir haben guten Grund zu der Annahme, daß es weit effektiver ist, rückwärts statt vorwärts zu lernen.
Sequenz: Das Gehirn ist ein geschichtsorientierter Fahrtenschreiber, und seine Muster hängen weitgehend von den ursprünglich gemachten Erfahrungen ab.
Einzugsgebiet/Sammelbecken: Jedes einzelne Muster hat ein sehr großes Einzugsgebiet, so daß viele unterschiedliche Eingaben die gleichen Ergebnisse bringen.
Messerscharfe Unterscheidung: Die Grenze zwischen zwei Einzugsgebieten ist scharf umrissen, damit zwischen Dingen, die einander recht ähnlich sind – solange nur die Muster stimmen –, messerscharf unterschieden werden kann.
Platzbelegung: Wenn ein Muster erst einmal existiert, kann es nur sehr schwer gekappt werden, um Platz für ein neues Muster zu machen.
Falsch verbunden: Das Gehirn merkt ganz genau, wenn ein angebotener Gedanke einem bereits etablierten Muster widerspricht.
Bereitschaft: Die Muster im Gehirn befinden sich nicht einfach in einem Aktiv- oder Passivzustand. Die beständige »Bereitschaft« resultiert aus dem Gesamtzusammenhang und aus Gefühlen.
Kontext: Die sich aktuell abzeichnenden Muster sind bestimmt von der Geschichte, der Aktivität des Augenblicks sowie dem Kontext, der den Grad an Hintergrundbereitschaft unterschiedlicher Muster bestimmt.
Geschlossene Kreise/Kreisläufigkeit: Ein Muster endet, wo es begonnen hat, und wiederholt sich. Darauf beruhen Glaubenssysteme.
Vernunft: Das Gehirn ist optimal dafür ausgerüstet, alles, was ihm vorgesetzt wird, zusammenzufügen und zu etwas Sinnvollem zu verschmelzen.
Aufmerksamkeit: Es herrscht eine einheitliche Aufmerksamkeit, die entweder das Gesamtfeld umfaßt oder sich auf ein einziges Element konzentriert und alle anderen vernachlässigt.
Relevanz und Bedeutung: Die Aufmerksamkeit wird sich stets solchen Gebieten zuwenden, die bestehende Muster auslösen.
Fehlende Null-Basis: Die Aktivität des Gehirns kann sich nicht an einem Nullpunkt stabilisieren, der zwar Eingaben akzeptiert, aber nicht versucht, einem geltenden Muster zu folgen.

Diese Aufzählung von Verhaltensmerkmalen mag auf den ersten Blick abstrakt wirken. Wir werden jedoch noch sehen, daß sie unser tägliches Denken und Verhalten unmittelbar beeinflussen.

Sequenzmuster

Könnten Sie es sich leisten, jeden Morgen fünfundvierzig Stunden aufs Anziehen zu verwenden? Nein? Dann sollten Sie dem Gehirn dankbar dafür sein, daß es Sequenzmuster erstellt.
Ein junger Mann beschloß eines Tages herauszufinden, auf wie viele verschiedene Arten er seine üblichen elf Kleidungsstücke anziehen könnte. Dafür stellte er seinen Heimcomputer an. Der rackerte sich ohne Unterbrechung fünfundvierzig Stunden lang ab und antwortete schließlich, elf Kleidungsstücke könnten auf neununddreißig Millionen verschiedene Arten angezogen werden, von denen jedoch nur fünftausend in Frage kämen (man kann die Schuhe nicht vor den Socken anziehen und so weiter). Die Zahl neununddreißig Millionen ist einfach zu errechnen, denn für das erste Kleidungsstück haben Sie elf Wahlmöglichkeiten, für jedes weitere jeweils so viele, wie Kleidungsstücke übrig sind; man multipliziert also $11 \times 10 \times 9 \times 8 \times 7 \times 6 \times 5 \times 4 \times 3 \times 2$.
Wenn Sie sich einen Saint-Véran einschenken, brauchen Sie nicht erst darüber nachzudenken, wie herum Sie das Glas halten müssen. Wenn Sie trinken, brauchen Sie nicht erst herauszufinden, wie Sie das Glas am besten halten und ob Sie es an den Mund oder ans Ohr führen sollen. Ihre Muster haben ihnen vielleicht sogar gesagt, daß es sich bei diesem Saint-Véran um einen weißen Burgunder und eine erst kürzlich genehmigte französische Appellation handelt (möglicherweise erstellen Sie dieses Muster erst jetzt).
Die Definition eines Sequenzmusters ist ganz einfach. In jedem gegebenen Augenblick dominiert eine Zielrichtung der Veränderung, das heißt, die Wahrscheinlichkeit, daß sie eingeschlagen wird, ist höher als bei jeder anderen. Die Wahrscheinlichkeit (oder Möglichkeit), daß ein fahrender Zug jederzeit auf den Gleisen bleibt, ist bei weitem größer als die, daß er die Gleise verläßt und eine andere Richtung einschlägt. Im Gehirn vollzieht sich der Wechsel vom jeweils gegenwärtigen zum nächstfolgenden Aktivitätszustand wohl eher in einer einzigen Rich-

tung (über ein festgelegtes Zwischenstadium), statt irgendeine neue Richtung einzuschlagen.
Das natürliche und unvermeidliche Verhalten unseres selbstorganisierten Gehirnmodells resultiert daher, daß es musterbildendes und -befolgendes System ist. An dieser naturgegebenen Aktivität führt kein Weg vorbei. Regen fällt auf eine unberührte Landschaft. Mit der Zeit bilden sich Bäche und Flüsse als Folge des Zusammenspiels von Regen und Landschaft. Jeder neuerliche Regenguß folgt diesen Mustern. Das ist das natürliche Verhalten des Systems. Ein von Geburt an blinder Mensch erhält plötzlich seine Sehfähigkeit – allerdings sieht er zunächst nicht wirklich, denn alles verschwimmt vor seinen Augen. Das Gehirn braucht eine gewisse Zeit, um Sehmuster zu erstellen.
Wäre das Gehirn kein musterbildendes System, so könnten wir weder lesen noch schreiben, noch sprechen. Jedwede Aktivität, und sei's nur das morgendliche Anziehen, wäre eine schwierige, zeitraubende Aufgabe für uns. Sport zu treiben wäre ein Ding der Unmöglichkeit – ein Golfspieler müßte beispielsweise jede einzelne Phase jedes einzelnen Schlags bewußt steuern. Denken Sie nur an die Millionen Menschen, die Tag für Tag auf unseren Straßen herumfahren und Wahrnehmungs- und Reaktionsmuster benutzen und dabei nur gelegentlich einmal aktiv überlegen müssen. Es gibt routinemäßige Handlungsmuster, etwa fürs Autofahren und Golfspielen. Es gibt routinemäßige Wahrnehmungsmuster, mit deren Hilfe wir Messer, Gabeln und Menschen wiedererkennen können. Es gibt routinemäßige Bedeutungsmuster, und deswegen können wir zuhören, lesen und kommunizieren.
Herkömmliche Computer müssen sich ganz schön ins Zeug legen, um Muster zu bilden und zu erkennen. Das Gehirn bildet Muster mit Leichtigkeit und erkennt sie sofort wieder. Dies ist die eigentliche Natur des Gehirns, und sie entspringt unmittelbar der Arbeitsweise sich selbst organisierender Systeme.

Auslöser und Rekonstruktion

1988 kündigte AT&T einen entscheidenden Durchbruch an: die Entwicklung des ersten Neurochips. Dabei handelt es sich um einen elektrischen Chip, dessen Operationsweise auf dem Verhalten von

Nervengeflechten (von jener Art, wie ich sie beschrieben habe) basiert. Er ist also kein herkömmlicher Computerchip. Wird diesem Chip ein einziges Mal ein Bild gezeigt, so ruft in Zukunft jede Teilansicht das Gesamtbild hervor; die Rekonstruktion des Gesamtbildes kann durch irgendeinen beliebigen Teil davon ausgelöst werden.

Auch hier handelt es sich wieder um das natürliche Verhalten eines sich selbst organisierenden Systems. Es resultiert unmittelbar aus der Bildung und Befolgung von Mustern. Der Musteransatz wird ausgelöst, und der Rest folgt oder wird rekonstruiert.

Im MGM Grand Hotel in Las Vegas beobachtete ich einmal, wie ein Zauberkünstler keine zwei Meter von mir entfernt einen Löwen verschwinden ließ. Höchst beeindruckend! Ich bewundere Variété-Zauberer sehr, gelingt es ihnen doch immer wieder, ihr Publikum zum Narren zu halten. Es gelingt ihnen, weil sie den Auslöseeffekt ganz bewußt benutzen. Sie setzen etwas in Gang, das das Muster ihres Publikums auslöst und in eine bestimmte Richtung lenkt. Dann schlägt der Zauberer selbst eine andere Richtung ein. Ein einfaches Beispiel: Der Magier führt seinen Trick schon aus, bevor er in einer ausgeklügelten Show schildert, wie sein Kunststück vonstatten gehen wird (zum Beispiel das »Fortzaubern« einer Person).

Im Juli 1988 schlenderten vier Banditen mit einer Million Dollar aus einem Flughafenbüro in New York. Es war weder zur Gewaltanwendung noch zu Drohungen gekommen. Die Diebe hatten sich Arbeitsuniformen des Kurierdienstes angezogen, der normalerweise um diese Zeit Geld abholte. Sie präsentierten sogar echt aussehende Ausweise. Diese Faktoren wirkten als Auslöser für die Behandlung, die ihnen zuteil wurde.

Die Formen auf dieser Buchseite lösen Muster aus, die Worte, Inhalt und Bedeutung vermitteln.

Der Druck auf irgendeinen Auslöser mag immer der gleiche sein, doch was er in Gang setzen kann, reicht von der Wasserpistole über die Tontaubenflinte und das tödliche Schnellfeuergewehr bis zur Rakete, die unter Umständen ein Flugzeug abschießt.

Im großen und ganzen ist das Auslösesystem im Gehirn überaus nützlich. Ohne dieses System müßten wir viel Zeit auf die Suche nach dem jeweils erforderlichen Muster verwenden. Statt dessen steht uns die automatische Auslösung zur Verfügung. Folglich erkennen wir einen

Freund, ohne daß wir seine Nase oder den Abstand zwischen seinen Augen nachmessen, auf den ersten Blick.
Allerdings kann der Auslöser mitunter auch überschnell funktionieren. Eine Frau wurde von einem Unbekannten angefahren. Der Unfallverursacher beging Fahrerflucht. Zufällig kam ein Freund von mir vorbei. Er sah die Verletzte, stieg aus und ging zu ihr hin. Als er sich über sie beugte, hielt ein dritter Fahrer an. Er denkt sofort, mein Freund müsse die Frau angefahren haben (ausgelöst durch den Anblick der Verletzten und die Tatsache, daß nur ein Auto am Unfallort stand). Wutentbrannt schlug der Neuankömmling meinen Freund k. o.
Augenzeugen können unzuverlässig sein, denn das Auge ist kein Fotoapparat. Das Gehirn rekonstruiert, was der Zeuge gesehen zu haben glaubt.
Auslöser setzen nie ein Muster in Gang, um das es tatsächlich geht, sondern stets eines, um das es Ihrer Meinung nach geht. Nichts läßt sich daher leichter auslösen als Stereotypen über bestimmte Leute, Rassen oder Situationen. Etiketten, Slogans, Bilder und Symbole, ob bei der Werbung oder zu politischen Zielen eingesetzt, schöpfen das Potential des Auslösungs- und Rekonstruktionseffekts voll aus.
Absolut tödlich für die Kreativität ist der Satz: »Das ist ja dasselbe wie ...« Diese Art von Reaktion auf eine neue Idee ist bei weitem verheerender als Bezeichnungen wie »absurd«, »unsinnig« oder »unmöglich«. »Das ist ja dasselbe wie ...« bringt letztlich zum Ausdruck, daß die Idee ein alter Hut ist und daher gar nicht erst diskutiert werden muß. Was ist geschehen? Irgendein Bestandteil des neuen Vorschlags hat im Gehirn des Zuhörers das Muster einer bereits bekannten Idee ausgelöst, worauf er sich weigert, noch weiter zuzuhören.
Die Schlüsselfrage lautet, ob die Auslösung von Mustern tatsächlich unsere Sichtweise ändern kann. In der Praxis ist das ein Wettkampf zwischen einem gespeicherten Muster und der Realität. Psychologische Experimente lassen vermuten, daß solche Wettläufe möglich sind (und, wie im Fall des Zauberkünstlers, auch wirklich ausgetragen werden). Aber darum geht es hier im Grunde gar nicht. Es genügt, daß ein ausgelöstes Muster Emotionen und Stereotypen in Gang setzt, die unsere Wahrnehmung unmittelbar beeinflussen. Von dieser veränderten Wahrnehmung hängt es ab (wie wir später noch sehen werden), welchen Dingen wir unsere Aufmerksamkeit schenken und welche

Muster befolgt werden. Das Resultat ist, daß wir die Dinge tatsächlich anders betrachten als andere Leute. Das trifft nicht nur auf physikalische Situationen zu, sondern mehr noch auf gedankliche Situationen, in denen wir auf Gesprochenes oder Gedrucktes reagieren.
Einmal habe ich vorgeschlagen, Gewohnheitsverbrecher zwecks leichterer Identifizierung tätowieren zu lassen. Die Reaktion darauf war ein Aufschrei des Entsetzens – und zwar nicht etwa deshalb, weil man darin eine besonders ungerechte oder grausame Behandlung sah, sondern weil mein Vorschlag sogleich Bilder von nationalsozialistischen Konzentrationslagern und ihren tätowierten Insassen heraufbeschwor.

Das Auslöse- und Rekonstruktionsphänomen gehört zum natürlichen Verhalten eines jeden musterbildenden Systems. Im großen und ganzen ist es außerordentlich nützlich, denn ohne Auslöser und Rekonstruktion wäre das Leben unmöglich. Nichtsdestotrotz ist Auslösung einer der verantwortlichen Faktoren dafür, daß Wahrnehmung keine Wahrheit enthält.

Die Asymmetrie von Mustern

Warum zählt Humor zu den wichtigsten Eigenschaften des menschlichen Verstandes? Warum haben traditionelle Philosophen und andere Denker ihm sowenig Aufmerksamkeit gewidmet?
Humor entsteht unmittelbar aus der Asymmetrie von Mustern in einem selbstorganisierten System. Er ist deswegen so wichtig, weil er ein klarer Hinweis auf die Existenz dieses Systemtyps ist. In den passiven Tischplattenmodellen der Informationssysteme wäre er nicht lebensfähig. Vernunft ist ein verhältnismäßig billiges Phänomen, das mit Hilfe von Kästen, Zahnrädern und unterschiedlichen Transistorentscheidungen produziert werden kann, während Humor nur in einem asymmetrischen musterbildenden System entsteht. Die Tatsache, daß konservative Philosophen ihm sowenig Beachtung geschenkt haben, ist das beste Indiz dafür, daß sie immer nur mit passiven Tischplatten-Informationssystemen arbeiten.
Die Asymmetrie von Mustern bietet auch eine Erklärung auf die Frage, weshalb wir zweitausendvierhundert Jahre lang oder noch länger nicht

imstande waren, Kreativität zu verstehen oder bewußter einzusetzen.
Was ist Asymmetrie?
Asymmetrie bedeutet Abwesenheit von Symmetrie. Wenn Sie einen schwarzen und einen braunen Schuh tragen, dann ist das asymmetrisch – ich prophezeie, daß Asymmetrie in der Mode noch eine sehr bedeutende Rolle spielen wird. Die Bauten der Gotik waren asymmetrisch, da, im Gegensatz zur Klassik, jede Seite der Gebäude ein anderes Bild bot. Wenn Sie jemanden zu einem köstlichen Festschmaus einladen, umgekehrt aber nur zu einem Drink gebeten werden, dann ist das asymmetrisch.
Wenn Sie jemanden bitten, das Wort »Hund« mit Hilfe anderer Begriffe mit dem Wort »Messer« zu verbinden, dann erhalten Sie (verteilt über eine Gruppe von Leuten) eine andere Wortkette, als wenn Sie mit dem Wort »Messer« begonnen und darum gebeten hätten, es mit »Hund« zu verknüpfen. Anders ausgedrückt: Der Weg von »Hund« zu »Messer« ist nicht der gleiche wie von »Messer« zu »Hund«. Muster sind in diesem Sinn asymmetrisch. Der Weg von A nach B mag lang und mühselig sein, aber der Weg von B nach A ist kurz und direkt.
Sie machen sich auf den Weg quer durch die Stadt, um eine Freundin zu besuchen, die Sie zum Essen eingeladen hat. Sie wählen den Weg, der Ihnen vertraut ist, und folgen den Ihnen bekannten Straßen. Als Sie sich auf den Heimweg machen wollen, rät man Ihnen zu einer viel kürzeren Strecke. Auf dem Hinweg hätten Sie diese Route nie gefunden, denn Sie konnten unmöglich wissen, daß es sich bei einer der unbedeutenden Nebenstraßen, an denen Sie vorbeigefahren sind, um die entscheidende Abkürzung handelte.
In Kinderbüchern findet man häufig ein Bild mit vier angelnden Mädchen und Buben, deren Angelleinen heillos ineinander verknäult sind. Nur an einem Haken hängt ein Fisch, die übrigen drei sind leer ausgegangen. Die Frage lautet: Wer hat den Fisch an der Angel? Wer von den Anglern ausgeht, macht sich die Lösung selber schwer, denn es läßt sich nicht vorhersagen, welche der Angelleinen mit dem Fisch am Haken endet. Wer die Sache jedoch von hinten aufrollt und vom Fisch ausgeht, braucht nur eine Angelschnur zurückverfolgen, um den glücklichen Angler zu finden.
Sowohl die Fahrt quer durch die Stadt als auch die Geschichte mit dem

Fisch sind Beispiele für asymmetrische Pfade. Warum ist Asymmetrie in einem musterbildenden System so wichtig?

Ein andermal befinden Sie sich auf dem Weg zu Freunden, die auf dem Land leben und Sie zum Essen eingeladen haben. Sie haben Ihnen genau gesagt, wie Sie zum nächstgelegenen Dorf kommen. Dort sollen Sie laut Anweisung »die dritte Abzweigung rechts nach der Kirche« nehmen. Sie biegen in die Ihrer Meinung nach dritte Abzweigung ein – und haben sich auch schon verfahren. Das Problem liegt darin, daß es Straßen, Wege und Pfade gibt. Was zählt, wenn es darum geht, die »dritte Abzweigung« zu finden? Sie müssen jede einzelne Abzweigung richtig einschätzen. Das kostet viel Zeit.

Ein musterbildendes System enthält eine Hauptstrecke und viele Seitenpfade. Müßte der Verstand bei jeder Abzweigung innehalten und deren Potential erst einmal abschätzen, ginge jede Lebensäußerung unglaublich langsam vonstatten, und das musterbildende System wäre ganz und gar überflüssig. Außerdem bräuchten wir dann einen zweiten Verstand, der Entscheidungen träfe, einen dritten Verstand, der wiederum die Entscheidungen für den zweiten trifft . . . und so weiter, und so fort.

Das Gehirn ist wesentlich besser organisiert. Das natürliche Verhalten, das dem beschriebenen System eigen ist, sorgt ständig dafür, daß der Pfad, der mit der größten Wahrscheinlichkeit in Frage kommt, verstärkt wird, ein weniger in Frage kommender Nebenpfad jedoch (selbst wenn er nur geringfügig weniger wahrscheinlich ist) in diesem Augenblick völlig unterdrückt wird. Im entscheidenden Moment sind die Seitenwege praktisch nicht existent. Wir halten uns ohne Zagen und voller Vertrauen an die Hauptstrecke.

Wenn wir jedoch »irgendwie« auf den Seitenpfad gelangen oder sogar von ihm ausgehen, finden wir darauf ohne Schwierigkeiten zurück zum Ausgangspunkt. Das ist die reine, unverfälschte Asymmetrie, die untenstehende Zeichnung auf Seite 96 noch besser verdeutlicht.

Ich möchte an dieser Stelle noch einmal ausdrücklich betonen, daß dieses Verhalten unmittelbar und mit der größten Selbstverständlichkeit der Natur des Systems entspringt – und nicht etwa künstlich hinzugefügt wurde.

Wenn wir »irgendwie« von der Haupt- auf die Nebenstrecke gelangen, sehen wir »im nachhinein« den Weg zurück sonnenklar vor uns liegen.

Das ist die Quintessenz des Humors. Es sind die Komiker und die Pointen, die uns auf den Rückweg schicken. Was im vorhinein nicht einsichtig war, wird im nachhinein offenkundig.

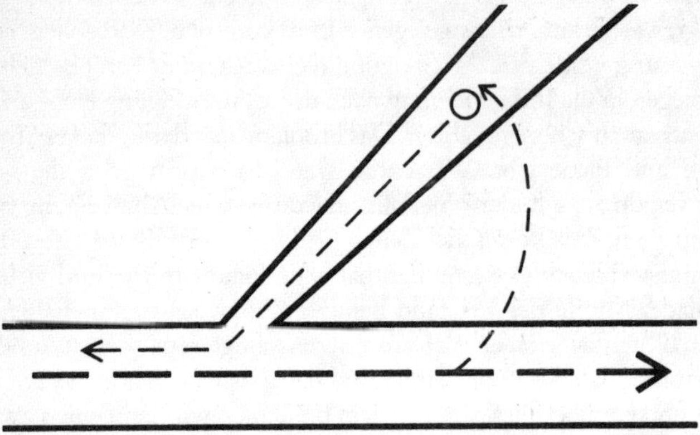

Ein Fünfundachtzigjähriger stirbt und fährt zur Hölle. Wie er dort neugierig herumschlendert, trifft er auf einen etwa gleichaltrigen Bekannten, der mit einer tollen jungen Frau auf dem Schoß dasitzt. Er begrüßt ihn mit den Worten: »Sind Sie sicher, daß das hier die Hölle ist? Sie scheinen sich jedenfalls prächtig zu amüsieren!« – »O doch, das ist die Hölle hier«, sagt der andere. »Verstehen Sie – ich bin *ihre* Strafe!«
Die Assoziationen und die Wucht, mit der wir auf der Nebenstrecke zurückflitzen, sind abhängig von der jeweiligen Thematik, von ethnischen Vorurteilen, von der Persönlichkeit des Komikers und ähnlichen Dingen, die Mechanismen jedoch bleiben sich gleich.
Genau dasselbe spielt sich beim kreativen oder, wie ich es lieber nenne, beim »lateralen« Denken ab. Ich werde in der Folge noch erläutern, daß »Kreativität« ein viel zu allgemeiner Begriff ist, weshalb ich den Terminus »laterales Denken« erfunden habe. Insbesondere ging es mir dabei um die durch lateral musterübergreifendes Vorgehen erzielten Veränderungen von Konzepten und Wahrnehmungen. Laterales Denken ist die unmittelbare Folge dessen, daß der Verstand als ein selbstorganisiertes musterbildendes System betrachtet wird. Mittlerweile hat der Begriff Eingang ins *Oxford English Dictionary* gefunden – wenngleich mit einer unzureichenden Definition.

Bei lateralem Denken streben wir danach, genau das gleiche zu tun, was im Fall von Humor geschieht. Es gilt, von der Hauptstrecke auf einen Seitenweg auszuweichen. Zu diesem Zweck habe ich spezielle Hilfsmittel und Techniken entwickelt, auf die ich später hier noch eingehen werde. Gelingt es uns, auf die Nebenstrecke überzuwechseln, dann können wir den Wert der neuen Position – im nachhinein – sofort erkennen (wie beim Humor).

Hier stoßen wir auf ein ernstes Dilemma. Meiner Meinung nach handelt es sich dabei um eines der ärgsten Dilemmas unserer gesamten Denkkultur. Es geht darum, daß uns jede wertvolle kreative Idee im nachhinein logisch erscheinen muß, da wir anders ihren Wert gar nicht zu schätzen wüßten. Wir hielten sie lediglich für eine frei im luftleeren Raum schwebende Schnapsidee. Vielleicht ziehen wir später noch mit ihr gleich – oder auch nie. Wirklich zu schätzen wissen wir also nur jene kreativen Ideen, die im nachhinein logisch nachvollziehbar sind. Aber natürlich gibt es auch kreative Ideen, die erst dann anerkannt werden, wenn die Mehrzahl der Leute den notwendigen Paradigmenwechsel vollzogen hat (wie dieses Buch).

Das Dilemma führte dazu, daß wir uns immer wieder zu der Behauptung verstiegen haben, eine Idee, die im nachhinein tatsächlich logisch erscheine, hätte gleich von Anfang an durch Logik erschlossen werden können; es sei daher völlig ausreichend, nach besserer Logik zu trachten, statt Kreativität zu lehren. Diese Einstellung ist für ein passives Tischplattensystem absolut richtig, für ein selbstorganisiertes System hingegen absolut falsch. Leider basiert beinahe unsere gesamte Kultur auf passivem Tischplattendenken, und daher können wir einfach nicht begreifen, daß Kreativität eine absolut logische Notwendigkeit ist.

Können wir, mit diesem Hintergrundwissen ausgerüstet, bestimmte und bewußte Schritte tun, die uns von der Haupt- auf die Nebenstrecke bringen? Können wir. Vor vielen Jahren habe ich spezielle Denkwerkzeuge für ebendiesen Zweck entwickelt. Diese Hilfsmittel haben sich in der Praxis als höchst effektiv herausgestellt; es waren, wie wir gesehen haben, dieselben Werkzeuge, die Peter Ueberroth gebrauchte, um neue Konzepte für die Olympischen Spiele 1984 zu entwickeln. (Es gibt genug andere Beispiele dafür, aber das Ueberrothsche ist besonders klar und eindeutig.)

Zum lateralen Durchqueren asymmetrischer Pfade benötigen wir eine

Kombination von zwei Faktoren: Provokation und »Bewegung«. Eine Gruppe von IBM-Forschern erklärte 1982 kategorisch, Provokation sei in bestimmten Systemtypen (wie beispielsweise den Boltzmann-Gleichungen) eine absolute mathematische Notwendigkeit. Den gleichen Standpunkt vertrete ich – als Bestandteil des lateralen Denkprozesses – bereits seit Beginn der siebziger Jahre.

Es mag keinen Grund dafür geben, etwas zu sagen – bevor es nicht gesagt worden ist. Das ist eine Provokation. Normalerweise gibt es sehr wohl einen Grund dafür, etwas zu sagen, bevor es gesagt worden ist. Eine Provokation ist darauf zugeschnitten, das System zu stören, und es sind die positiven Leistungen dieser Störung, die die Provokation rechtfertigen.

Am einfachsten ist es, sich Provokation als einen Trittstein vorzustellen, der außerhalb des Erfahrungsbereiches und abseits der Hauptstrecke liegt. Die Provokation erfüllt den Zweck, unseren Verstand aus den eingefahrenen Gleisen zu werfen. Indem wir uns des »Bewegungsmanövers« bedienen, begeben wir uns von der Provokation vorwärts auf ein neues Gleis. Dort angekommen, können wir im nachhinein den Wert dieser Idee, soweit vorhanden, erkennen und den Weg, der uns dorthin geführt hat, der Vergessenheit anheimfallen lassen.

In der Geschichte der Wissenschaft sind uns Provokationen durch Zufälle, Unfälle und Fehler, durch das Zusammentreffen bestimmter Umstände, durch Wahnsinn, Kaltblütigkeit und sonstige Quellen beschert worden. Aber man braucht dergleichen nicht abzuwarten – wir können vorsätzlich auf die Pauke hauen und Provokation einsetzen.

Das von mir geprägte Wort »PO« dient dazu, eine Provokation anzukündigen. Sie könnten also beispielsweise sagen: »PO – Autos sollten viereckige Räder haben.« Ohne das Signalwort »PO« wäre eine solche Feststellung völlig absurd und widerspräche allen realistischen Vorstellungen von der Mechanik des Bewegungsablaufs. Die Provokation führt jedoch zu einer Reihe nützlicher Vorschläge, unter anderem der Idee aktiver Radaufhängung. Vor vielen, vielen Jahren schlug ich bereits ein Aufhängungssystem vor, bei dem die Räder – ähnlich wie ein Pferd, das die Beine anhebt – über Unebenheiten hinweggehoben werden. Dieses Konzept wird mittlerweile von Lotus (inzwischen von General Motors aufgekauft) und anderen Herstellern in die Tat umgesetzt, ohne daß ich eine Möglichkeit hätte, den Ursprung dieser Idee für mich in Anspruch

zu nehmen. Der Fahrkomfort ist weit besser als bei den herkömmlichen Systemen.
Das Wort »PO« ist den englischen Wörtern für »Hypothese« *(hypothesis)*, »angenommen, daß« *(suppose)*, »möglich« *(possible)* und »Lyrik« *(poetry)* entlehnt. In all diesen Fällen machen wir von einer Feststellung oder Idee Gebrauch, um uns vorwärts zu bewegen. PO kann außerdem als Abkürzung für »provokative Operation« *(provocative operation)* verstanden werden.
Provokation allein ist nutzlos, solange wir das »Bewegungsidiom« nicht beherrschen. Bewegung ist eine neue Operationsweise, die sich von der Beurteilung erheblich unterscheidet. Beurteilung führt dazu, daß wir eine Idee mit unseren bereits vorhandenen Mustern vergleichen und sie verwerfen oder kritisieren, wenn sie nicht recht paßt. Bewegung hingegen läßt uns eine Idee zum Vorankommen benutzen – ganz ähnlich dem Entstehen von Gedichten.
Es gibt bestimmte und formale Wege der Provokation. Es gibt ebenso bewußte und formale Möglichkeiten, einer Idee »Bewegung« abzugewinnen. Dazu gehören die speziellen Werkzeuge zum vorsätzlichen kreativen Denken. Dies ist weder der richtige Ort noch der richtige Zeitpunkt, im einzelnen darauf einzugehen.*
Eine Fabrik, die am Ufer eines Flusses liegt, trägt zur Verunreinigung des Wassers bei. Die stromabwärts wohnenden Menschen sind die Leidtragenden. Was ist zu tun? Wir bringen eine Provokation ins Spiel: »PO: Die Fabrik liegt stromabwärts von sich selbst.« Das klingt absurd und unmöglich, führt uns jedoch ohne Umwege zu der höchst logischen Idee, darauf zu bestehen, daß die Wasserentnahme durch die Fabrik stromabwärts von ihrer eigenen Abwassereinleitung zu erfolgen hat. Auf diese Weise erhält die Fabrik selbst zuerst eine Kostprobe der von ihr verursachten Umweltverschmutzung und hat dadurch ein größeres Interesse an der Beseitigung der Ursachen. Diese Idee wurde vor vielen, vielen Jahren zur Diskussion gestellt und ist, wie ich gehört habe, inzwischen in einigen Ländern Bestandteil der Gesetzgebung geworden.

* In einigen meiner anderen Bücher gehe ich näher auf die Praxis des lateralen Denkens ein, vor allem in *Lateral Thinking*, 1972 (dtsch. Ausg.: *Laterales Denken*, Düsseldorf 1989). Ich werde in Kürze ein weiteres Buch schreiben, in dem ich diese Dinge auf den neuesten Stand bringe.

Es gibt zweierlei Gründe, warum ich mich mit diesen Angelegenheiten so ausführlich beschäftigt habe. Zum einen wollte ich zeigen, daß unser Unvermögen, das Verhalten von selbstorganisierten Mustern zu verstehen, dazu geführt hat, daß wir mit Kreativität nicht umgehen können. Das ist ein ernstzunehmendes Problem, bedeutet es doch, daß der Fortschritt wesentlich langsamer vonstatten ging, als möglich gewesen wäre. Zum zweiten wollte ich zeigen, daß das Verständnis der Natur selbstorganisierter musterbildender Systeme zu konkreten Ergebnissen führen kann; dazu gehört beispielsweise der Entwurf spezieller kreativer Werkzeuge, die bewußt zur Produktion neuer Ideen eingesetzt werden können. Überdies erweist sich dabei die Daseinsberechtigung zweier geistiger Operationsweisen: der Provokation und der Bewegung.

Die Asymmetrie von Mustern führt außerdem zu dem Phänomen der Einsicht und damit zu einem weiteren, sehr einfachen kreativen Werkzeug.

Erkenntnis/Einsicht/Geistesblitz

Archimedes springt splitterfasernackt aus dem Bad und ruft: »Heureka!« Alexander Fleming geht urplötzlich auf, was die mit dem Schimmelpilz *Penicillium* verseuchte Petri-Schale zu bedeuten hat. Kekulé sieht im Benzolring mit einemmal eine Schlange, die sich in den eigenen Schwanz beißt. Der Augenblick der Erkenntnis, der »Aha-Moment«, da man Heureka ruft, ist in der Geschichte der kreativen Errungenschaften oft gewürdigt worden. Paradigmenwechsel sind, obwohl eine Spur langsamer, gleichfalls Momente der Erkenntnis. Dabei werden nicht neue Fakten aneinandergereiht, sondern es gelingt uns irgendwie, die Dinge in einem neuen Licht zu sehen.

Wie kann es in einem musterbildenden System, in dem doch alles in den gewohnten Bahnen fließen muß, zu »Geistesblitzen« kommen? Ist denn ein musterbildendes System nicht das genaue Gegenteil des Phänomens Erkenntnis, bei dem wir plötzlich auf ein neues Muster stoßen? Das Paradoxe daran ist, daß Erkenntnisse gerade deshalb entstehen, weil das der Natur von musterbildenden Systemen eigen

ist. Auch hier stoßen wir auf eine große Ähnlichkeit mit dem Wesen des Humors.
Solange wir uns auf der Hauptstraße bewegen, haben wir keinen Zugang zur Nebenstrecke. Starten wir jedoch bei Gelegenheit einmal an einem Punkt auf oder nahe bei der Nebenstrecke, so finden wir den Rückweg im Handumdrehen und erkennen den Sinn darin. Die unterschiedlichsten Faktoren können uns dazu bewegen, an diesem neuen Punkt anzusetzen: eine zufällige Bemerkung, eine neue Information oder irgend etwas in unserer Umgebung, das mit dem eigentlichen Zusammenhang gar nichts zu tun hat. Ein gutes Beispiel dafür wäre der sprichwörtlich gewordene Apfel, der Newton auf den Kopf fiel (eine angeblich erfundene Geschichte).
Intuition und Erkenntnis sind nicht das gleiche. Erkenntnis ist eine plötzliche Einsicht: Einem Mathematiker oder einem Programmierer geht unvermittelt ein Licht auf, und ihnen ist klar, daß ein bestimmter Vorgang vereinfacht werden kann. Intuition dagegen entsteht aus der schrittweisen Zusammensetzung von Hintergrundmustern, die man oft nicht einmal in Worte fassen oder sich bewußtmachen kann. Wenn dann das Schlüsselmuster einrastet – der Groschen also fällt –, erschließt sich das gesamte Netzwerk unserem Gebrauch.
Wir können dieses Phänomen namens Erkenntnis nehmen und versuchen, es künstlich hervorzurufen. Wie können wir uns einen neuen Zugang dazu verschaffen? Und wie können wir einen Ersatz für den Zufall oder die Information finden, die uns den Zugang zur Nebenstrecke eröffnen? Die Antwort ist überraschend einfach und bildet gleichzeitig den Ansatz zur denkbar einfachsten aller lateralen Denkmethoden. Diese Methode wird vor allem von denjenigen häufig benutzt, die sich mit dem Design neuer Produkte befassen oder neue Ideen gleich bündelweise benötigen. Die Auswahl eines neuen Zugangs können wir nicht selbst treffen (obwohl auch das ein nützlicher Vorgang ist), da sie aller Wahrscheinlichkeit nach aufgrund unserer vorhandenen Ideen erfolgt, die uns zu der jeweiligen Angelegenheit schon eingefallen sind. Wir brauchen also einen neuen Zugang, können ihn aber nicht selbst aussuchen. Das heißt, daß wir dem Zufall auf die Sprünge helfen müssen.
Der Einfachheit halber wählen wir ein Wort (vorzugsweise ein Substantiv), das ein ganzes Bündel an Funktionen und Assoziationen verkör-

pert. Wir erhalten dieses Wort per Zufall, indem wir beispielsweise ein Wörterbuch an x-beliebiger Stelle aufschlagen, das fünfte Wort von oben und dann das erste Substantiv nehmen; das gefundene Wort stellen wir dann dem Gebiet zur Seite, auf dem wir nach einer neuen Idee suchen.

Ein Beispiel: Das Thema lautet »Zigarette«, und das Zufallswort war »Verkehrsampel«. Es dauerte nicht lange, bis jemand auf die Idee kam, einen breiten roten Streifen in einem bestimmten Abstand zum Mundstück um die Zigarette laufen zu lassen. Das sollte den Rauchern »Gefahrenzone«, »Schuldgefühlszone« und »Entscheidungszone« signalisieren. Wer vor der roten Banderole aufhört, verringert das Gesundheitsrisiko und gewinnt an Willenskraft. Für diejenigen, die ihren Zigarettenkonsum einschränken wollten, kann die Banderole immer weiter vom Mundstück entfernt werden.

Diese kinderleichte Methode wäre in einem passiven Tischplattenmodell absoluter Unsinn, denn ein x-beliebiges Wort hat *per definitionem* keinerlei Bezug zur Thematik. Dann würde ja ein und dasselbe Wort auf alle möglichen Themenkreise passen und jedes x-beliebige Wort zu jedem x-beliebigen Themenkreis. So etwas kann in einem passiven System nur baren Unsinn bedeuten. In einem selbstorganisierten musterbildenden System ist ein solches Vorgehen jedoch vollkommen logisch. Wenn Sie an irgendeinem beliebigen Punkt an der Peripherie starten, stoßen Sie mit großer Wahrscheinlichkeit auf Pfade, die Sie, wären Sie vom Zentrum ausgegangen, niemals betreten hätten. Das hängt unmittelbar mit der Asymmetrie von Mustern zusammen.

Darüber hinaus werden mittels eines beliebigen Worts bestimmte Muster sensibilisiert (das Wort »Verkehrsampel« sensibilisiert Muster wie »Kontrolle«, »Gefahr«, »Halt«), so daß der Gedankenfluß bestimmte Muster mit einbeziehen kann, die er normalerweise links liegengelassen hätte. Diese Methode ist äußerst effektiv, kinderleicht in der Anwendung und ein weiteres Beispiel für den praktischen Nutzen von Systemmodellen, die eine gute Grundlage für neue Ideen bilden. Daß die Wahl eines x-beliebigen Worts nie aus dem Tischplattenmodell heraus hätte entwickelt werden können, erwähnte ich bereits.

Die Wirksamkeit dieser Methode ist allerdings kein Beweis für die Korrektheit des Modells, denn es mag andere Modelle geben, die den gleichen Effekt haben. Das Modell ist jedoch insofern von Wert, als es praktikable Denkwerkzeuge zur Verfügung stellt, die auf der Stelle ausprobiert werden können. Der Sinn eines jeden wissenschaftlichen Modells besteht darin, einen bestimmten Nutzungswert zu liefern statt nur eine weitere Beschreibung.

Rückwärtslernen

Wenn Sie jemandem die Bedienung einer Drehbank erklären wollten, würden Sie wahrscheinlich folgendermaßen vorgehen: Überprüfung der Maschine, Einschalten, das Werkzeug in die Klemmbacken einspannen, das Holz in die Spannvorrichtung klemmen, nochmalige Überprüfung, das Triebwerk einschalten, den Vorgang beobachten und kontrollieren . . . das Triebwerk ausschalten, das Werkzeug entfernen, das bearbeitete Holz herausnehmen, die Maschine abschalten. Das ist die übliche Reihenfolge einer derartigen Prozedur, und es scheint nur vernünftig, das, was zuerst kommt, auch zuerst zu unterrichten.
Diese Lehrmethode könnte sich jedoch als ganz falsch erweisen. Möglicherweise wäre es am klügsten, die einzelnen Schritte rückwärts zu lernen. Vielleicht sollten wir zunächst erklären, wie die Maschine abgeschaltet, wie das bearbeitete Holz entfernt . . . und erst ganz zuletzt, wie die Maschine angestellt wird.
Die Logik von musterbildenden Systemen läßt vermuten, daß Rückwärtslernen erheblich effektiver sein könnte. Auf die Sprache ist das nicht unbedingt anwendbar, denn in diesem Fall ist etwas nur sinnvoll in einer einzigen und keiner anderen Richtung; beim Auswendiglernen eines langen Gedichtes zum Beispiel könnte es aber zur Anwendung kommen. Die Versuche, die ich auf diesem Gebiet unternommen habe, lassen diesen vorläufigen Schluß jedenfalls zu.
Stellen Sie sich vor, Sie würden die Folge ABCDE auf herkömmliche Weise lernen. Zuerst lernen wir A und rücken, sobald wir das beherrschen, zu B vor, danach zu C. Das heißt, wir bewegen uns von einem Gegenstand, den wir beherrschen, zu einem, den wir gerade eben erst erlernen (und bauen sozusagen auf der Grundlage des bereits Bekannten auf). Da wir uns hierbei auf unbekanntes Terrain vorwagen, ist die Wahrscheinlichkeit, daß wir einen Fehler machen oder die falsche Abbiegung nehmen, ziemlich groß. Das Umlernen fällt

schwer. Lassen Sie uns nun einen Blick in die entgegengesetzte Richtung werfen.
Zuerst würden wir E lernen, dann erst D. Das bedeutet, daß wir uns von dem eben Gelernten auf etwas zubewegen, mit dem wir bereits vertraut sind. Die Wahrscheinlichkeit, die falsche Abzweigung zu nehmen, ist folglich erheblich geringer. Als nächstes lernen wir C und gehen von dort aus wiederum zuversichtlich weiter.
Das bedeutet im Prinzip, daß Ihnen besser damit gedient ist, wenn Sie genau wissen, worauf Sie zusteuern, als wenn Sie vom Bekannten ins Unbekannte segeln. Soweit ich weiß, ist dieser Ansatz bei Chorleitern schon lange gebräuchlich: Der letzte Satz wird zuerst einstudiert, dann der vorletzte, der vorvorletzte und so weiter. Auf diese Weise steuert der Chor voller Zuversicht auf ein Territorium zu, das ihm bereits vertraut ist. Soweit mir bekannt, wird Golf mancherorts ebenfalls auf diese Art und Weise unterrichtet: Man beginnt mit dem Ende des Schlags und lernt so lange rückwärts, bis man am Anfang des Schlags angekommen ist. Es gibt in diesem Bereich noch viel zu tun. Die neugewonnenen Erkenntnisse könnten gerade unsere Einstellung zur Erziehung und Bildung radikal verändern. Der Übergang von einfachen zeitlichen Abfolgen zu wesentlich komplizierteren Fragen ist nicht einfach. Wie wirkt es sich aus, wenn man sich bei komplexeren Dingen von hinten nach vorne arbeitet? Davon können wir uns einen Begriff machen, wenn wir die Frage unter dem Gesichtspunkt des speziellen Designs von Konzeptfolgen betrachten.
Dies ist ein weiteres Beispiel dafür, daß etwas, was uns intuitiv gegen den Strich läuft, sich dennoch unmittelbar aus der Beobachtung des Gesamtverhaltens sich selbst organisierender musterbildender Systeme erschließt. Auch dies könnte sich als außerordentlich nützlich erweisen.

Zeitliche Reihenfolge

Wenn Sie ein neues Arbeitsgebiet in Angriff nehmen wollen, sollten Sie es zunächst eingehend studieren. Richtig? Nein, falsch!
Nach herkömmlicher Ansicht sollten Sie soviel wie möglich lesen, um sich anhand des bereits vorhandenen Wissens eine solide Grundlage zu verschaffen, auf der Sie aufbauen können. Diese Ansicht ist falsch, und

der Fehler liegt in der wissenschaftlichen Methode selbst. Wir erwerben nicht nur Wissen, sondern wir erwerben Wissen, das in Konzepte und Wahrnehmungen verpackt ist. Das Tischplattenmodell präsentiert Wissen wie einzelne Gegenstände auf dem Tablett. Damit können wir dann nach Belieben herumspielen. Das selbstorganisierte musterbildende Modell verschnürt Wissen unentwirrbar zu Konzepten und Wahrnehmungen, die zusammengenommen die von Thomas Kuhn so genannten Paradigmen ergeben.

Worauf ist es zurückzuführen, daß bedeutende Fortschritte auf einem bestimmten Gebiet oft von den »Unschuldslämmern« erzielt werden, die mitunter sogar aus einer völlig anderen Disziplin kommen? In dem neuen Wissenschaftszweig der Chaosforschung wimmelt es geradezu von solchen Beispielen. Dabei geht es nicht einmal nur darum, daß das Establishment das eigene Revier verteidigen will. Das Problem liegt in der zeitlichen Folge. Musterbildende Maschinen sind in Wirklichkeit Geschichtsmaschinen. Die Musterbildung erfolgt direkt anhand der Erfahrungssequenz. Die Einzelteile haben sich schon zusammengefügt und sind nicht beliebig austauschbar wie beim Tischplattenmodell. Das ist die Quintessenz sich selbst organisierender Systeme.

Der heilige Ignatius von Loyola (»Gebt mir einen Knaben, der noch keine sieben ist, und ich werde seinen Lebenslauf bestimmen«), Freud und die Marxisten haben, wenn man ganze Lebensläufe als Maßstab nimmt, recht: Man bringe möglichst frühzeitig ein Muster in die Köpfe, und die neuen Muster werden auf dieser Grundlage aufbauen. Das bedeutet, auf die Forschung bezogen, daß die Geschichte unserer Erfahrungen oder unserer Erforschung eines bestimmten Gebiets unsere Muster prägen wird. Das kann sich einerseits als Nachteil erweisen. Alexander Fleming erkannte die Bedeutung der Penicillium-Kontaminierung deshalb, weil er sich schon seit langer Zeit mit der Erforschung antibakterieller Effekte befaßt hatte. Meine eigene medizinische Ausbildung (und hier besonders auf den Gebieten integrierter Systeme: Ionenkontrolle, Nierenfunktion, Kreislauf- und Atmungskontrolle) bestimmten mein Interesse an Systemen, die sich selbst organisieren. Hätte ich auf Philosophie, Logik, Mathematik oder Computerwissenschaft zurückgegriffen, wäre ich mit dem Jargon der Symbolmanipulation groß geworden und schließlich beim Tischplattenmodell gelandet.

Erfahrung kann sich aber auch deswegen mitunter als Zwangsjacke erweisen, weil wir in bereits existierenden Konzepten gefangen sind. Das Ideal wäre wohl, sich durch Lektüre einen generellen Überblick zu verschaffen und dann zur eigenständigen Arbeit überzugehen. Eventuell müssen Sie lernen, mit den auf dem jeweiligen Gebiet wirksamen Werkzeugen und Methoden umzugehen. Aber auch das könnte sich als gefährlich erweisen. Wenn Sie einen Hammer in der Hand haben, wird jedes Problem wie ein Nagel behandelt.

Wir verwalten unsere Fluggesellschaften wie die Eisenbahn, denn die Eisenbahn war zuerst da, und wir haben unsere Eisenbahnkonzepte auf den Flugverkehr übertragen. Solche Konzepte (festgelegte Strecken, Besitz eigener Maschinen) sind für Fluglinien nicht nur unnötig, sondern auch sehr kostspielig und ineffizient.

Auch Systeme, die laufend neue Muster bilden, reagieren höchst sensibel auf die Reihenfolge. Stellen Sie sich vor, Sie sitzen in einem vollbesetzten Flugzeug, das schon auf der Rollbahn steht, und über den Lautsprecher kommt folgende Durchsage: »Hier spricht der Flugkapitän. Leider habe ich schlechte Nachrichten für Sie. Sie haben sicher alle schon von der Überfüllung des Luftraums gehört. Es tut mir leid, Ihnen mitteilen zu müssen, daß wir mit fünf Minuten Verspätung starten werden.« Ich habe diese Geschichte nicht erfunden. Beim ersten Teil der Durchsage befürchten die Passagiere bereits das Schlimmste, eine größere technische Panne zum Beispiel. Der Hinweis auf den überfüllten Luftraum räumt mit dieser Befürchtung auf, läßt jedoch eine längere Verspätung vermuten. Flugreisen sind ohnehin schon Streß genug – eine »Durchsagen-Schulung« fürs Personal wäre also durchaus empfehlenswert. Dann hätte der Pilot vielleicht gewußt, daß die fünfminütige Verspätung an den Anfang gehört. Die guten Nachrichten kommen immer zuerst.

Einzugsgebiet/Sammelbecken

Einmal aß ich in einem Restaurant am Ufer des Mississippi zu Abend, ungefähr einhundertdreißig Kilometer von der kanadischen Grenze entfernt. Gefühlsmäßig ordnen wir diesen Fluß eher den Südstaaten zu. In Wirklichkeit sammelt der Mississippi Wasser aus weiten Gebieten der Vereinigten Staaten, keineswegs nur aus dem Süden.

In der Westschweiz gibt es einen interessanten Bergrücken. Wenn man an einem Regentag von dieser Anhöhe aus gen Osten spuckt, dann landet die Spucke, von der Strömung davongetragen, irgendwann an der Donaumündung. Spuckt man jedoch gen Westen, dann landet die Spucke im Mündungsgebiet des Rheins in den Niederlanden. Mir kommt es hier auf zweierlei an: Zum einen auf die klare Trennungslinie zwischen zwei riesigen Sammelbecken, zum anderen auf die Größe dieser Becken.

Der Mississippi, die Donau und der Rhein haben riesige »Sammelbekken« oder »Einzugsgebiete«, und damit will ich mich in diesem Kapitel beschäftigen.

Stellen Sie sich eine Röhre mit einem Durchmesser von etwa drei Zentimetern vor, die aufrecht aus dem Boden ragt. Sie versuchen, eine kleine Kugel in die Öffnung zu werfen. Dazu müssen Sie entweder sehr nahe heran oder sehr gut zielen. Nun besorgen wir uns einen großen Trichter mit einem Durchmesser von dreißig Zentimetern und führen den Stutzen in die Röhre ein. Sofort ist unsere Aufgabe viel einfacher. Wir brauchen nicht mehr so genau zu zielen. Statt auf ein Loch mit dem geringen Durchmesser von drei Zentimetern zu zielen, zielen wir jetzt auf eines mit dreißig Zentimetern Durchmesser. Am Endergebnis ändert dies jedoch nichts.

Der Trichter bildet ein System, bei dem viele verschiedene Eingaben *(inputs)* ein einziges Resultat *(output)* ergeben. Wir ziehen den Trichter nun aus der Röhre und halten ihn über ein Tablett mit Sand. Die Kugel landet trotz vieler unterschiedlicher Ausgangspositionen immer wieder an der gleichen Stelle im Sand. Sobald wir den Trichter aber entfernen, landet die Kugel an allen möglichen Stellen im Sand.

Was hat all das mit den Mustern in unserem Kopf zu tun? Sehr viel: Haben die Muster ein sehr großes Einzugsgebiet (wie der Trichter und die Flüsse) oder ein enges, genau abgestecktes Einzugsgebiet (wie die Röhre ohne Trichter)?

Wenn Sie eine große Packung Corn-flakes auf den Tisch stellen und dann mit einem Fotoapparat aus allen möglichen Blickwinkeln heraus Aufnahmen machen, erhalten Sie am Ende Bilder, die sich der Form nach erheblich voneinander unterscheiden. Wie geht es an, daß unser Auge nicht die geringste Schwierigkeit hat, in all den unterschiedlichen Formen eine Packung Corn-flakes zu erkennen?

Forscher, die sich mit künstlicher Intelligenz beschäftigen, haben sich jahrelang über diese Eigenschaft von Auge und Verstand den Kopf zerbrochen und sich die kompliziertesten Vergleichs- und Testverfahren ausgedacht. In einem selbstorganisierten, musterbildenden System ist die Antwort sehr einfach. Die Muster für die Packung Corn-flakes (und für kartonähnliche Gegenstände ganz allgemein) haben ein sehr weites Einzugsgebiet – und führen allesamt zum gleichen Muster. Dabei handelt es sich weder um etwas Besonderes noch um etwas Exotisches, sondern um das natürliche Verhalten des einfachen musterbildenden Systems, das ich beschrieben habe. Solche Systeme können gar nicht anders funktionieren.
Im Augenblick will ich die miteinander im Wettstreit liegenden Muster und den »Messerschneideneffekt« einmal außer acht lassen und mich mit dem Einzugsgebiet eines einzigen Musters beschäftigen. Solange es nur groß genug ist, wird eine Vielzahl an Dingen, die miteinander verwandt oder einander irgendwie ähnlich sind, im Endeffekt als ein und dasselbe Muster betrachtet. Unter dem Gesichtspunkt des praktischen Überlebens ist das außerordentlich nützlich. Statt eine ganze Reihe eigenständiger Muster lernen zu müssen, können wir uns mit wenigen breit angelegten Mustern begnügen. Die meisten Dinge werden im Sammelbecken des einen oder anderen Musters landen. Denken Sie nur an die vereinfachten Muster eines Säuglings, bei dem beinahe alle Dinge in diese einfachen Muster fließen.
Wie kommt es dazu? Zeichnen Sie mehrere Kreise auf ein Blatt Papier. Jeder Kreis steht für einen bestimmten »Aktivitätszustand« des Gehirns. Solange alle Dinge gleich sind (wir werden später noch sehen, daß das nicht immer der Fall sein muß), zeigt jeder Zustand früher oder später gewisse Ermüdungserscheinungen und wird von einem neuen Zustand abgelöst. Wir verbinden diesen Kreis also durch eine Linie mit einem anderen und versehen sie mit zwei Querstrichen, um damit anzudeuten, daß es sich hier um die bevorzugte Veränderungsroute handelt. Sollte dieser zweite Zustand jedoch selbst gerade erst aktiv gewesen sein, dann ist er eventuell zu müde, um zu reagieren; wir brauchen also eine Veränderung zweiter Wahl. Verbinden Sie den ersten Kreis mit einem x-beliebigen anderen, und ziehen Sie einen einzigen Querstrich durch diese Linie. Verbinden Sie nun sämtliche Kreise nach Belieben miteinander. Denken Sie jedoch daran, daß jeder Kreis minde-

stens zwei Linien haben muß, die auf ihn zulaufen: eine mit zwei Querstrichen (erste Wahl in puncto Veränderung) und eine mit nur einem Querstrich (zweite Wahl). Sie können mit einem x-beliebigen Kreis anfangen. Ihr Abgang erfolgt auf der bevorzugten Route, es sei denn, Sie sind auf diesem Weg bereits hereingekommen. War dies der Fall, müssen Sie sich jetzt mit der zweiten Wahl zufriedengeben.
Sie werden, unabhängig von Ihrer Vorgehensweise, stets bei einem sich wiederholenden Kreis enden (manchmal auch bei zweien). Alle anderen Zustände tragen zu diesem stabilen Zustand bei. Mit Hokuspokus hat das aber nichts zu tun. Es handelt sich hierbei vielmehr um das natürliche Verhalten selbstorganisierter Systeme, die von labilen in stabile Zustände übergehen. Das Resultat ist, daß sich ein breites Spektrum von Eingaben zu einem einzigen etablierten Muster stabilisiert. Das ist das große Einzugsgebiet.
Dieser weitgefaßte Einzugsmechanismus hat, wenn es ums Überleben geht, zunächst unübersehbare Vorteile. Später kommt es jedoch zu erheblichen Mängeln. Unsere Zivilisation leidet schwer unter diesen Mängeln.
Die Inuit (die früher ein wenig abschätzig als Eskimos bezeichnet wurden) verbrachten einen Großteil der langen Winternächte aneinandergeschmiegt in ihren Iglus. Wenn man – gezwungenermaßen – auf solch engem Raum zusammenlebt, dann werden die zwischenmenschlichen Beziehungen um so wichtiger – und sehr feinfühlig. Meiner Meinung nach haben die Inuit deswegen einen nuancenreichen Wortschatz zur Beschreibung dieser Beziehungen entwickelt. Auch zur Beschreibung von Schnee, der ebenfalls eine bedeutende Rolle in ihrem Leben spielt, stehen ihnen etwa zwanzig verschiedene Wörter zur Verfügung. Was die zwischenmenschlichen Beziehungen angeht, enthält ihre Skala zwischen Liebe und Haß mehr als zwanzig Wörter. So gibt es beispielsweise ein einziges Wort zur Beschreibung des folgenden Gefühls: »Ich mag dich sehr, aber auf die Robbenjagd würde ich mit dir nicht gerne gehen.«
Denken Sie nur an den praktischen Nutzen dieses Definitionsreichtums. Denken Sie nur an seinen Wert für zwischenmenschliche Beziehungen, geschäftliche Verbindungen (»Ich mag dich sehr, traue dir aber nicht über den Weg«) und internationale Beziehungen (»Auch wenn wir Feinde sind, so sind wir doch auch gemeinsame Treuhänder dieses

Planeten und müssen dafür sorgen, daß er funktioniert« – ein Satz des amerikanischen Politikers Howard Baker.)
Uns steht kein solcher Wortreichtum zur Verfügung. Die englische Sprache ist (wie viele andere auch) in dieser Hinsicht außerordentlich dürftig. Wir haben Liebe, Haß, Vorliebe, Abneigung, Mißtrauen, Vertrauen. Wir haben Freund und Feind. Da wir uns mit diesen groben Mustern begnügen müssen, hat jedes einzelne von ihnen ein sehr großes Einzugsgebiet. Dieses Problem wird darüber hinaus noch durch das Phänomen der Zentrierung verschlimmert, auf das ich noch eingehen werde.
Die Begriffsarmut im Englischen hat ihren Grund. Englisch ist eine höchst ausdrucksstarke Sprache, wenn es um die Beschreibung von Vorgängen geht. Das heißt, daß wir mit Hilfe von Wort-, Satz- und Adjektivkombinationen das Spektrum zwischen Haß und Liebe adäquat und sensibel beschreiben können. Das ist für Literatur und Lyrik sehr gut, für die Wahrnehmung jedoch absolut nutzlos. Zwischen Beschreibung und Wahrnehmung liegen Welten. Beschreibung beschreibt Wahrnehmung, die bereits stattgefunden hat. Wahrnehmung ist, wenn sie geschieht. Das ist der Punkt, da wir reichhaltige, subtile Muster brauchen – statt irgendwelcher Möglichkeiten, Gefühlsnuancen im nachhinein zu beschreiben.
Für Englischsprachige ist der Ausdrucksreichtum ihrer Sprache in Wirklichkeit ein Fluch – und der Stolz, mit dem sie verteidigt wird, desgleichen. Das statische Deutsch und die reicheren Formen des Japanischen wirken auf den ersten Blick zwar ungeschlachter, ermöglichen aber eine subtilere Wahrnehmung, die letztlich zu einer pragmatischeren Einstellung führen kann.
Der Schlüsselsatz lautet: Die Fähigkeit zur Beschreibung stimmt nicht mit dem Zeitpunkt der Wahrnehmung überein.
Stellen Sie sich eine Landschaft mit wenigen sehr großen Sammelbecken vor. Alles endet früher oder später in diesen Flüssen. Stellen Sie sich eine andere Landschaft vor, in der viele kleinere Sammelbecken die unterschiedlichsten Flüsse speisen. Die riesigen Sammelbecken könnten wir als »Konzeptionsbecken« oder »Konzeptionsfallen« bezeichnen. Eine Elefantenfalle besteht aus einem Loch im Boden mit abgeschrägten Wänden. Der Elefant rutscht hinein und kommt nicht mehr heraus.

In unserer zivilisierten Denkweise wimmelt es nur so von breitgefächerten Konzeptionsfallen. Nur ein paar Beispiele dafür: Freiheit, Gerechtigkeit, Demokratie, Imperialismus. Sich in Gedanken in der Umgebung dieser Fallen aufzuhalten ist praktisch unmöglich, da man unweigerlich in den Sog der allgemeingültigen Muster gerät, an denen nicht gerüttelt werden darf. Stellen Sie die Demokratie in Frage, gelten Sie sofort als »Faschist« (noch so eine Falle!). Ein Hinweis auf den Sozialismus, und Sie gelten sofort als »Marxist«. Ähnlich wie englische Pilzsucher haben wir nur eine begrenzte Anzahl von grob umrissenen Konzepten. Französische Pilzsucher können viel mehr Pilzarten unterscheiden. Warum? In einer Demokratie besteht die Notwendigkeit zur Kommunikation.
Nun kommen wir zu dem Phänomen »Zentrierung«, das eng mit dem Einzugsgebiet verbunden ist. Zentrierung heißt, daß, unabhängig von der Größe des Einzugsgebiets, alles direkt in seinem Zentrum landet (wie ein Gegenstand, der sich in die Nähe des Gravitationsfeldes eines schwarzen Lochs verirrt). Anders ausgedrückt: Die Muster zeigen uns reinste Typisierung ohne jedwede Schattierungen und Abstufungen, die ursprünglich wohl vorhanden waren. Nunmehr heißt es: Ein Verbrecher ist ein Verbrecher ist ein Verbrecher.
Natürlich wissen wir, daß Ziel und Zweck unserer Zivilisation und unserer Erziehung dem Bemühen gelten, all diese groben Kategorien nach subtilen Unterscheidungsmerkmalen zu unterteilen. »Aber warum hilft es nicht?« fragt das kleine Mädchen die Großmutter, die gerade Antifaltencreme aufträgt.
Erklärungshalber müssen wir den Satz »die groben Kategorien nach subtilen Unterscheidungsmerkmalen unterteilen« näher betrachten. Das Schlüsselwort lautet »unterteilen«. Werfen wir einen Blick zurück auf die griechischen Denker, auf Aristoteles, auf die Grundfesten unserer Logik. Da gibt es Kategorien und Klassen und Individuen. Kategorien rangieren jedoch an erster Stelle. Folglich haben wir eine allgemeine Kategorie von Verbrechern, die wir genauer unterteilen wollen. Selbstverständlich besteht ein Unterschied zwischen einem Hehler und einem Massenmörder, der seine Opfer mit der Motorsäge umbringt. Allzu groß ist der Unterschied aber auch nicht, denn wiewohl wir uns mit beiden Konzepten verstandesmäßig auseinandersetzen, haben wir doch die allgemeine Kategorie »Verbrecher« im Hinterkopf.
Wie hätten wir es anders machen können? Anstelle der groben Katego-

rien, die in spezifische Muster unterteilt werden, hätten wir uns einen reichhaltigen Vorrat an differenzierten Mustern schaffen können. Dann wären uns zwischen den einzelnen Klassen vielleicht bestimmte Gemeinsamkeiten aufgefallen. Aus diesen Gemeinsamkeiten hätten wir dann nicht etwa übergreifende Kategorien gebildet (die wahre Grundlage unseres griechischen Logiksystems), sondern wären mit ihnen ganz pragmatisch verfahren (all diese Leute haben ein Bein gebrochen, sicher können wir ihnen allen einen Gips verpassen).

Ich werde später noch auf die ernsten Probleme eingehen, die aus unserer Vorliebe für Kategorien herrühren und darüber hinaus noch eine ungute Angewohnheit musterbildender Systeme verstärken.

Ich habe bereits erwähnt, wie bedenklich die Wendung »dasselbe wie ...« hinsichtlich kreativer Arbeit ist. Es ist ein weiteres Beispiel für »Sammelbecken« und wird zudem abschätzig dazu benutzt, sich alles Neue, das einem nicht ganz geheuer ist, vom Leibe zu halten. Alle Rezensenten, die nicht begreifen, was sie lesen, machen von dieser Strategie Gebrauch.

Allein schon das Wort »Kreativität« ist im Englischen eine gefährliche Konzeptionsfalle. Unter diesen Oberbegriff fällt so ziemlich alles, angefangen mit der Auslösung irgendeines Ereignisses (Beispiel: ein Chaos schaffen) über künstlerische Aktivität bis hin zu mathematischen Erkenntnissen und kindlicher Fingermalerei. Diese begriffliche Vielschichtigkeit ist einer von vielen Gründen, warum wir uns der Kreativität bisher kaum angenommen haben. Um diese »Konzeptionsfalle« zu umgehen, habe ich eigens den Begriff »laterales Denken« erfunden, der ganz speziell auf die Veränderung von Konzepten und Wahrnehmungen in einem selbstorganisierten musterbildenden System anwendbar ist.

Wir brauchen viele, sehr, sehr viele neue Wörter. Das wird die Verfechter der gängigen Sprache so in Rage bringen, daß sie sie als Jargon abtun werden (das bekannte »Dasselbe-wie«-Phänomen). Sie werden sich auf den Standpunkt stellen, der existierende Sprachschatz reiche aus, um alles zu beschreiben – und wieder einmal nicht verstehen, daß Beschreibung und Wahrnehmung zwei Paar Stiefel sind. An dem Wort »Zug« ist nichts auszusetzen. Die Wendung »Eisenschienen-Straßenbahn« ist absurd.

Ich habe mich unter anderem mit der Schaffung einer neuen Sprache zum Denken beschäftigt, mit deren Hilfe wir ein weit größeres Spektrum von Konzepten wahrnehmen können – Konzepte, die mit der Alltagssprache nicht wahrzunehmen sind, sei es aufgrund der Konzeptionsfallen, sei es, weil sie widersprüchlich wären. Diese Sprache böte ein reicheres Potential als das Englische (nur für bestimmte Zwecke). Die Arbeit ist bereits geleistet; im Augenblick geht es mir um die Frage, wie sie am besten eingeführt werden könnte.

Mit Hilfe von Substantiven versuchen wir, etwas mitzuteilen, was »ist«. Adjektive stehen auf einem anderen Blatt; sie zielen darauf ab zu vermitteln, was der Mitteilende fühlt. Adjektive dienen dazu, die Gefühle des Zuhörers zum Resonanzboden der Gefühle des Sprechers zu machen. Adjektive sind heimtückisch und höchst gefährlich, denn sie können emotionale Erinnerungen auslösen, die unter Umständen völlig fehl am Platz sind. Jedes Adjektiv, das in einer Rezension steht, ist verdächtig und zudem schlechter Stil. Im Bericht über eine Möbelausstellung ist von einem »prätentiösen Stuhl« die Rede. Der Leser, der den Stuhl nicht selbst in Augenschein nehmen kann, kann diese Verunglimpfung nur hinnehmen.

Was ich über die grobgestrickten Muster für Substantive gesagt habe, trifft in verstärktem Maße auch auf Bewertungen und Adjektive zu. Die groben Bestimmungen, die wir treffen, etwa über gut/schlecht oder richtig/falsch, entstanden aus rein praktischen Erwägungen – zur Kindererziehung und generell zur Vereinfachung des Erziehungswesens. Ohne ein System, das festlegt, was richtig ist und was falsch, wäre womöglich jeder Schüler den Launen exzentrischer Lehrer ausgesetzt. Religionen müssen eine Möglichkeit haben, Ge- und Verbote zu formulieren und die entsprechenden Belohnungen und Strafen festzusetzen. Auf das Problem der »messerscharfen Unterscheidung« bei Dichotomien wie richtig/falsch werde ich im nächsten Kapitel noch eingehen. Im Augenblick will ich mich auf die außerordentliche Breite dieser Muster beschränken.

Man könnte behaupten, jeder Handlung läge die einfache Entscheidung zwischen »tun« und »unterlassen« zugrunde, so daß die Annahme naheliegt, die dazugehörigen Adjektive beschränkten sich ebenfalls auf die Grundentscheidung. Man könnte auch behaupten, daß die chemischen Gleichgewichte im Gehirn, die unsere maßgebenden Gefühle steuern, ebenfalls begrenzt sind, so daß es nur recht und billig wäre, sie

auf die gleiche simple Art daran teilhaben zu lassen. Das hieße, die Verschwörung einer Dichotomie (Ein- oder Abschalten eines elektronischen Schalters) hinzunehmen und sich daran zu beteiligen.
Sie können sich die Quelle eines Geruchs vorstellen oder eine Situation, in der er dominiert, den Geruch selbst jedoch nicht. Dennoch können wir einen Geruch wiedererkennen und darauf reagieren. Ein guter Koch zeichnet sich durch die Fähigkeit aus, einen bestimmten Geschmack nachzuempfinden oder bestimmte Geschmacksempfindungen in verschiedenen Teilen des Mundes zu rekonstruieren und auf dieser Basis ein neues Gericht zu kreieren. Adjektive wie »nett« und »gräßlich« können Sie sich nicht vorstellen, werden aber trotzdem gefühlsmäßig darauf reagieren. Diese Adjektive sind wiederum allgemein und unspezifiziert. Eines der Hauptprobleme der Zentrierung liegt darin, daß eine Erfahrung an der Peripherie, die in das Einzugsgebiet eines Musters gerät und dann zum reinen Beispiel dieses Musters »zentriert« wird, als Wahrnehmung endet, die mit all den Adjektiven und dem ganzen gefühlsmäßigen Ballast befrachtet ist. Nehmen wir einmal an, Sie wollen einer Bekannten einen Job verschaffen, in dem sie glücklich ist und ihr ganzes Können unter Beweis stellen kann. Für diese Handlung haben wir kein Wort.
Am ehesten käme noch der Begriff »Manipulation« in Frage, der jedoch mit allem möglichen negativen Ballast befrachtet ist (Ausbeutung, Eigennutz, Verbindungen spielen lassen, Menschen als Objekte behandeln). Ein Großteil aller Debatten besteht daraus, den Gegner in Richtung eines bestimmten Einzugsgebiets zu drängen und ihn dann hineinzuziehen, so daß ihm der gesamte negative Ballast dieses Musters angehängt werden kann.
Bis zu einem gewissen Punkt sollten wir also dankbar für die weiten Einzugsgebiete der Muster sein. Ist dieser Punkt aber erst einmal überschritten, so wird die Weite gefährlich und einengend. Sind weite Einzugsgebiete also gut oder schlecht? Die Unfähigkeit, Situationen zu beschreiben, in denen etwas bis zu einem bestimmten Punkt gut, darüber hinaus aber schlecht ist, stellt einen gravierenden Mangel unseres logischen Systems dar, auf den ich später noch eingehen werde. In einem Tischplattensystem sind Eigenschaften fest an die Einheiten gebunden.

Messerscharfe Unterscheidung

Ort des Geschehens: Wimbledon 1988, Finale des Herreneinzels zwischen Boris Becker und Stefan Edberg. Edberg ist am Netz. Ein knallharter Schlag Beckers. Edberg tritt beiseite, läßt den Ball passieren. Er trifft wenige Zentimeter hinter der Grundlinie auf. Wie konnte Edberg wissen, daß der Ball ins Aus gehen würde? Schließlich flog er mit hoher Geschwindigkeit und landete nur knapp hinter der Auslinie. Die Antwort lautet, daß der Verstand sich auf messerscharfe Unterscheidungen bestens versteht. Dieses Verhalten liegt wiederum schlicht und einfach in der Natur der selbstorganisierten Systeme, die ich beschrieben habe.
Ein Anthropologe ist fasziniert von zwei Dörfern, die weniger als achthundert Meter voneinander entfernt liegen, in denen jedoch so verschiedene Dialekte gesprochen werden, daß sie fast wie zweierlei Sprachen wirken. Es hat doch gewiß Verbindungen zwischen den Dörfern gegeben. Eigentlich müßten die Dialekte einander recht ähnlich sein. Wie kann so etwas zustande kommen? Die Antwort ist einfach. Es gibt zwei Flußtäler, und an den Ufern der beiden Flüsse entstanden Siedlungen. Die Leute an den Ufern kamen von weiter flußabwärts und pflegten nur Kontakte mit Leuten flußabwärts. Daher sind die Dialekte in den beiden Flußtälern unterschiedlich. Im Laufe der Zeit dehnten sich die Siedlungen landseitig aus, bis die beiden Ausdehnungskreise sich beinahe überschnitten. Die beiden Dörfer, die nur achthundert Meter auseinander lagen, befanden sich jeweils an der Peripherie eines der Ausdehnungskreise. Anders ausgedrückt: Die beiden Dörfer lagen Rücken an Rücken und schauten in verschiedene Richtungen.

Wir wollen nun zu jenem schon erwähnten Bergrücken in der Westschweiz zurückkehren, der die Wasserscheide zwischen den beiden Sammelbecken des Rheins und der Donau bildet. Wenn Sie in die Richtung spucken, landet ihre Spucke im Rhein, spucken Sie in die andere Richtung, so landet sie in der Donau. Stellen Sie sich zwei sich ausdehnende Sammelbecken vor, dann kommt unweigerlich jener messerscharfe Punkt, an dem sich die beiden berühren – überschneiden können sie sich nicht. An diesem messerscharfen Punkt entscheiden geringfügigste Unterschiede darüber, welcher Weg eingeschlagen wird. Stellen Sie sich einen langen, schmalen Pfahl vor, der beinahe aufrecht auf der Spitze balanciert. Die kleinste Bewegung wird ihn nach der einen oder anderen Seite hin kippen lassen. Wenn er schließlich auf dem Boden landet, so wird das Ende sehr weit von dem Punkt entfernt sein, an dem es, wäre der Pfahl in die andere Richtung gekippt, aufgetroffen wäre.

Sich selbst organisierende Systeme sind unstabile Zustände zwischen lauter stabilen Zuständen (festgefügten Mustern). Sie werden stets in dem einen oder anderen Muster enden. Grenzen die Sammelbecken der beiden Muster aneinander, dann führt dieser Vorgang zu sehr feiner und präziser Unterscheidung.

Die beiden klassenbewußtesten Gesellschaften der Welt sind wahrscheinlich Großbritannien und die Sowjetunion. In Großbritannien sind die Klassenzugehörigkeiten teilweise historisch zu erklären, basieren aber auch noch auf einer ganzen Reihe äußerst komplexer Signale (Sprache, Schulbildung, Kleidung, Beruf, Auftreten und so weiter). In der Sowjetunion basieren die Klassen auf der Bedeutung einer Person. Geht es darum, die Klassenzugehörigkeit seines Gegenübers einzuschätzen, so wird man – teils bewußt, teils unbewußt – sehr feine Unterscheidungen treffen (»Er gehört nicht zu uns« oder »Sie ist nicht so wichtig«).

Diese Eigenschaft des Verstands ist, wenn es ums Überleben geht, sehr wichtig, denn sie setzt sich über jegliches Zaudern und Zögern hinweg. Wiedererkennen, Wahrnehmung und Einschätzung können rasend schnell aufeinanderfolgen. Ich werde gleich noch erläutern, daß der Verstand sehr schnell von »vielleicht« auf »vollständige Sicherheit« übergeht.

Diese messerscharfe Unterscheidung kommt in den Dichotomien, die in unserem herkömmlichen Tischplattensystem so wichtig sind, voll zum Zuge. Um uns des Widerspruchsprinzips wirkungsvoll bedienen zu können, brauchen wir einander gegenseitig ausschließende Kategorien. Leicht zu finden sind sie nicht, daher müssen wir sie uns selbst schaffen. Das tun wir mit Hilfe des Wörtchens »nicht«.

Können Sie sich eine »Nicht-Apfelsine« vorstellen? Wahrscheinlich nicht, aber sagen können Sie es schon. Nun gehen Sie einen Schritt weiter und sagen, daß etwas nicht gleichzeitig eine Orange und eine Nicht-Orange sein kann. Wenn wir also »Demokratie« haben, dann ist alles andere eine »Nicht-Demokratie«. Für den Verstand sind solche

Dinge ein wenig unbequem, denn es gibt keine natürlichen Muster für Nicht-Orangen.

Bei Schachfiguren wird die Sache schon einfacher. Sprechen Sie von einer »nicht-weißen Figur«, stellen Sie sich offenkundig eine schwarze Figur vor. Der Verstand versucht also, die durch »nicht« angezeigte Lücke mit Greifbarem zu füllen. So wird aus der »Nicht-Demokratie« eine Diktatur.

Sind derartige Dichotomien erst einmal erstellt, dann ist die Schlacht auch schon verloren. Wagen Sie es etwa, den Demokratiebegriff in Frage zu stellen? Dann müssen Sie wohl etwas für Diktaturen übrig haben (mitsamt dem ganzen Ballast). Und dennoch gibt es viele Zustände, auf die weder der Begriff Demokratie noch der Begriff Diktatur zutrifft; einige davon kann ich mir bereits vorstellen, andere hingegen noch nicht.

Ich beabsichtige, die ernsthafte Gefahr, die Dichotomien darstellen, später noch sehr viel eingehender zu untersuchen. Die Gefahr liegt darin, daß wir dieses künstliche System um unserer Kästchenlogik willen erstellt und es dann als praktische Weltanschauung haben durchgehen lassen. Das wird zur Basis für alle erdenklichen Unterscheidungen zwischen »wir« und »sie« – und macht es uns unmöglich, neue Wahrnehmungen zu schaffen, die diese Trennungslinie überwinden.

Ein Angeklagter, der vor Gericht nicht schuldig befunden wird, muß gewiß unschuldig sein. Oder könnte es noch etwas anderes geben? Viele Gerichtssysteme, das englische zum Beispiel, operieren tatsächlich auf dieser primitiven Basis. Andere Systeme lassen zusätzliche Kategorien zu. Die schottische Gerichtsbarkeit kennt das Urteil »nicht bewiesen«, was beileibe nicht dasselbe ist wie »unschuldig«. Im amerikanischen System gibt es das sogenannte »noli contendere«: Der oder die Angeklagte gibt keine Schuld zu, streitet die Anklage aber auch nicht ab. Für die Zukunft könnten wir uns sogar ein System vorstellen, in dem Urteile wie »höchstverdächtig (Stufe I)« oder »irgendwie verdächtig (Stufe IV)« gefällt werden. Ich halte ein solches System gegenwärtig noch nicht für besser als das bestehende – aber ein anderes wäre es allemal.

Wissenschaftler werden in zwei Kategorien unterschieden, in »Zusammenwerfer« und in »Aufteiler«. Zusammenwerfer machen Fortschritte, indem sie darauf hinweisen, daß bestimmte Dinge, die auf den ersten

Blick völlig verschieden aussehen, in Wirklichkeit in die gleiche Gattung gehören oder aber auf derselben Entwicklungslinie liegen. Aufteiler hingegen machen Fortschritte, indem sie zeigen, daß bestimmte Dinge, die bis dato als ähnlich oder der gleichen Gattung zugehörig betrachtet wurden, in Wirklichkeit vollkommen verschieden sind. Beide Angewohnheiten hängen von der Beobachtungsgabe, den Hypothesen, der einmal gewählten Unterscheidungsgrundlage und der Messerschneidengewohnheit des jeweiligen Gehirns ab.
Es ist offensichtlich, daß weite Einzugsgebiete, Zentrierung und messerscharfe Unterscheidung darauf hinauslaufen können, daß zwei Dinge, die einander in Wirklichkeit sehr ähnlich sind, unter Umständen als völlig unterschiedlich betrachtet werden. Das ist der »Verschiebeprozeß« in der Wahrnehmung.
Eine unbezahlte Freiwillige verbringt ihre Zeit damit, den Bedürftigen der Stadt mit Rat und Tat zur Seite zu stehen und sie auch finanziell zu unterstützen. Das ist zweifellos edel, wunderbar und sehr christlich. Wir wollen einmal sehen, was passiert, wenn der Verschiebeprozeß einsetzt. Das erste Sammelbecken ist der Begriff »wohlmeinend«, an und für sich durchaus zutreffend, aber bereits mit einer Spur Herablassung behaftet. Das nächste Sammelbecken heißt »Wohlfahrtstante« und hat einen Beigeschmack von »Genugtuung« und von guten Taten zum Zwecke geistiger Selbstbefriedigung. Die nächste Verschiebung geht Richtung »Ärgernis«. Ist der Verschiebeprozeß erst einmal in Gang gesetzt, können wir mit allem und jedem kurzen Prozeß machen – wenn wir es wollen.

Platzbelegung

Die Schürfer zu Zeiten des Goldrausches nahmen die Beine in die Hand, um ihre Claims abzustecken. In Australien steckt man beim Schürfen nach Opalen seinen Claim ab und muß dann gegen die Versuchung ankämpfen, seitlich einen Tunnel unter den nachbarlichen Claim zu buddeln. Sobald jemand einen Claim abgesteckt hat, kann es auf diesem Stück Land keinen zweiten Claim mehr geben. Man ist Ihnen zuvorgekommen. Wenn auf Ihrem Stück Land ein Fluß hindurchfließt, dann dürfen Sie keinen Abzugsgraben ziehen, um auf die gegenüberliegende Seite zu gelangen.

Wenn ein bestimmtes Muster erst einmal existiert, kann im gleichen Umfeld kein zweites Muster entstehen, denn unser Verstand würde stets zum ersten Muster zurückpendeln. Der Ausdruck »dasselbe wie . . .« ist nur ein Beispiel für dieses Phänomen. Es bedeutet, daß an unseren Mustern, Wahrnehmungen, Konzepten und Wörtern kein Weg vorbeiführt.

Sprache ist eine Enzyklopädie der Unwissenheit. Wörter und Konzepte setzen sich in einer Epoche relativer Unkenntnis durch – was im Grunde genommen für jede Epoche gilt, vergleicht man sie mit der darauffolgenden. Sind diese Wahrnehmungsweisen und Konzepte erst einmal fest in der Sprache verankert, so kontrollieren und beengen sie unser Denken in allen Bereichen, da wir sie gezwungenermaßen benutzen müssen. Unternehmen wir den Versuch, neue Konzepte zu entwickeln, so stoßen wir auf Unverständnis (nachdem man uns beschuldigt hat, Fachchinesisch zu sprechen), und die neuen Wörter werden im Lichte der bereits existierenden (»dasselbe wie . . .«) interpretiert. Das Problem ist das gleiche wie das des erwähnten Wissenschaftlers: Wieviel sollte er lesen? Wie weit läßt er sich bereits vorhandene Wahrnehmungsweisen aufdrängen?

Wir brauchen viele neue Wörter, damit wir Dinge sagen – und wahrnehmen – können, die uns im Augenblick noch verschlossen sind. Wahrnehmung braucht ein bestimmtes Gerüst und gleicht in diesem Punkt wissenschaftlichen Forschungsarbeiten, die ohne den wahrnehmungsfördernden Rahmen der Hypothese nicht möglich wären. Darüber hinaus brauchen wir neue Wörter, damit es uns möglich wird, bestimmte Dinge, die im Augenblick nur mit Hilfe von ungenügenden – oder schwer mit negativem Ballast befrachteten – Konzepten gesagt werden können, frisch und ungekünstelt auszudrücken. Es gibt unzählige Grundkonzepte, die wir, wenn wir Fortschritte erzielen wollen, begrifflich neu überdenken müssen.

Manchmal gelingt es, ein neues Muster als feinere Nuance innerhalb eines bereits existierenden Musters anzusiedeln: Das Konzept »laterales Denken« wurde innerhalb von »Kreativität« eingerichtet. Bisweilen können Muster verändert werden, indem man ihnen etwas hinzufügt und ihre Bedeutung über einen gewissen Zeitraum hinweg verschiebt. Muster können verändert werden, indem man ihren emotionalen Ballast variiert. Das Konzept »altmodisch« zum Beispiel pendelt zwischen

Ablehnung und Zustimmung hin und her. Bisweilen hat es einen höhnischen Beiklang und bedeutet soviel wie »von gestern« oder »passé«. Mitunter steht es aber auch für die Rückkehr zu den wahren Werten, für echtes handwerkliches Können oder für eine Küche, die keine Fertigprodukte verwendet.

Muster sterben so gut wie nie als Folge scharfer Kritik, denn diese führt, im Gegenteil, noch zu ihrem verstärkten Gebrauch. Sie sterben vielmehr an den Folgen von Verkümmerung und Vernachlässigung. Eine Veränderung des Kontexts kann ebenfalls zum Absterben oder zur Veränderung eines Musters führen. Der Kontext »Anti-Baby-Pille« zum Beispiel führte zu stark veränderten Wahrnehmungsweisen im Sexualverhalten. Manchmal gelingt es, ein brandneues Muster in die Welt zu setzen und sein Einzugsgebiet allmählich so weit auszudehnen, daß es das Sammelbecken des ursprünglichen Musters, das Sie verändern wollen, teilweise mit einbezieht.

Das grundlegende Problem jedoch bleibt bestehen: die Etablierung eines neuen Musters auf einem Gebiet, das schon von einem existierenden Muster besetzt ist. Versuchen Sie nur einmal, im Gespräch mit einem Geschäftsmann das Konzept »Profit« neu zu definieren.

Falsch verbunden

Bis zu einem gewissen Alter wollen Kinder immer wieder die gleichen Geschichten hören und bestehen darauf, daß sie immer wieder gleich erzählt werden. Die kleinste Abweichung wird sofort reklamiert. Dann erreichen sie das Alter, in dem sie immerzu neue Geschichten hören wollen.

Eines der grundlegenden Elemente unserer herkömmlichen Tischplattenlogik ist das Prinzip des Widerspruchs. Wiewohl ganz und gar künstlich, ist es doch von Wert, wenn es um statische und symbolische Systeme geht. In der wirklichen Welt hingegen ist es kaum von Bedeutung, denn »sein« oder »nicht sein« hängt sowohl von der jeweiligen Perspektive als auch von den entsprechenden Umständen ab. Trotzdem gibt es im menschlichen Gehirn eine vitale und natürliche Entsprechung für Widerspruch. Das ist die Fehlkombination.

In einem berühmt gewordenen Experiment (Bruner) ließ man eine

Reihe Versuchspersonen kurz ein Kartenspiel durchsehen. Unter den Karten befanden sich etliche Fehlkombinationen, zum Beispiel eine schwarze Herzacht. Ihr Anblick soll bei manchen Versuchspersonen Übelkeit erzeugt haben.

Auf den ersten Blick scheint es, als bestehe ein Widerspruch zwischen dem Konzept »Falsch verbunden«, das sich an der Erfüllung unserer Erwartungen orientiert, und dem Konzept »Sammelbecken«, das uns alles, was der Sache auch nur entfernt nahekommt, in das Muster einbeziehen läßt. In Wirklichkeit besteht jedoch kein Widerspruch. Das Sammelbecken ist schon da, bevor wir das Muster betreten. Eine ganze Batterie von Eingaben stabilisiert sich allmählich zu einem bestimmten Muster. Kaum wird es jedoch betreten oder aktiviert, da wird auch schon jede kleinste Abweichung genau registriert, als besäßen wir eine Art eingebauten Anomaliendetektor.

Ein Bekannter erzählt Ihnen, er habe seinen Urlaub an der schottischen Ostküste verbracht und zugesehen, wie Forellen einen Wasserfall hinaufspringen. Sofort verspüren Sie das Verlangen, ihn zu korrigieren: Das waren keine Forellen, sondern Lachse. Warum? Nur für Lachse ist das Überwinden von Wasserfällen gegen den Strom ein typisches Verhalten. Ihnen scheint also, Ihr Gesprächspartner hat das falsche Muster erwischt. Eventuell sind Sie sogar noch besser informiert und wissen, daß Forellen keine Wasserfälle hinaufspringen. In diesem Fall schließen Sie außerdem noch auf eine Fehlkombination innerhalb des Musters »Forelle« bei Ihrem Bekannten.

Es gibt sogar mehrere Arten von Fehlkombinationen. Eine der Arten verfährt nach dem Motto: »Das paßt besser zu einem anderen Muster.« Eine zweite Art lautet: »Nach meiner Erfahrung gibt es nichts, was Ihren Bericht bestätigt.« Eine dritte Spielart besagt: »Was Sie da andeuten, steht in direktem Widerspruch zu meinen eigenen Erfahrungen.« Eine vierte Art lautet: »Was Sie da vorbringen, ist logisch einfach nicht möglich.« Diese letzte Art bezieht sich auf etwas Außenstehendes, etwa auf die Gesetzmäßigkeit der Physik (der Hinweis auf ein Perpetuum mobile zum Beispiel).

Worin liegt die Bedeutung des natürlichen Phänomens »Fehlkombination«? Sie liegt darin, daß die starren Kategorien, Absolutheiten und Dichotomien unserer Tischplattenlogik, die – mittels Sprache oder auf anderen Wegen – Bestandteil unserer Wahrnehmung sind, der Vehe-

menz unseres natürlichen Fehlkombinationssystems ausgesetzt werden. Die Konsequenzen sind im schlimmsten Fall verheerend und günstigenfalls alles andere als flexibel. Könnten wir diesen Fehlkombinationen gelassen entgegentreten, die Schulter zucken und »Na und?« oder »So wichtig ist es nun auch wieder nicht, ob das Muster genau stimmt« sagen, dann wären starre Haltungen nur von untergeordneter Bedeutung.
Möglicherweise enthält der Fehlkombinationseffekt eine Überlebenskomponente. Wenn Sie ein Muster einschalten und ihm folgen, brauchen Sie unter Umständen einen Mechanismus zum Abschalten. Wenn eine gelbe Beere »genießbar« signalisiert, sich dann aber als ungewöhnlich bitter herausstellt, brauchen Sie eine Ausstiegsmöglichkeit. Das ist der Grund, aus dem Ratten mitunter so schwierig zu vergiften sind.
Möglicherweise ist eine Fehlkombination, systematisch betrachtet, auch nichts weiter als eine Labilität im Nervengeflecht, gekoppelt mit dem Unvermögen, in einem etablierten Muster zur Ruhe zu kommen.

Bereitschaft

»Bereitschaft« ist extrem wichtig und ein entscheidender Faktor im Verhalten der beschriebenen selbstorganisierten Nervengeflechte. Zwar habe ich dieses Thema bei der Beschreibung des Systems behandelt, doch es ist wichtig genug, um hier noch einmal, in anderer Form, aufgegriffen zu werden.
Stellen Sie sich einen Strand mit mehreren Schönheiten vor, die dösend auf ihren Badetüchern liegen und sich sonnen. Eine Reihe netter Kraken mit sehr langen Armen kriecht an den Strand und macht sich zwischen den Badegästen breit. Einige von ihnen werden von den Kraken gekitzelt, aber nur sachte und nicht stark genug, um irgendwen zum Lachen zu bringen. Die Gekitzelten sind »lachbereit« beziehungsweise bereiter als ihre ungekitzelten Nachbarinnen. Eine der Sonnenanbeterinnen kommt in den Genuß, von zwei Kraken gleichzeitig gekitzelt zu werden. Sie bricht in schallendes Gelächter aus.
In einem präziseren Modell würde dieses schallende Gelächter sämtliche anderen Badegäste am Lachen hindern. Außerdem wäre die Lachende selbst ein Krake, der, kaum erwacht, augenblicklich anfinge, seine Nachbarn ebenfalls zu kitzeln. Mir kommt es vor allem auf die

»Bereitschaft zum Lachen« an. Es gibt verschiedene Bereitschaftsgrade; plötzlich wird eine Schwelle erreicht, und Gelächter erschallt.
Haben Sie vom Auftritt eines Komikers den Anfang versäumt, bleibt es Ihnen oftmals schleierhaft, warum sich die Leute ringsum vor Lachen biegen. Gewiß, was der Komiker da erzählt, klingt einigermaßen lustig, aber zum Brüllen können Sie es ganz und gar nicht finden. Der springende Punkt dabei ist: Bei Ihren Nachbarn wurde vor Ihrer Ankunft die Bereitschaft zum Lachen aufgebaut.
In den Nervengeflechten des Gehirns steht »Stimulierung« oder »Aktivität« für den Ausbruch in Gelächter. Eine Nerveneinheit wird durch die Eingaben anderer Einheiten gekitzelt. Ein Schwellenmoment wird erreicht, und die Nerveneinheit geht zur Aktivität über. Dieses Verhalten wird oftmals als »Schwelleneffekt« bezeichnet und ist typisch für Nervenstrukturen, ein charakteristischer, nichtlinearer Effekt. Eingabe folgt auf Eingabe, ohne daß sich etwas rührt – bis der Nerv urplötzlich voll aktiv ist. Die Bezeichnung »Schwelle« resultiert aus einer simplen Analogie: Die Straße vor Ihrem Haus ist überschwemmt, sei es als Folge schwerer Regenfälle oder defekter Abflüsse. Im Inneren Ihres Hauses ist es jedoch vollkommen trocken. Der Wasserstand auf der Straße steigt. Ihr Haus ist immer noch trocken. Sobald der Pegel jedoch die Oberkante Ihrer »Schwelle« erreicht hat, strömt das Wasser auch schon herein, und über kurz oder lang herrscht in Ihrem Haus die gleiche Überschwemmung wie auf der Straße.
Bei Computern und elektronischen Geräten haben wir es gewöhnlich entweder mit analog arbeitenden Maschinen oder mit Digitalsystemen zu tun. Das ist die Dichotomie, die wir kennen. In analogen Systemen ist das Signal direkt proportional zur Eingabe, die Personenwaage zeigt also Ihr tatsächliches Gewicht an. Digitalmaschinen behandeln ein Signal als eine ganze Folge von Ein-aus-Signalen. Das ist, als wäre eine ganze Reihe von Schaltern vorhanden, von denen jeder einzelne entweder eingeschaltet oder abgeschaltet sein könnte. Die Digitalmethode ist einfacher zu handhaben, weil wir das exakte Signal jederzeit durch Wiederholung der Ein-aus-Folge rekonstruieren können. Das ist, als wäre eine Fotografie aus winzigsten Kästchen zusammengesetzt, die entweder nur schneeweiß oder aber rabenschwarz sein dürfen. Hätten Sie eine Anweisung für jedes einzelne Kästchen, so könnten Sie das Originalfoto jederzeit imitieren.

Das Gehirnsystem jedoch ist weder digital noch analog. Es ist bis zu einem gewissen Punkt analog, danach digital, dann wieder analog und schließlich wieder digital. Und dies vor dem Hintergrund bestimmter Chemikalien, die Zunahme und Kraftfeldeffekte besorgen. Auf diese Analog-digital-Dichotomie ist es wahrscheinlich zurückzuführen, daß Elektronikingenieure beim Verständnis des Gehirnsystems solche Schwierigkeiten haben.
Die Erhöhung der »Bereitschaft« (eines Badegastes zum Lachen, einer Nerveneinheit zur Aktivität) heißt, daß der Mensch oder die Sache für weitere Eingaben sensibilisiert wird. Die unterschiedlichen Eingaben, die vom Verstand empfangen werden, stimulieren also unterschiedliche Bereiche. Plötzlich wird ein Bereich aktiv. Mit der Zeit ermüdet er aber und wird, je nach Eingabe und Verbundenheit mit dem ursprünglichen Bereich, von einem anderen abgelöst.
Mehrere unterschiedliche Zustände lösen einander der Reihe nach ab und entwickeln sich mit der Zeit zu einem Muster (das als ein sich wiederholender Kreislauf oder als einstweilige Stabilisierung dargestellt werden kann).
Auf diese Weise stellt sich das Gehirn Dinge zusammen, begutachtet Wahrscheinlichkeiten und miteinander konkurrierende Ansprüche. So funktioniert das Einzugsgebiet für ein Muster. Die sensibilisierenden Eingaben schaffen sich ein großes »Vielleicht-Gebiet« im Gehirn. Das tut plötzlich einen Sprung ins »Gewisse«, was wir wiederum als Geistesblitz empfinden. Das Gehirn ist also ein »Vielleicht-Mechanismus«, der in die Gewißheit umschlägt, die wir für unsere Aktivitäten brauchen.
Lyrik basiert unmittelbar auf diesem sensibilisierenden Effekt. Jedes Wort, jedes Bild und jede Metapher stimuliert einen Teil des Gehirns, und der Gesamteffekt ist ein Wirrwarr von Mustern oder auch nur reinem Gefühl. Im Gegensatz zur Prosa, der es darum geht, Muster auf Muster mitzuteilen, kommt es in Gedichten zu einer Überlappung von Mustern. Prosa muß einen Sinn geben, Lyrik einen Eindruck hinterlassen. Prosa bedeutet Kommunikation, Lyrik sensibilisiert. Lyrik ist eine Horde kitzelnder Kraken am Strand. Prosa ist ein Gänseblümchenkränzchen, in dem jede Person nur die nächste Person kitzelt. Diese Unterscheidung ist ein wenig überzeichnet, denn bisweilen geht es in der Prosa ebenfalls um die Überschneidung mannigfaltiger Bilder. Man

könnte moderne Kunst als Lyrik im Gegensatz zur Prosa klassischer Kunst bezeichnen; allerdings gibt es in der Kunst allgemein wie auch beim Geruch stets eine Überlappung von Bildern.
Lyrik hat mehr mit Wahrnehmungslogik, Prosa mehr mit Tischplattenlogik zu tun. In der Dichtung beginnen wir mit der Entwicklung der »Bewegung« genannten Kraft, die beim kreativen lateralen Denken immens wichtig ist. »Bewegung« ist in der Tischplattenlogik fehl am Platz und ohne logische Basis.
Wenn wir den Sensibilisierungsprozeß erst einmal verstanden haben, dann können wir darauf aufbauen und neue grammatikalische Formen entwickeln. Ich schlage hier beispielsweise »Stratal« vor, das von »Stratum« kommt und schlicht und einfach »Schichtung« heißt. Ein Stratal würde aus vier bis fünf parallelen Zeilen zu einem bestimmten Thema bestehen. Jede Zeile ist in sich abgeschlossen und leitet nicht zur nächsten über. Die Zeilen brauchen nicht in einer Schlußfolgerung zu enden. Das Stratal ist keine Definition und strebt nicht nach Vollständigkeit. Es kann widersprüchliche Aussagen enthalten. Es braucht, anders als die Dichtung, weder einen Versfuß noch einen Reim. Es hat entfernte Ähnlichkeit mit Blankversen, aber keine künstlerischen Ambitionen. Es zielt darauf ab, den Verstand zu sensibilisieren – ebenso wie Lyrik. Hier ein Stratal zum Thema herkömmlicher Tischplattenlogik:

In tiefen Schachteln auf einem Tisch gibt es kein Entkommen.
Vom Wahrnehmungswirrwarr zur gewissen und beruhigenden Wahrheit.
Begutachtete Stücke in die jeweilige Schachtel auf reinem Tisch.
Ein höchst wertvolles Glaubenssystem, dem wir entwachsen sind.
Wie sagt man einem Franzosen auf englisch, er möge Englisch sprechen?

Hier ein Stratal zum Thema Wahrnehmungslogik:

Eine Landschaft im Regen, der sich zu Flüssen organisiert.
Ein plastisches Modell der Landschaft mit Reliefs.
Gewiß genug, zur Tat zu schreiten, doch nicht genug für ein Gefängnis.
Bestehende grobe und schwerfällige Konzepte, fest verankert.
Neue Wörter und Konzepte für neues Denken.

Wenn das allzusehr nach einem schlechten Gedicht klingen sollte, dann liegt das daran, daß es mitnichten als Dichtung zu verstehen ist. Ein Stratal ist eine Form der Kommunikation mittels Erkenntnis. Werbefachleute arbeiten seit Jahren in dieser Richtung.

Kontext/Zusammenhang

Sie befinden sich im Courtyard-Restaurant des Windsor-Arms-Hotels in Toronto und haben gerade zu Ende gespeist. Vor Ihnen auf dem Tisch steht eine mächtige Mousse au chocolat mit Armagnac (die möglicherweise von Ihrem Begleiter bestellt worden ist). Wir wollen uns nun eine Reihe möglicher Reaktionen ansehen.

»Für Schaumspeisen habe ich eine große Schwäche, und diese hier werde ich mit dem größten Vergnügen verzehren.« Sie sind entweder noch hungrig oder werden das Dessert, selbst wenn Sie bereits gesättigt sind, trotzdem genießen.

»Ich bin so satt, daß ich keinen Bissen mehr hinunterbringe.« Sie haben sich übergessen und verspüren nicht das geringste Verlangen nach Mousse au chocolat.

»Ich würde ja gerne, aber ich mache gerade eine Schlankheitskur und muß der Versuchung widerstehen.« Sie möchten den Nachtisch gerne essen, aber Ihre Selbstdisziplin ist größer als Ihr Verlangen.

»Ich würde das ja gerne essen, aber leider gehöre ich zu den Leuten, die von Schokolade Migräne bekommen.« Ihre Reaktion auf die Mousse wird von Ihrem Vorwissen beeinflußt.

»Seit meiner Gelbsucht wird mir beim bloßen Anblick einer Mousse schon schlecht.« Eine Veränderung in Ihrem körperlichen Befinden hat Ihre Meinung über die Schokoladenspeise geändert.

In allen genannten Fällen bleiben die Umstände und die Mousse au chocolat konstant, nur die Reaktionen sind unterschiedlich. Das bringt uns zu einem entscheidenden Punkt: Wenn das Gehirn tatsächlich ein musterbildendes System ist und wir an die Muster gebunden sind, dann müßte eine angebotene Mousse eigentlich immer wieder dasselbe Muster auslösen, so daß wir jedesmal gleich reagieren. So oder ähnlich lautet seit jeher der Haupteinwand gegen alle »musterbildenden« Konzepte des Verstands.

Das Schlüsselwort heißt hier »Kontext« oder »Zusammenhang«. Ein anderer Kontext bedeutet, daß andere Muster befolgt werden. Doch welche Bedeutung hat »Kontext« für die Nervenschaltungen im Gehirn? Hier kommen »Bereitschaft« oder »Sensibilisierung« ins Spiel, wie ich sie im vorangegangenen Abschnitt beschrieben habe.

Nehmen wir als Beispiel die Gelbsucht, die einem häufig den Appetit verschlagen kann. Bestimmte chemische Veränderungen beeinflussen den Hungermechanismus und verhindern, daß andere Gebiete sensibilisiert werden. Die Mousse au chocolat übt also keinerlei Anziehungskraft mehr aus. Das gleiche trifft zu, wenn wir zuviel gegessen haben. Sind wir jedoch hungrig, werden andere Bereiche durch den Hungermechanismus sensibilisiert, so daß das Muster »Mousse-Genuß« höchst aktiv wird.

Aber das ist noch nicht alles. Verspüren wir nur leichten Hunger (aber leiden weder unter Gelbsucht noch unter Übersättigung), so kann der Hungermechanismus durch den Anblick der Schokoladenspeise aktiviert werden mit dem Ergebnis, daß uns der Nachtisch verlockend erscheint. Dies ist ein Beispiel dafür, daß Wahrnehmung ein »Gefühl« (im weitesten, chemischen Sinn des Wortes) verändern kann, das seinerseits wiederum die Wahrnehmung beeinflußt.

Die Veränderung des Zusammenhangs kann also durch chemische Veränderungen im Gehirn verursacht werden. Aus diesem Grund haben wir manchmal Lust auf Sex, manchmal aber auch nicht – und aus diesem Grund kann Wahrnehmung mitunter zur Gefühlsverschiebung führen.

Die »Tatbereitschaft« – eine der vielen verschiedenen Muster im Gehirn – kann darüber hinaus durch andere, im Gehirn zum gleichen Zeitpunkt vorhandene Eingaben verändert werden. Unter solche Eingaben fallen unter anderem die selbstverordnete Schlankheitskur sowie das Wissen um den Zusammenhang zwischen Mousse au chocolat und Migräneanfällen.

Ein einfaches Beispiel für die Veränderung von Wahrnehmungen mittels Selbstanweisung ist ein Experiment, das Sie bei einer Sportveranstaltung ausprobieren können. Zunächst lassen Sie Ihren Blick ganz einfach über die Menge schweifen. Dann geben Sie sich selbst die Anweisung, alle Leute, die Rot tragen, ausfindig zu machen. Und nun schauen Sie wieder in die Menge. Plötzlich fallen Ihnen alle rotgekleideten Zuschauer auf. Nun versuchen Sie es mit Gelb. Die Selbstanweisung hat die Bereitschaft des Gehirns, ein Augenmerk auf Rot oder Gelb zu richten, verändert. Auf diesen Punkt werde ich noch zurückkommen, wenn wir uns mit »Aufmerksamkeit« beschäftigen.

Was daran besonders interessant und vor allem wichtig ist, betrifft die freie Willensentscheidung. In der Praxis ist es wohl kaum von Belang, ob wir uns nur der Illusion hingeben oder tatsächlich über einen eigenen freien Willen verfügen. Ich habe einmal einer Versuchsperson die posthypnotische Suggestion mit auf den Weg gegeben, bei der Erwähnung eines bestimmten Schlagworts plötzlich mitten in einer Dinnerparty einen Regenschirm aufzuspannen. Meine Suggestion wurde befolgt, und die Versuchsperson erklärte sofort, sie habe aus freien Stücken und aus einem ganz bestimmten Grund so gehandelt. Neuerliche Experimente geben sogar zu der Vermutung Anlaß, daß das Gehirn bereits mit der Ausführung einer Handlung beginnt, bevor eine bewußte Entscheidung dazu getroffen wurde. Das erweckt den Anschein, als wäre der »freie Wille« nichts anderes als die Beschreibung dessen, was ohnehin geschieht.

In gewisser Hinsicht ist dies ein grundlegender und äußerst wichtiger Punkt unserer Philosophie, denn ein Großteil unserer Zivilisation basiert auf dem Konzept des »freien Willens«. Religionen, Belohnungen, Strafen und Gesetze sind allesamt davon abhängig.

Stellen Sie sich vor, die Situation, in der wir uns befinden, stimuliere das Muster »Ich« (das nur eins unter vielen ist). Dieses Muster, welches unsere bisherigen Erfahrungen und Kenntnisse in bezug auf Gesetze, religiöse Maximen und so weiter einschließt, löst ein Gefühl aus, das seinerseits unsere Sichtweise verändert und dazu führt, daß wir eine Entscheidung treffen, die aus dem Rahmen zu fallen scheint. Das nennen wir den freien Willen. Musterbildende Systeme schließen also die freie Willensentscheidung keinesfalls aus. Allerdings sind Diskussionen darüber, die nicht von der Anerkennung des Verhaltens von musterbildenden Systemen ausgehen, ganz und gar sinnlos. »Ich« ist, kurz und bündig, eine Frage des Zusammenhangs.

Die Bereitschaft eines x-beliebigen Musters, zu zünden oder aktiv zu werden oder sich zu stabilisieren, hängt von einer ganzen Reihe von Faktoren ab, die gemeinsam den jeweiligen Zusammenhang bilden:

Von anderen Eingaben, die zur gleichen Zeit vorhanden sind oder ausgelöst werden. Darunter fallen Selbstanweisungen und andere Äußerlichkeiten (zum Beispiel eine Notiz, die besagt: »Diese Mousse ist vergiftet«).

Von der unmittelbaren Vorgeschichte einschließlich dessen, was gerade erst geschehen ist, was wiederum die Bereitschaft mittels »Ermüdung« von Schaltungen und ihrer Wiederbelebung beeinflußt.

Vom generellen Hintergrund oder der Gesamtsituation, die den Kontext selbst dann beeinflußt, wenn sie nicht bewußt wahrgenommen wird.

Von Gefühlen, die vermutlich aufgrund chemischer Effekte funktionieren, darüber hinaus aber auch direkt mit den Nerven verbunden sein dürften.

Vom chemischen Hintergrund, der entweder lokal auf das Gehirn beschränkt sein kann oder aber Teil des allgemeinen Chemiehaushalts des Körpers ist.

Von der »Verbundenheit« der unterschiedlichen Muster, die auf früheren Assoziationen beruht und die Bereitschaft, »als nächstes an die Reihe zu kommen«, beeinflußt. (Dies ist nicht so sehr eine Frage des Kontextes als vielmehr ein Bestandteil des potentiell vorhandenen Musters.)

Von weit zurückliegenden Geschichten oder gesammeltem Wissen, von der die eben erwähnte Verbundenheit abhängt.

Daraus wird ersichtlich, daß der Zusammenhang oder Kontext von vielen Faktoren bestimmt wird. Solchermaßen kann ein musterbildendes System mit einem sehr reichhaltigen Sortiment an Reaktionen aufwarten. In dieser Hinsicht ähnelt es eher einem Flugzeug als einem Zug, der auf Schienen angewiesen ist. Die Flugroute ergibt sich aus dem Zusammenhang zwischen verfügbarem Luftraum, Wetterbedingungen, Flughafenbetrieb und so weiter. In der Vergangenheit wurde immer behauptet, musterbildende Systeme seien zu eng und starr, um die Mannigfaltigkeit menschlicher Erfahrungen beschreiben zu können.

Das lag daran, daß die Philosophen ihr Verständnis musterbildender Systeme allein auf das Wort »Muster« gründen konnten, ohne etwas von Systemen zu verstehen. Sollten die Philosophen auch jetzt noch auf der angeblichen Starre der Muster beharren, so müssen wir für diese selbstorganisierten musterbildenden Systeme ein neues Wort erfinden. Ein weiterer Beweis für die Starre der Sprache und der Tischplattenlogik.

Es gibt eine Geschichte (die, wie fast alle guten Geschichten, wahrscheinlich erfunden ist) über einen Computer, der in der Frühzeit der Computerübersetzungen die Aufgabe erhielt, den Satz »Der Geist ist willig, doch das Fleisch ist schwach« ins Russische zu übersetzen. Der Computer druckte, ohne zu zögern, aus: »Der Wodka ist annehmbar, doch das Fleisch ist minderwertig.« Das Problem der Computerübersetzung lag schon immer buchstäblich im Kontext. Die Wörter, bei denen es um Inhalt und Titel des Textstücks geht, gehören alle zum Kontext und haben Bereiche des Gehirns sensibilisiert, so daß bestimmte Muster eher als andere aktiviert werden. Das Gehirn stellt den Kontext aufgrund des Phänomens »Sensibilisierung«, das zum normalen Verhalten der Nerven gehört, automatisch und ohne Schwierigkeiten her.

Ich möchte hier noch einmal betonen, daß es sich bei den in diesem Buch beschriebenen Phänomenen (wie etwa Kontext) nicht um irgendwelche Spezialfunktionen handelt, die dem Gehirn einprogrammiert worden sind, sondern um direkte, einfache und unausweichliche Folgen des natürlichen Verhaltens unseres Nervensystems.

Aus dem Verständnis des Zusammenhangs lassen sich viele wichtige und praktische Dinge entwickeln. Manche Künstler und Schriftsteller wenden sie bereits mit der größten Selbstverständlichkeit an. Ich möchte an dieser Stelle jedoch eine extrem simple Denkmethode zur Sprache bringen, die unmittelbar auf dem Phänomen Kontext beruht.

Das »System der sechs Denkhüte« wird mittlerweile mit Erfolg von vielen Großkonzernen genutzt, darunter von dem (am Aktienkurs gemessen) teuersten der ganzen Welt, nämlich der Nippon Telephone and Telegraph (NTT) in Japan (350 000 Beschäftigte).

Wir erstellen sechs künstliche Denkzusammenhänge und charakterisieren sie als sechs Hüte, die, im übertragenen Sinn, aufgesetzt oder abgenommen werden können. Es gibt einen weißen Hut für die Bestandsaufnahme unverfälschter und wertneutraler Daten. Der rote Hut ermöglicht intuitive und gefühlsmäßige Eingaben, ohne sich dafür rechtfertigen zu müssen. Mit dem schwarzen Hut belegen wir das logisch Negative, das zur Vorsicht mahnt und die Unmöglichkeit einer bestimmten Vorgehensweise herausstreicht. Der gelbe Hut markiert das logisch Positive und konzentriert sich auf die Vorteile und die Durchführbarkeit. Für kreatives Denken gibt es den grünen Hut, der auf neue Ideen und weitere Alternativen erpicht ist. Und schließlich gibt es noch den blauen Hut zur Verfahrenskontrolle, der sich nicht mit dem Thema, sondern mit dem Denken zum Thema befaßt (Meta-Erkenntnis).

Das Sechs-Hüte-System funktioniert ganz ähnlich wie die bereits vorgeschlagene Selbstanweisung bei der Sportveranstaltung (nach Leuten, die Rot, Gelb und so weiter tragen, Ausschau halten), die ich oben beschrieben habe. Die Hüte stellen ein Ritual dar, das den Zusammenhang festlegt. In Wirklichkeit vermitteln sie eine künstliche Form der Emotion.

Es wird vermutet, daß die chemischen Vorgänge im Gehirn bei positivem Denken etwas anders als bei negativem Denken verlaufen. Sollte sich diese Vermutung bestätigen, wird ein System wie das der sechs Hüte zur Notwendigkeit, denn wenn wir versuchen, sämtlichen Denkarten auf einmal gerecht zu werden, gelingt es uns nie, die jeweils optimale Gehirnchemie zu erreichen. Existiert also diese chemische Veränderung tatsächlich, dann können die Hüte als Zwischenträger zur Festlegung der richtigen Chemikalien dienen.

Das wichtigste ist jedoch, daß sich das einfache Sechs-Hüte-System in der Praxis als höchst effektiv erwiesen hat und von immer mehr Organisationen angewendet wird, die von der Unproduktivität der üblichen Diskussionen einfach genug haben.

Aus der Betrachtung des Phänomens »Kontext« folgt ein weiterer wesentlicher Punkt. Unsere herkömmliche Tischplattenlogik mit ihren Absoluten erlaubt keine Herstellung eines Kontexts: Ein Ding ist ein Ding ist ein Ding; ein Verbrecher ist ein Verbrecher ist ein Verbrecher. Gleichgültig, ob ein Diebstahl aus dem verzweifelten Bedürfnis heraus erfolgte, eine Familie zu ernähren, aus bloßem Jux und Übermut oder aus dem Wunsch, sein Leben ohne viel Arbeit zu fristen – das Endresultat ist und bleibt ein Verbrecher. In der Praxis gestatten wir zwar eine gewisse Flexibilität in Form mildernder Umstände und milder Strafen, doch in Wirklichkeit unterlaufen wir damit das System. Diese mangelnde Einbeziehung und Abwägung der Umstände ist einer der Hauptdefekte der herkömmlichen Tischplattenlogik. Ein Rezept dagegen ist eine neue Art von Logik, auf die ich später noch eingehen werde: »Hodic« ersetzt das absolute »Ist« durch das flexible »Hin zu«. Mit dieser neuen »Wasserlogik« können wir nicht mehr und nicht weniger sagen, als daß A unter den Umständen C nach B fließt.

Kreislauf/Kreisförmigkeit

Es heißt, in Houston hätten zur Zeit der Hochkonjunktur viele Chefmanager ihre Büros aus ihren Super-Penthouse-Positionen ins Erdgeschoß verlegt – einfach deshalb, weil der Leiter der Feuerwehr darauf bestand, zahlreiche Brandschutzübungen abzuhalten, wobei die Chefs die Gebäude räumen mußten, ohne den Aufzug benutzen zu dürfen. Eine Bekannte von mir, eine sehr begabte Journalistin, hat eine Liftphobie, so daß sie lieber Treppen steigt, und zwar selbst dann, wenn die Party, zu der sie eingeladen ist, im zwanzigsten Stockwerk eines New Yorker Hochhauses stattfindet. Sie hat keine Angst, der Aufzug könne reißen und die Kabine in die Tiefe stürzen. Sie befürchtet vielmehr, er könne steckenbleiben. Beim Anblick eines Aufzugs ist sie von einem einzigen Gedanken beherrscht: In dieser Kabine sitzt man wie eine Maus in der Falle. Das Risiko, tatsächlich mit dem Aufzug steckenzubleiben, ist vermutlich geringer als das, an einem Bissen Steak zu ersticken, aber die Wahrnehmung schert sich nicht um Statistiken. Phobien folgen einer simplen Kreisförmigkeit: Wer der Situation, vor der er Angst hat, stets aus dem Wege geht, macht nie die Erfahrung, daß seine Angst unbegründet ist. Wenn Sie mit Ihrem Scheusal von Kollegen nie ein Wort wechseln, dann finden Sie wahrscheinlich auch nie heraus, daß er im Grunde seines Herzens die Liebenswürdigkeit in Person ist.

Ein Bauer (Nationalität unerheblich) sagt zum anderen: »Siehst du die Streifen, die die Flugzeuge dort oben am Himmel ziehen? Die versuchen, Regen zu machen. Ich kann dir das auch beweisen: An bewölkten Tagen sieht man sie nämlich nie, oder?« Hier haben wir fürwahr eine prächtige Kreisförmigkeit, und Wahrnehmung ist wiederum das entscheidende Element.

Stellen Sie sich vor, wir arbeiteten mit einer Hypothese, der zufolge die Gesamtpersönlichkeit eines Menschen letzten Endes von seiner Liebe zur Mutter bestimmt ist. Bringt er ihr in späteren Jahren Liebe entgegen, so untermauert das unsere Ansicht. Haßt er seine Mutter, so erklären wir das damit, daß Haß eine andere Form der Liebe sei und auf das gleiche hinausläuft. Gleichgültigkeit interpretieren wir als Liebe, die absichtlich unterdrückt wird. Ausgehend von dieser Hypothese, diesem Glaubenssystem oder dieser Weltsicht, kommen wir wahrscheinlich zu dem Schluß, daß unsere Annahme in allen Fällen, mit denen wir in Berührung kommen, bestätigt wird. Sollte dieser Vorschlag den Eindruck erwecken, sie gleiche einer Freudschen Hypothese, so liegt das lediglich an dem bereits mehrfach erwähnten »Dasselbe-wie«-Phänomen.

Jede wissenschaftliche Hypothese erstellt ein Wahrnehmungsgerüst, das uns erlaubt, nach Daten zu suchen, die unsere Hypothese bestätigen. Dabei können wir jedesmal beobachten, wie die Kreisförmigkeit funktioniert. Das zugrundeliegende Prinzip lautet, daß es Wahrnehmungen gibt, die uns eine Weltanschauung ermöglichen, die diese Wahrnehmungen wiederum bestätigt. Bei Wahrnehmungen handelt es sich um eine Form von »Bereitschaft zur Wahrnehmung«, die mittels der Sensibilisierungs- und Kontextmechanismen aktiviert wird, so daß wir dazu neigen - wie im Falle der Sportveranstaltung, bei der wir unseren Verstand aufforderten, die Leute in roter Kleidung ausfindig zu machen –, bestimmte Dinge eher zu sehen als andere. Auf diesen Punkt komme ich bei der Erörterung des Phänomens »Aufmerksamkeit« noch zurück.

Eine leitende Bankangestellte wird, obwohl sie es ihrem Gefühl nach durchaus verdient hat, nicht befördert. Sie schwört Stein und Bein, daß es sich bei ihr einwandfrei um einen Fall von sexueller Diskriminierung handelt. Da sie es so sieht, muß es in ihren Augen auch so sein. In Wirklichkeit war sie vielleicht nicht so kompetent wie der Mann, der den Posten bekam. Gewiß gibt es Fälle, auf die sowohl die eine als auch die andere Erklärung zutrifft. Eine Feministin hielte sich jedoch für berechtigt, in jedem vergleichbaren Fall eine geschlechtsspezifische Diskriminierung wahrzunehmen – mit dem Ergebnis, daß ihre Überzeugung bis in alle Ewigkeit bestätigt wird.

Ein in Großbritannien lebender Inder bekam eine ziemlich seltene Hautkrankheit (Vitiligo), bei der die Haut ihre Pigmente verliert, das heißt, er wurde »weiß«. Der Umstand, daß er in seinem einen Leben Erfahrungen als Mensch mit zwei verschiedenen Hautfarben sammeln konnte, verschaffte ihm ungewöhnliche Einsichten. Sein Kommentar: Die Bereitschaft der Menschen in seiner Umgebung, in allem und jedem eine Rassendiskriminierung zu sehen, war dermaßen stark, daß sogar die ganz gewöhnliche Unhöflichkeit einer Verkäuferin dahingehend interpretiert wurde.

Sprache und Wahrnehmung sind Grundformen der Kreisförmigkeit. Unsere Erfahrung versorgt uns mit Sprache, und die Sprache ist ein Nachschlagewerk für Erfahrungen. Sprache ermöglicht uns die Bewußtmachung von Erfahrungen, die im Augenblick nicht gemacht werden können. Verfügen wir erst einmal über die Sprache, so können wir die Welt wahrscheinlich nur noch sprachlich definiert, verpackt und in Schachteln gesteckt sehen. Auf diese Gefahr habe ich bereits hingewiesen – die Gefahr nämlich, die von groben sprachlichen Konzepten ausgeht –, und ich werde später noch einmal darauf zurückkommen.

Kreisförmigkeit ist eine maßgebliche Funktion aller selbstorganisierten musterbildenden Systeme. Ein einfaches Beispiel dafür, wie sich ein solches System in einem sich wiederholenden Muster verankert, habe ich bereits dargestellt. Möglicherweise ist das, was wir als einen »Gedanken« bezeichnen, immer eine derartige Kreisförmigkeit - es sei denn, ein Gedanke wäre eine zeitweilige Stabilität im Aktivitätsfluß von einem zum nächsten aktiven Bereich (wenn wir davon ausgehen, daß der nächste Bereich so »unbereit« ist; daß die Aktivität länger im gegenwärtigen Bereich verweilen muß).

Auch Konzepte könnten unmittelbar auf Kreisförmigkeiten beruhen, in deren Schaltkreis das aktuelle Wort, mit dem wir das Konzept benennen, eingeschlossen ist. So gesehen, sind Konzepte in Wirklichkeit »Mini-Glaubenssysteme«.

Gehen wir auf der Skala etwas höher, so kommen wir zu den hier beschriebenen Makro-Kreisförmigkeiten. Dabei löst Erfahrung eine Wahrnehmung aus, die ihrerseits das beeinflußt, was wir vor uns sehen. Dieses Phänomen konnten wir an einem der Beispiele mit der Mousse au chocolat beobachten: Wir haben eigentlich keinen Hunger, aber der

Anblick der Mousse macht uns hungrig, so daß uns der Nachtisch nunmehr verlockend erscheint.
Diese Kreisförmigkeit ist deswegen von Bedeutung, weil sie generell als Basis von Phobien, Paranoia und Glaubenssystemen gesehen werden kann. Paranoia ist eine höchst interessante Geisteskrankheit, weil sie sich von allen anderen zu unterscheiden scheint. Die meisten Geisteskrankheiten führen zu einem Zusammenbruch von Bedeutungen und Koordination. Paranoia verhält sich genau umgekehrt. Es scheint, als gäbe es Bedeutungen in Hülle und Fülle. Sämtliche Geschehnisse fügen sich mit bestechender Logik in ein Gesamtbild ein, in dessen Mittelpunkt der Kranke selbst steht. Wenn diese Geistesverfassung oder dieses Glaubenssystem erst einmal vorhanden ist, können alle Erfahrungen in ihrem Licht betrachtet und zur Bestärkung des Glaubens benutzt werden. Das Telefon klingelt – falsch verbunden. Offensichtlich kontrolliert jemand, wo man sich im Augenblick aufhält. Ein Auto steht den ganzen Tag lang auf der anderen Straßenseite: Man wird beobachtet. Das Nummernschild des Wagens kann interpretiert werden, als habe es eine besondere Bedeutung. Eine Schlagzeile in der Zeitung übermittelt eine Drohbotschaft.

Dem Gehirn fällt die Konstruktion in sich geschlossener Glaubenssysteme offenbar spielend leicht, ein Glaube ist daher billig und bequem. Die Leute sind willens, fast alles zu glauben. Glaube ist eine Art wahrnehmbarer Wahrheit, die sich allerdings sehr weit von der Wirklichkeit entfernen kann. Damit will ich nicht sagen, es gäbe keine wahren Glaubenssysteme.
Alle Leser, die wissen, daß ihre Glaubenssysteme wahr sind, wissen auch, daß meine Bemerkungen nicht auf sie, sondern nur auf die falschen Glaubenssysteme zutreffen. Der Glaube ist ein sich selbst verwirklichendes System. Unsere wunderbare Sprachentwicklung gibt uns die Möglichkeit, komplexe Kreisförmigkeiten zu bilden, untereinander verknüpft durch abstrakte Ideen, die nichts mit unseren Alltagserfahrungen zu tun haben.
Jahrhundertelang lautete eine der (unter den jeweiligen Gegnern) beliebtesten Streitfragen der Philosophie, ob die Dinge an und für sich existieren und wir sie nur beobachten dürfen oder ob die Dinge nur so existieren, wie wir sie sehen. Soweit ich mich erinnere, wurde eine Partei

als Nominalisten und die andere als Idealisten bezeichnet, aber wer nun wie hieß, entzieht sich meiner Kenntnis; ich vermute, daß es sich bei den Beobachtern um die Nominalisten handelte. Wie bei den meisten philosophischen Streitfragen hatten auch in diesem Fall beide Parteien recht. Erfahrungen bilden Wahrnehmungen, und Wahrnehmungen bieten uns die Möglichkeit (mittels eines Namens oder mit Hilfe von Sprache), die Dinge in einem bestimmten Licht zu sehen. Was sehen Sie, wenn Sie zum Nachthimmel hinaufschauen? Einen Lichtfleck oder einen »Stern«?

Zur Bestärkung von Glaubenssystemen werden die unterschiedlichsten Hilfsmittel herangezogen. Zum Beispiel können wir eine Klasse von Menschen als schlecht, feindlich gesinnt oder ungläubig abstempeln – das macht dann uns automatisch zu »guten« Menschen. Rituale sind eine wertvolle Bestärkung, die durch jede einzelne rituelle Handlung wirkt. Tatsächlich verfügen die stärksten Glaubenssysteme gemeinhin über die meisten Rituale.

Darüber hinaus erschweren Rituale jede Abschweifung, denn es bedarf schon einer bewußten Anstrengung, das Ritual *nicht* auszuführen, was dann auch noch die Frage der Schuld aufwirft. Nationalflaggen und -symbole gehören ebenfalls zu diesem ganzen Glaubens- und Kategorisierungskomplex. Jede Kategorie ist an sich schon ein Glaubenssystem, und sobald wir »uns« von »denen« abgrenzen, bestätigen wir dieses System.

Während wir uns einerseits an Kategorien klammern, halten wir andererseits gleichzeitig nach immer feineren Anhaltspunkten für messerscharfe Unterscheidungen Ausschau.

Ich werde später noch auf den höchst wertvollen Beitrag zu sprechen kommen, den Glaubenssysteme bei der Erstellung einer Struktur für Beurteilungen und Absichten leisten. Gleichzeitig jedoch führten und führen Glaubenssysteme in ihren striktesten Formen zu Zank und Hader.

Ich wollte in diesem Abschnitt zeigen, daß die »Kreisförmigkeit« in selbstorganisierten musterbildenden Systemen ein ganz natürliches und einfaches Phänomen ist, von dem oftmals unsere sogenannte »Wahrheit« bestimmt wird.

Sinngebung

In Moskau erzählte man mir, der Stern als Emblem der Roten Armee gehe ursprünglich auf Trotzkis Interesse an der Kabbala zurück und basiere auf dem Pentagramm, einem ihrer bedeutendsten Symbole. Inzwischen ist auch das amerikanische Verteidigungsministerium in einem fünfeckigen Gebäude untergebracht und wird meistens einfach als »Pentagon« bezeichnet. Es muß doch sicherlich etwas zu bedeuten haben, daß die beiden größten Militärmächte dasselbe Penta-Symbol benutzen? Vielleicht, vielleicht aber auch nicht – auf jeden Fall hat der Verstand ein wundersames Bedürfnis und die wunderbare Fähigkeit, sich die Dinge so zurechtzulegen, daß sie einen Sinn ergeben.

Der Verstand gibt sich scheinbar redliche Mühe, die Dinge, die ihm präsentiert werden, sinnvoll einzuordnen. Doch der Schein trügt. In Wirklichkeit versetzen die diversen Eingaben das selbstorganisierte System in einen Aktivitätszustand, der sich allmählich stabilisiert. Den stabilen Zustand bezeichnen wir als »Sinn«.

Enthält die Szene, mit der wir konfrontiert werden, etwas uns bereits Bekanntes, dann ignorieren wir unter Umständen alles andere und folgen lediglich diesem einen Muster. Das ist ein Aspekt der Aufmerksamkeit, mit der ich mich noch befassen werde. Wenn die Szene jedoch nichts Bekanntes enthält oder wir uns einen Reim auf das Ganze machen wollen, dann versuchen wir aktiv, aus der Sache klug zu werden.

Hierbei geht es, was die Nervenverschaltung betrifft, um einen Assoziationsprozeß. Philosophen und Psychologen haben sich seit langem mit Assoziationen beschäftigt, und das mit gutem Grund. Technisch ausgedrückt und auf einer Mikro-Ebene betrachtet, heißt das folgendes: Die Verbundenheit von zwei Bereichen des Nerven-Netzwerks, die gleichzeitig stimuliert werden, wird in Zukunft größer sein, als wenn die gemeinsame Stimulierung nicht stattgefunden hätte. Das habe ich bereits in *The Mechanism of Mind* vorausgesagt, und mittlerweile hat es sich als physiologische Tatsache erwiesen. Diese verstärkte Verbundenheit wird durch ein spezielles Enzym erreicht, das sich an den Kontaktstellen bildet und die Weiterleitung auf dieser Route erleichtert.

Mit den Eingaben ins Gehirn können also dreierlei Dinge passieren: Ein weites Sammelgebiet kann zum Entstehen eines bestimmten Musters führen. Ein Teilaspekt der Situation kann unsere Aufmerksamkeit wekken (und zu einem Muster führen), während der Rest ignoriert wird. Die Gesamtszene kann zu einem sinnvollen Ganzen zusammengefügt werden. Je älter wir werden, um so höher ist die Zahl bereits vorgeformter Muster, und um so eher entfällt der »Lern- oder Sinngebungseffekt«. Das vielleicht einfachste Beispiel für »Sinngebung« ist der Zusammenhang zwischen Ursache und Wirkung. Wenn auf eine bestimmte Sache regelmäßig eine bestimmte andere Sache folgt, dann sagen wir gewöhnlich, erstere habe die zweite »verursacht«. Das ist eine natürliche Form der Assoziation, und der Philosoph Immanuel Kant hatte vermutlich recht, als er annahm, daß das Gehirn nur über eine begrenzte Anzahl von Möglichkeiten verfügt, die Dinge miteinander zu verknüpfen. »Ursache und Wirkung« bilden gemeinsam eine zeitliche Abfolge, die wiederaufgenommen werden kann und im Strom der Muster im Gehirn wiederholbar ist. Nach einer Weile konsolidiert sich diese natürliche Wahrnehmung von Assoziationen über einen gewissen Zeitraum in Form eines Konzepts, so daß wir bei jedem Geschehnis nach der Ursache forschen.

Als ich noch als Arzt praktizierte, hatte ich immer wieder Krebspatienten, die sich den Kopf darüber zerbrachen, welches Ereignis in ihrem Fall die Krankheit ausgelöst haben mochte. Vielleicht ein schwerer Sturz oder eine Periode voll Kummer und Sorgen? Inzwischen glauben wir, daß die Vorstellung, unsere Abwehrkräfte könnten durch die seelische Verfassung geschwächt werden, eine gewisse Berechtigung enthalten mag; das Bedürfnis, eine »Ursache zu finden«, war jedenfalls stets vorhanden.

Bei Ursache und Wirkung handelt es sich um eine Gruppierung, die sich über einen gewissen Zeitraum erstreckt. Erfolgt die Gruppierung im jeweiligen Augenblick, so erhalten wir vertraute Objekte, Situationen, Erfahrungen und Konzepte. Die Wiederholung ein und derselben Gruppierung bietet uns die Möglichkeit, sich wiederholende von einmaligen Erfahrungen zu trennen. Wenn wir zur gleichen Zeit gerade eine Fremdsprache lernen, so werden wir sprachlich beschreibende Erfahrungen bevorzugen. Wenn wir ein Halluzinogen wie zum Beispiel LSD nehmen, so kann es passieren, daß diese Verpackungsweise (durch die Diskoordination der Neuronen) gestört wird und wir die Dinge nicht mehr als bekannte Objekte, sondern als Formen oder Farben oder, wie einige sagen würden, in ihrem »Seinszustand« sehen. Das mag ja durchaus ein interessantes Experiment sein – ob es auch eine Annäherung an höhere Wahrheiten ist, ist lediglich eine Frage des Glaubens. Was enthält mehr Wahrheit: ein gestimmtes oder ein ungestimmtes Klavier? Auf diese Analogie könnte man erwidern: Was ist besser – ein Klavier, das eine alte Melodie spielt, oder ein Klavier, das eine neue Melodie spielt?

Stellen Sie sich vor, Sie hätten eine Anzahl Plastikteile vor sich auf dem Tisch liegen, die Sie, so gut Sie können, zu einem Gesicht oder einer Brücke zusammensetzen sollen. Irgend etwas werden Sie bestimmt zuwege bringen. Gibt man Ihnen keine speziellen Anweisungen, sondern sagt lediglich, Sie sollten die Plastikteile zu irgendeinem Bild zusammenfügen, dann schieben Sie sie eine Weile lang hin und her, bis sich allmählich ein Bild herauskristallisiert, das Sie dann zu vervollständigen suchen. Wenn es Ihnen nicht gefällt oder wenn Sie von Haus aus kreativ sind, dann versuchen Sie es immer wieder aufs neue. Sie können die Teile auch aufs Geratewohl durcheinanderwerfen, sich ansehen, wie sie verteilt sind, und dann zu einem Bild deuten (das sind die Füße, das ist der Kopf und so weiter). Meistens jedoch werden Sie die Teile so lange hin und her schieben, bis sich ein mögliches Bild andeutet, das Sie dann vervollständigen. Dabei brauchen Sie nicht unbedingt konkrete Plastikteile. Ebensogut können Sie eine Reihe abstrakter Konzepte nehmen, die Sie zu einem Gesamtbild zusammenfügen wollen. Sie versuchen es auf alle möglichen Arten und erhalten unterschiedliche Bilder. Offensichtliche Lücken schließen Sie durch ein neues, eigens konstruiertes Konzept. Dieses Spiel entspricht mehr oder weniger genau dem, was Philosophen seit Jahrhunderten tun mit dem Ziel, ein Bild von der Welt zu konstruieren. Gleichzeitig ist es das, was wir alle tagtäglich ebenfalls tun, wenn auch weniger exaltiert.

Eine historisch interessante Konstellation waren die Außenminister Talleyrand (Frankreich) und Metternich (Österreich), zwei mit allen Wassern gewaschene Gegner, die mit ihren unablässigen diplomatischen Intrigen und Machtkämpfen das damalige Europa beherrschten. Fürst Metternich soll, als man ihm die Nachricht von Talleyrands Tod überbrachte, sich gefragt haben, was Talleyrand denn damit wohl wieder bezwecken wolle. Alles hat die Bedeutung, die wir ihr verleihen. Leute, die zu einer Hellseherin gehen oder sich die Zukunft weissagen lassen, machen hinterher oft die Erfahrung, daß sie die erhaltene Auskunft in ihr Leben integrieren können, und zwar auf eine Weise, die die Vorhersage zu bestätigen scheint. Das geht gewöhnlich so vor sich, daß man gewissen Dingen mehr Aufmerksamkeit schenkt, andere hingegen ignoriert, oder daß man einem Umstand, den man sonst nicht beachtet hätte, besondere Bedeutung beimißt. Mitunter geht es auch um sich selbst erfüllende Prophezeiungen (wenn Ihnen gesagt wird, Sie werden einem interessanten dunkelhäutigen Fremden begegnen, werden Sie prompt dem nächsten dunkelhäutigen Fremden mit einem Interesse begegnen, das in der Tat zu interessanten Konsequenzen führen mag). Das beweist nicht, daß alle Wahrsager Scharlatane sind – es sagt nur aus, daß der Verstand die wunderbare Fähigkeit hat, sich auf alles einen Reim zu machen.

Sich selbst organisierende musterbildende Systeme neigen von sich aus dazu, einen stabilen Zustand anzustreben und zu erreichen, der die Fähigkeit zur Sinngebung hervorruft.

Aufmerksamkeit

Kunst ist eine Choreograhie der Aufmerksamkeit.

Sie stehen vor einem prächtigen Gebäude. Als Ganzes ergibt es einen Sinn. Dann wird Ihre Aufmerksamkeit auf die Säulen gelenkt, auf die Fensteranordnung, vielleicht auf den Architrav, dann zurück zu einem Teil der Gesamtkonstruktion und schließlich zu den Einzelheiten der Dekoration. Dies ist der Tanz der Aufmerksamkeit.

Aufmerksamkeit ist wahrscheinlich der faszinierendste Aspekt im Verhalten der Wahrnehmung. Wie Sie so vor dem Gebäude stehen, haben Sie das Gefühl, Ihre Aufmerksamkeit nach eigenem Belieben überallhin lenken zu können. Sie haben die Wahl, sich die Eingangstür anzusehen. Sie können aber auch beschließen, die obere linke Ecke zu betrachten. Sie können Ihr Augenmerk auf die Proportionen insgesamt richten. Eine solche Palette von Wahlmöglichkeiten führt zu einer Bestätigung des »Ich«-Faktors und des freien Willens.

Es gibt also einerseits den Fluß der Aufmerksamkeit und andererseits die Richtung der Aufmerksamkeit. Ich will mich hier zunächst mit der Richtung der Aufmerksamkeit befassen. Sie betreten ein Zimmer, schauen dabei unverwandt geradeaus und wiederholen ein ums andere Mal: »Stuhl, Stuhl, Stuhl.« Sie werden bemerken, daß Ihre Aufmerksamkeit, falls Sie sich nicht bewußt dagegen zur Wehr setzen, von dem Stuhl (sofern vorhanden) im Raum angezogen wird – obwohl Sie ihn nicht einmal ansehen. Dieser Vorgang entspricht ganz genau unserer bekannten Selbstanweisung, bei der Sportveranstaltung nach roter Kleidung Ausschau zu halten. Die Instruktion sensibilisiert bestimmte Schaltungen, so daß die entsprechenden Muster aktiv werden und wir bestimmte Dinge bemerken oder ihnen unsere Aufmerksamkeit schenken.

Die Anweisungen zur Steuerung der Aufmerksamkeit können sogar noch einfacher sein. Ein Forschungsreisender kehrt aus einem weit entfernten Land zurück und berichtet über einen aktiven Vulkan und einen neuentdeckten Vogel, der nicht fliegen kann. War das schon alles? Die Sponsoren der Reise erwarten mehr für ihr Geld. Sie schicken den Forscher noch einmal auf Reisen und geben ihm ein paar einfache Instruktionen mit auf den Weg: Schau nach Norden, und achte auf alles, was du dort siehst; dann nach Osten, nach Süden, nach Westen. Versehen mit diesem simplen Plan zur Steuerung seiner Aufmerksamkeit, hat der Forscher diesmal nach seiner Rückkehr sehr viel mehr zu berichten.

Das entspricht exakt jener Methode, die wir beim Denkunterricht in den Schulen mit dem CoRT-Programm anwenden. Es enthält einen Abschnitt, der der Spektrumserweiterung der Wahrnehmung gewidmet ist, wozu wir eine Reihe einfacher Hilfsmittel zur Steuerung der Aufmerksamkeit benutzen. Da ist zum Beispiel das sogenannte PMI. Diese Methode wird zur bewußten Sondierung von *P*lus- und *M*inus- sowie von *i*nteressanten Punkten eingesetzt und führt dazu, daß der Denker einen Vorschlag gründlich erwägt, statt, wie üblich, sogleich gefühlsmäßig Stellung zu beziehen und das Denken nur zur Verteidigung seiner Ansicht zu benutzen. Außerdem gibt es noch die C-&-S-Methode *(Consequence and Sequel)* – Konsequenz und Folgeerscheinung –, die dazu verhilft, das Augenmerk auf die Folgen einer Handlung zu richten. Die OPV-Methode *(Other Persons' View)* berücksichtigt die Interessen und Ansichten anderer von einer Handlung betroffener Menschen. Diese Methoden werden an einer ganzen Reihe verschiedener Themen eingeübt, so daß die Schüler flexibel mit ihnen

umgehen lernen und sie schließlich auf reale Situationen im Alltagsleben übertragen können – was tatsächlich dann auch geschieht.
Ein Mensch steht vor einem Bild und sagt: »Das gefällt mir.« Oder: »Das gefällt mir nicht.« Derselbe Mensch steht, nachdem er einen Kurs in Kunstbetrachtung absolviert hat, wieder vor einem Bild, doch diesmal steht ihm eine ganze Reihe von Werkzeugen zur Steuerung seiner Aufmerksamkeit zur Verfügung: Sieh dir die Bildaufteilung an, achte auf die Wahl der Farben, beachte Licht und Schatten, achte auf den Pinselstrich, auf die Behandlung der Kleidung, auf den Hintergrund, auf die Figuren im Hintergrund. Im Laufe der Zeit wird ihm dieses breitere Aufmerksamkeitsspektrum zur zweiten Natur. Außerdem wird er nun Dinge bemerken, die ihm Aufschluß über die Datierung des Gemäldes, über einen bestimmten Maler oder über eine Schaffensperiode im Leben eines Malers geben (ein später Picasso, ein früher Warhol).
Wir können die Dinge erst sehen, wenn wir darauf vorbereitet sind, sie zu sehen. Das ist der Grund, weshalb die Wissenschaft ihre Fortschritte nur ruck- und stoßweise erzielt, entsprechend dem Paradigmenwechsel, der es erlaubt, die Dinge in einem anderen Licht zu betrachten (auf diesen Punkt werde ich später noch zurückkommen). Daher kann auch die Datenanalyse allein nie sämtliche in den Daten enthaltene Ideen produzieren. Und daher ist die Analyse als Werkzeug nur begrenzt einzusetzen und nicht halb so vollkommen, wie wir immer glaubten (auch darauf werde ich später noch eingehen). James Gleicks Buch über die Chaostheorie zeigt, wie die Pioniere auf diesem Gebiet altbekannte Daten noch einmal aufgriffen, sie aber mit neuer Wahrnehmung betrachteten und daher ganz neue Dinge sahen.
Zurück zu der Erregbarkeit des Nervennetzwerks und zur Bereitschaft zur Aktivität. Vergleichen Sie die Richtungslenkung der Aufmerksamkeit mittels einer Selbstanweisung (»Schau dir die rechte obere Ecke an!«) mit dem Fluß der Aufmerksamkeit. Wir betrachten die Szene vor uns mit einem Gehirn, das durch Hunger sensibilisiert ist. Sofort wird unsere Aufmerksamkeit auf eventuell vorhandene Nahrung gelenkt. Betrachten wir eine Szene, wenn unser Gehirn gerade dazu sensibilisiert ist, bestimmte Muster auszuwählen, so fallen sie uns auch auf. Betrachten wir eine Szene, wenn unser Gehirn gerade dazu sensibilisiert ist, auch nur den geringsten Hinweis auf eine Beleidigung oder Diskriminierung zu registrieren, dann fällt uns auch der geringste Hinweis auf

eine (wenn auch unbeabsichtigte) Beleidigung sofort auf. Mitunter benutzen wir das Wort »bemerken«, wenn die Aufmerksamkeit sich einem bestimmten Gebiet zuzuwenden scheint oder wenn uns etwas auffällt.

In Wirklichkeit besteht zwischen gelenkter Aufmerksamkeit und dem Fluß der Aufmerksamkeit kaum ein Unterschied. Die Steuerung sensibilisiert unser Gehirn, so daß sich die Aufmerksamkeit dem entsprechenden Gebiet zuwendet. Das Beispiel der Sportveranstaltung zeigt, wie unsere Anweisung das Gehirn zur Beachtung von Rot sensibilisiert, also wird unsere Aufmerksamkeit auf rote Kleidung gelenkt.

All dem liegt ein entscheidender Faktor zugrunde, den ich bislang unerwähnt ließ: die »einheitliche« Beschaffenheit von Aufmerksamkeit. Es liegt in der Natur eines selbstorganisierten musterbildenden Systems (zumindest des von mir beschriebenen), einen stabilisierten Zustand nur in einem einzigen Bereich aufrechtzuerhalten. Sobald zwei Bereiche konkurrieren, wird der größere sich ausdehnen, und der kleinere wird verschwinden, und zwar selbst dann, wenn der Unterschied nur geringfügig ist. Dieses Verhalten entspringt ausschließlich der Vernetzung des Systems, ist also keine aufgezwungene Bedingung. Das führt dazu, daß es jeweils nur einen einzigen Bereich der Aufmerksamkeit gibt, schließt jedoch nicht aus, daß es möglicherweise in ihrer Funktion verschiedene parallele Gehirne in unseren Schädeln gibt.

Relevanz und Bedeutung

Das Hinweisschild auf eine Toilette am Flughafen mag von Bedeutung sein, jedoch ohne Relevanz – es sei denn, Sie müssen zufällig gerade zur Toilette. In diesem Fall hat das Schild für Sie sowohl Bedeutung als auch Relevanz. Wären Sie in Japan oder Griechenland, wo Ihnen selbst die Schrift fremd ist, dann besäße das Schild Relevanz, aber keine Bedeutung. Sie würden gar nicht erst erfahren, wie relevant es für Sie wäre.

Sammeln Sie Käfer, byzantinische Ikonen oder Inkunabeln, dann ist jedes Exemplar, das in Ihr Fachgebiet fällt, hoch relevant, sobald Sie davon hören. Es könnte sich ja um ein Exemplar handeln, das in Ihrer Sammlung fehlt. Oder Sie haben bereits ein solches Stück und wollen das neue mit dem alten vergleichen.

Sie reisen ins Ausland und werden zufällig Zeuge einer angeregten Unterhaltung über Sport, sei es nun über Baseball in den Vereinigten Staaten oder über Kricket in England. Dabei fallen Begriffe – beim Kricket etwa *offspin bowling* (ein Ball, der vom Tor wegschlenzt) oder *silly mid-on* (eine der Positionen der Feldspieler), beim Baseball vielleicht *loaded base* (wenn jede der vier Standlinien besetzt ist) –, die Ihnen gar nichts sagen. Die Wiedererkennungsmuster stehen Ihrem Gehirn einfach nicht zur Verfügung. Eventuell erklärt man Ihnen die Begriffe, aber solche Erklärungen werden gemeinhin sehr rasch wieder vergessen. Ein Großteil der Unterhaltung wird für Sie bedeutungsvoll im herkömmlichen Sinn, allerdings kaum relevant sein. Einen Engländer interessiert das Abschneiden der St. Louis Cardinals bei den Baseball-Meisterschaften herzlich wenig, während es einem Amerikaner vollkommen gleichgültig sein dürfte, ob Gower beim ersten Testspiel als Kapitän der englischen Mannschaft aufgestellt wird.

Soll Bedeutung vorhanden sein, muß zuvor ein Muster existieren. Soll darüber hinaus auch noch Relevanz vorliegen, so muß dieses Muster eine bestimmte Relevanz haben. Was heißt Relevanz? Sie wird erlangt, wenn ein irgendwie geartetes Bedürfnis vorhanden ist (eine volle Blase, Hunger oder sexuelle Erregung). Diese Faktoren ziehen eine chemische oder nervliche Eingabe nach sich, die manche Teile des Nervengeflechts eher sensibilisiert als andere. Aber was geschieht, wenn es um etwas eher Geistiges geht, also um das Sammeln von Ikonen oder Käfern? Das Problem läßt sich umgehen, indem wir einfach sagen, daß selbst diese Dinge emotional geladen sind. Es könnte aber auch eine »interessantere« Antwort geben.

Das Interesse könnte gut in dem Wort »Interesse« selbst liegen. Was macht etwas interessant? Die Antwort auf diese Frage ist äußerst wichtig, denn wenn Sie Filme produzieren, Fernsehprogramme gestalten oder Bücher verlegen, müssen Sie wissen, was Ihre Zuschauer und Leser interessieren wird.

Zunächst einmal, meine ich, sollten wir die bloße Funktionsweise von Interesse herausarbeiten. Was macht eine Sache interessant und eine andere uninteressant? Warum sind TV-Quizsendungen angeblich so interessant (was den Programmchefs der Sender nur recht sein kann, weil die Produktionskosten sehr niedrig sind)? Wieso ist Poolbillard in

BBC 2 in England so beliebt? Nur wenige Zuschauer verstanden das Spiel, und noch weniger haben es jemals selbst gespielt.

Es gibt einmal das Interesse eines reichhaltigen Repertoires an Mustern. Sobald ein Thema mit einem reichhaltigen Netzwerk aus Mustern umgeben ist, wird es interessant. Auf diese Weise kann jedes beliebige Thema interessant gemacht werden. Das Problem liegt im Aufbau eines reichhaltigen Netzwerks, denn wenn wir kein Initialinteresse daran bekunden, wird er nie gelingen. Das soll angeblich eine der Absichten der Erziehung und Bildung sein: Ein ausreichendes Volumen an Interesse, sagen wir einmal, für Literatur aufzubauen, so daß sich dieses Interesse in späteren Jahren selbst tragen kann. Vielleicht war Ihr Vater ja ein begeisterter Fotograf oder Imker, so daß sich der Hintergrund für diese Muster graduell im Elternhaus aufgebaut hat. Schließlich stoßen Sie auf ein Hindernis oder eine Investitionsschwelle. Bis zu diesem Punkt kann das Unterfragen (muß aber nicht) mühselig sein, aber danach zahlt sich die Interesseninvestition mit Zinsen aus.

Das Ganze kann auch andersherum aufgezogen werden. Schwärmen Sie zufällig für einen bestimmten Schlagerstar, so könnte Sie Ihr Interesse dazu verleiten, ein sehr detailliertes Wissen über alle Aspekte seines Lebens zusammenzutragen. Je mehr Details Sie haben, desto größer wird die Fähigkeit Ihres Interesses, sich selbst zu tragen. Hierbei spielen beide Mechanismen eine Rolle. Der Output bleibt sich gleich: Eine wahre Fülle von Mustern sorgt dafür, daß das ursprünglich stimulierte Muster nicht zur Melodie des neurologischen Äquivalents für »Na und?« zu Grabe getragen werden muß.

Es gibt eine zweite Art von Interesse, die anders zu funktionieren scheint: Sie brennen darauf zu erfahren, was als nächstes passiert. Bei der Billardpartie sehen Sie die bunten Kugeln auf dem hübschen grünen Filztuch. Sie sehen die Entschlossenheit des Spielers (der vom Berichterstatter zur Persönlichkeit aufgebaut wurde). Was er zu tun beabsichtigt, ist sonnenklar: die richtige Kugel ins Loch versenken. Es ist außerdem klar, daß Sie nur wenige Sekunden warten müssen, um das zu sehen. Also warten Sie die paar Sekunden. Und dann noch ein paar Sekunden. Und noch ein paar. Der Mechanismus einer Quizsendung funktioniert ganz ähnlich. Im Hintergrund stehen der Geldpreis und das menschliche Interesse an den lebhaften Teilnehmern, die für diese Sendung sorgfältigst ausgewählt wurden, in den USA kann beileibe nicht jedermann bei diesen Quizveranstaltungen mitmachen. Dann wird unsere Erwartungshaltung in eine erkennbare Richtung geleitet: Wird die Kandidatin die Frage richtig beantworten? Wiederum brauchen Sie nur wenige Sekunden zu warten. Also warten Sie. Ist die Erwartungshaltung klar und die Zeitspanne nur kurz, hat der Verstand das Bedürfnis, die Unsicherheit »Wird sie – wird sie nicht?« zu beseitigen.

Erstreckt sich die Ausarbeitung des Spannungsbogens über einen längeren Zeitraum, wie etwa in einem Drama, dann ist der Fernsehzuschauer einfach nicht bereit, so lange zu warten. Um den Ball am Rollen zu halten, benötigt man also eine Vielzahl kurzfristig aufeinanderfolgender Ereignisse (deren billigste Form Gewalt ist) oder ein Interesse an den Charakteren, was uns auf die »Investitionen« in unser Interesse zurückbringt, die nur schwierig aufzubauen sind. Das kann trotz alledem sogar eine Zeitlang gelingen – wie die klassischen Serien »Dallas« und »Denver« bewiesen haben.

Ich bin der Meinung, daß es uns in Kürze gelingen wird, die neurologischen Funktionsweisen des Interesses definitiv zu bestimmen. Hier habe ich das Thema nur gestreift, indem ich zwei Arten von Interesse schilderte: das Interesse reichhaltiger Netzwerke und das Interesse von Erwartungsschleifen.

Null-Basis

Die Erfindung der »Null« in der Mathematik führte zu phantastischen Veränderungen. Sowohl die Multiplikation als auch die Division waren bis dato für die griechische wie für die römische Mathematik immens schwierig. Die Null war ein kluges und gleichzeitig schwieriges Konzept, weil es sich dabei um eine Position ohne Wert handelte.

Nichts braucht das menschliche Denken nötiger als ein Äquivalent für »Null« – aber wir besitzen keines. Wir können nicht begreifen, was wir noch nicht begreifen können. Daran gibt es nichts zu deuteln. Wir können nicht sehen, was es zu sehen gibt, wenn wir es jetzt nicht sehen können. In der Praxis fällt uns der Glaube daran sehr schwer – und die Realisierung noch viel schwerer.

Ein Mensch kommt auf Sie zu und eröffnet Ihnen, daß Sie nur zwei

Alternativen haben. Das ist bisweilen durchaus richtig, und zwar dann, wenn es sich um bestimmte geschlossene Systeme oder um ein konstruiertes System handelt. Gemeinhin sagt dieser Satz jedoch: »Auf mehr als zwei Alternativen komme ich nicht, folglich kann es auch keine weitere geben.«

Stellen Sie sich vor, wir setzten das Wörtchen »PO« als Null-Basis ein. In diesem Fall würden wir sagen, daß es drei Alternativen gibt: diese beiden und »PO«. »PO« deckte dann alle derzeit noch unvorstellbaren Alternativen ab. Der Umfang dieses Raums »PO« wäre ein Indiz für den möglichen Reichtum an Alternativen, den wir vielleicht erahnen, uns aber noch nicht vorstellen können.

In der Praxis würde sich dergleichen als ungeheuer irritierend und unpraktisch erweisen. Jeder Staatsanwalt würde den Geschworenen erklären: »Denken Sie nicht nur an mein Plädoyer, sondern auch an den Raum für ›PO‹. Können Sie unter diesen Umständen wirklich einen Schuldspruch fällen?« Das System wäre nicht funktionsfähig. Unsere Absolutheiten und Gewißheiten sind uns lieber.

Vor eine x-beliebige Situation gestellt, lassen uns die Mechanismen der Aufmerksamkeit und die weiten Sammelbecken der Muster unverzüglich in irgendein etabliertes Muster hineingleiten. Dabei verlieren wir Unschuld und Frische. Wir sind nicht mehr fähig, die Dinge auf neue Art und Weise zusammenzufügen. Nach wie vor fällt uns nichts auf, das uns nicht schon vorher aufgefallen wäre.

Um diesem bequemen Zugriff der Muster zu entgehen, wenden wir uns vielleicht der Meditation zu, dem Zen-Buddhismus oder halluzinogenen Drogen (nicht zu verwechseln mit Stimmungs- oder Designerdrogen). Das tun wir gewöhnlich dann, wie bereits erwähnt, wenn wir auf der Suche nach unserem »Seinszustand« oder nach einer verborgenen Realität sind, weil sehr viele Glaubenssysteme die Wahrheit unterhalb der Oberflächenerscheinungen ansiedeln. (Warum? Vielleicht ist die Oberfläche die einzige Wahrheit.)

Ich beziehe mich hier nicht auf diese verborgene Realität, sondern eher auf Neutralität. Deswegen nenne ich es auch Null-Basis. Wir nehmen die Information oder Wahrnehmung in uns auf, weigern uns aber, den üblichen Mustern zu folgen.

Die musterbildende Natur des selbstorganisierten Systems kann diese Aufhebung von Aktivität, dieses Vakuum, nicht ertragen. Wir können den Mustern nicht befehlen, sich nicht zu rühren und jegliche Aktivität einzustellen. Wir können sie stören, so daß sie keinen Sinn mehr ergeben, was bei der Einnahme von Drogen häufig der Fall ist. Wir können versuchen, den Verstand dahingehend zu trainieren, daß er der Sache selbst mehr und mehr Aufmerksamkeit schenkt, statt in »Bedeutung« abzugleiten. Diese Technik wenden viele fernöstliche Methoden an. Dasselbe Festhalten der Aufmerksamkeit wird bei »Mantra-Systemen« benutzt, wo die auf das Mantra gerichtete Aufmerksamkeit das Abgleiten in die üblichen Muster verhindert.

Was mir vorschwebt, ist sehr viel einfacher, praktischer und leichter erkennbar: die Verwendung des Wörtchens »PO« als Signal dafür, daß etwas festgehalten werden soll, das sich abseits von Mustern, Musterströmen und Beurteilungen befindet. Irgendwer erzählt Ihnen, Ihr Steuerberater hätte Sie hintergangen. Sie hören zu und antworten mit »PO«. Das heißt: »Ich habe das, was Sie mir da gesagt haben, in mich aufgenommen, aber ich schalte nicht sofort auf ein emotionales oder ein Reaktionsmuster um.« In der Praxis wäre das nicht mehr als eine Pause. David Lane vom Hungerford Guidance Centre setzte das CoRT-Denkprogramm erstmals bei der Unterrichtung Jugendlicher ein, die aufgrund ihrer Gewalttätigkeit nicht in normale Schulen gehen konnten. Er berichtete mir, die Zahl der Gewaltakte sei drastisch zurückgegangen. Es hat ganz den Anschein, als hätten diese Jugendlichen reagiert und hätten im Handumdrehen auf Handlungsklischees (schnell verfügbare Muster) umgeschaltet. Die neu eingeführten Denkstrukturen schenkten ihnen ein »Pausenelement«. Dieses Pausenelement ermöglichte ihnen vermutlich eine erweiterte Wahrnehmung, die im Gegensatz zu früher zu anderen Resultaten führte.

Zurück zu den im letzten Abschnitt behandelten Themen, zu Relevanz und Bedeutung. Eine Sache, ein Erlebnis oder ähnliches kann durchaus von Bedeutung, aber ohne Relevanz sein, etwa die Unterhaltung über eine Sportart, an der Sie kein Interesse haben. Die Null-Basis »PO« ist darauf zugeschnitten, Bedeutung zu akzeptieren, Relevanz jedoch zu blockieren. Das ist, als hörten Sie zu und verstünden auch, was gesagt wird, doch das Gehörte ist für Sie selbst nicht relevant. Das wirkt sich auf das Beispiel mit dem Steuerberater so aus, als hätten Sie den Betrug aus der Zeitung erfahren.

»PO« brauchen wir als Null-Basis, damit sie uns hindert, voreilig auf das am ehesten verfügbare Muster umzuschalten, damit unsere Aufmerksamkeit die Möglichkeit erhält, mehr Daten aufzunehmen, bevor sie sich auf einen bestimmten Bereich festlegt, damit wir die Möglichkeit haben, uns in Bereichen, in denen wir uns auskennen, Frische und Unschuld zu bewahren, und damit wir Ideen entwickeln können, die bewußt provokativ gemeint sind.

Als Signal ist »PO« um vieles deutlicher als »vielleicht« oder als die japanische Ableitung »mu«. »PO« steht weniger für »weiß ich nicht« als vielmehr für »will ich noch nicht wissen«.

Bislang habe ich mich bei meinen Betrachtungen über das Verhalten selbstorganisierter, musterbildender Systeme auf ihr natürliches Verhalten konzentriert. Ich habe versucht aufzuzeigen, wie solche Systeme unsere Wahrnehmung und unsere Denkweise veranlassen, sich auf diese oder jene Weise zu verhalten. Der Großteil dieser Verhaltensweisen ist äußerst nützlich, und ein Leben ohne sie wäre undenkbar. Aber bisweilen kann das Verhalten eines Systems mit hoher Überlebenspriorität negative Auswirkungen zeitigen, wenn es nicht mehr ums Überleben allein geht. In diesem Abschnitt, über »PO« und Null-Basis, lege ich ein natürliches Manko in einem musterbildenden System bloß und schlage eine praktische Lösung vor, mit deren Hilfe wir dieses Manko vielleicht überwinden können.

Für all jene, die gerne mit dem »Dasselbe-wie«-System operieren (das heißt alles Neue nur unter dem Gesichtspunkt dessen betrachten, was bereits existiert), könnten wir den Gebrauch von »PO« so umschreiben: »Hört mir zu, bis ich ausgesprochen habe, und zieht keine voreiligen Schlüsse.«

Unsere traditionellen Denkgewohnheiten

Im vorigen Abschnitt habe ich versucht zu zeigen, wie das natürliche, normale und unausweichliche Verhalten eines selbstorganisierten musterbildenden Systems unser wahrnehmendes Denken (darunter unter anderem die Aufmerksamkeit) beeinflussen würde. In all seinen beschriebenen Aspekten erwächst dieses Verhalten, wie ich immer wieder betont habe, direkt aus der Natur des Systems. Es handelt sich also keinesfalls um ein entsprechend »programmiertes« System; vielmehr ist das System zu einem anderen Verhalten gar nicht in der Lage. Ich möchte nicht behaupten, daß sich alle selbstorganisierten neurologischen Modelle völlig gleich verhalten. Allerdings sind die von mir aufgezeigten Prinzipien sehr allgemein und lassen sich nicht bloß auf ein einziges System, sondern auf eine Vielzahl von Systemen anwenden. Daß das Verhalten des Systems den normalen geistigen Aktivitäten (Humor, Aufmerksamkeit, Einsicht, Erkennen) nah verwandt ist, dürfte klar zum Ausdruck gekommen sein.

Ich habe versucht zu demonstrieren, daß das Verhalten des Systems bestimmte Wahrnehmungseffekte auslöst. Ich habe das Pferd nicht beim Schwanz aufgezäumt – dies wäre der herkömmliche Ansatz. Es war auch nicht meine Absicht, Humor, Einsicht und ähnliches zu erklären, sondern ich bin vom eigentlichen Verhalten des Modells ausgegangen, um ein Verhalten zu entdecken, das mit dem, was wir Humor, Einsicht, Aufmerksamkeit und so weiter nennen, identisch zu sein scheint. Darin besteht der Zweck des wissenschaftlichen Modells. Wir schaffen uns Modelle als Ausgangspunkte für unsere Arbeit und versuchen, die Relevanz dessen, was wir herausfinden, an ihnen zu messen.

Ich habe mich auf bestimmte Aspekte des Verhaltens eines selbstorganisierten musterbildenden Systems konzentriert – Aspekte wie Asymmetrie, Einzugsbereich und »Bereitschaft« – und danach aufgezeigt, wie sie bestimmte mentale Verhaltensweisen auslösen (namentlich auf dem

Gebiet der Wahrnehmung). In den meisten Fällen bezog ich diese Verhaltensweisen auf unsere übliche Wahrnehmungserfahrung. Ich erläuterte den Wert bestimmter Wahrnehmungen sowie deren Grenzen und Gefahren.

Im folgenden Teil des Buches will ich das Pferd in der Tat von hinten aufzäumen. Ich möchte von unseren Denkgewohnheiten und -traditionen sowie unserer Denkkultur ausgehen und sie mit den Erkenntnissen vergleichen, die wir aus dem Verhalten selbstorganisierter musterbildender Systeme gewonnen haben. Welchen Wert haben unsere Denkgewohnheiten? Wie begrenzt sind sie und wie gefährlich? Sind sie unvermeidlich, oder handelt es sich bei ihnen lediglich um das Resultat einer bestimmten kulturellen Entwicklungsrichtung? Wurden sie unseren Gehirnen als eine Art geistige Disziplin aufoktroyiert, oder erwuchsen sie ganz natürlich aus der Kombination aus mentalem Verhalten und der Sprachentwicklung?

Haben die griechischen Philosophen, die das Denken des Westens weitgehend bestimmten, gute Arbeit geleistet? Oder taugte ihr Werk nur für eine gewisse Zeit und ein System, dem wir mittlerweile entwachsen sind und dessen Limitationen wir erkennen sollten? Haben die griechischen Philosophen – wie Aristoteles – das natürliche Verhalten des Geistes beobachtet und sich dann – so wie ich es versuche – darangemacht, es mit Denkwerkzeugen und -gewohnheiten zu schärfen? Oder haben sie nur eine Art Glaubenssystem errichtet, das sie um einer funktionierenden Gesellschaft und um des Fortschritts willen für notwendig hielten? Woher kommt es, daß unser Denken in technischen Dingen viel erfolgreicher zu sein scheint als im menschlichen Bereich?

Viele Einzelheiten, von denen im folgenden die Rede sein wird, habe ich in meinem Bemühen, die Fäden zusammenzuhalten und die Defizite und Fehler unserer Denkkultur aufzuzeigen, im Verlaufe dieses Buchs bereits kurz angesprochen.

Ich habe nicht die Absicht, einen logischen Fehler zu machen, den ich späterhin noch kritisieren werde: Ich werde nicht behaupten, daß alles traditionelle Denken so vonstatten geht, wie ich es beschreiben werde. Es genügt, wenn sich die Dinge »im großen und ganzen«, »zumeist« oder auch nur »in erheblichem Umfang« so abspielen. Ich würde meine These mit der Behauptung, »alles Denken« verlaufe in diesen Bahnen,

nicht stärken können und darüber hinaus dem Verdacht Tür und Tor öffnen, es gäbe einen bestimmten Zweig der Logik, in dem tatsächlich alles ganz anders funktioniert.
Ich werde versuchen, unseren gegenwärtigen Denktraditionen gegenüber fair zu sein, denn ich halte sie durchaus für wertvoll. Außerdem gehört die polarisierte Argumentation (im Gegensatz zu echter Exploration) ohnehin zu den überkommenen Gewohnheiten, die ich verwerfen werde. Die Verbesserung unseres Denksystems wird auf jeden Fall Zeit beanspruchen. In der Übergangsphase müssen wir einige Verhaltensweisen ändern und verschiedene Defizite ausgleichen.
Das Grundproblem liegt darin, zu entscheiden, wem empfohlen werden soll, seine Denkgewohnheiten zu ändern. Ist dieses Buch für einige wenige Philosophen, Psychologen und Systemtheoretiker geschrieben worden? Wurde es in der Annahme, seine Botschaft (so es denn eine besitzt) könne auf dem Umweg über unser Erziehungswesen »durchsickern«, für die »Denk-Elite« geschrieben? Oder ist es für »ganz normale Menschen« geschrieben worden – eine Definition, die der »breiten Masse« nicht ganz entspricht, aber entsprechen könnte –, für Leute jedenfalls, die sich dafür interessieren, wie die einzigartige Ressource »Denken« dazu herangezogen werden kann, diese unsere Welt zu einem angenehmeren Aufenthaltsort zu machen? Richtig, diese letztgenannte Gruppe will ich ansprechen: weil Denken jeden angeht; weil in der Demokratie jedermann und jedefrau daran interessiert sein sollten, daß *alle* besser denken können; weil der Prozeß des »Durchsikkerns« über das Erziehungs- und Bildungswesen langsam und ineffektiv ist – und weil die zuletzt erwähnte Gruppe mehr Bücher kauft und auf diese Weise die Verleger und Buchhändler dazu motiviert, die entsprechenden Bücher, ohne die keines der anderen Ziele erreicht werden kann, auch bereitzustellen.
Hier nun die Liste der verschiedenen Aspekte unserer Denkkultur, die auf den folgenden Seiten näher untersucht werden sollen:

Sprache: Hervorragend als Kommunikationssystem, aber als Denksystem kaum tauglich – dennoch beherrscht sie unser Denken.
Intelligenz: Hochintelligente Menschen müssen nicht unbedingt gute Denker sein. Denken ist eine Fertigkeit – nicht bloß aktive Intelligenz.
Kritisches Denken: ein grob überschätzter Zweig unserer Denkkultur.

Zwar ist es leicht und stellt einen schnell zufrieden, aber es bewirkt nur wenig.

Laffer-Kurve: ein aus der Tischplattenlogik hervorgehender Hauptirrtum. Irgend etwas ist gut, deshalb muß mehr davon gewiß besser sein.

Problemlösen: Teil der Erhaltungsmentalität, die uns nur wieder zum Ausgangspunkt zurückführt. Fortschritt erfordert anderes Denken.

Analyse: ein zentraler und wertvoller Teil unseres Denksystems. Geht jedoch davon aus, daß jede Situation in sich geschlossen ist. Kann keine Ideen produzieren.

Beschreibung: Beschreibt Wahrnehmung und schafft Wahrnehmung durch Benennung. Hat aber nicht mehr Gültigkeit als andere Wahrnehmungen.

Natürlichkeit: die Ansicht, daß »die Natur« und tief in uns verankerte Gefühle maßgeblich sind und mehr als das Denken unsere Entscheidungen beeinflussen sollen.

Mathematik: die strenge Gewißheit eines konstruierten Systems, das machtvoll innerhalb ihres Anwendungsbereichs, jedoch begrenzt ist.

Entweder-oder-Denken: die verführerischen Dichotomien, die wir benötigen und uns verschaffen, um mit dem logischen Prinzip des Widerspruchs arbeiten zu können.

Absolutheiten: das Bedürfnis nach Wahrheit und ihren verschiedenen Zwecken. Das Problem liegt darin, daß absolute Kategorien starr sind und sich nicht an veränderte Umstände anpassen dürfen.

Argumentation und Kollision: motivierte Exploration als Thema. Es gibt bessere Methoden der Exploration. Kollisionen sind unproduktiv.

Glaube: den Dingen einen Sinn geben. Ein Kreislauf, in dem der Glaube die Wahrnehmung bestimmt, welche wiederum den Glauben stärkt.

Wissenschaft: eine Methodologie zur Erprobung von Glaubenssätzen. Angetrieben im wesentlichen vom »Ursache-und-Wirkungs«-Idiom. Wahrnehmungsmäßig schwach.

Kreativität: Wird weitgehend vernachlässigt, weil sie von allein zu funktionieren scheint und wir keine Ahnung haben, wie es dazu kommt.

Geschichte: fast schon eine Besessenheit, die möglicherweise aus einer Epoche stammt, in der jeder Fortschritt aus dem Studium der Vergangenheit erhellte.

Logik: Echte Logik kommt im Alltagsdenken kaum zum Tragen, da wir sie längst in unsere Sprachgewohnheiten übernommen haben.

Kunst: Betrifft unmittelbar das Nachdenken über existierende Wahrnehmungen und deren Veränderung, dient jedoch nicht zur Anregung der Wahrnehmungsfertigkeiten.

Sprache

Manchmal mache ich mit Jugendlichen folgende Übung: Ich lasse sie niederschreiben, was nach ihrer Meinung geschehen würde, wenn man Hunden das Sprechen beibringen könnte. Oft lautet die Antwort, die Hunde könnten dann arbeiten und würden möglicherweise von ihren Herren zur Sklavenarbeit abgerichtet. Oder die Kinder prophezeien irgendwelches Gerede über den Hundehalter und Probleme mit der Geheimhaltung, »Hunderechtsbewegungen« und Forderungen nach dem Hundewahlrecht. In einem Aufsatz ging sogar ein Hund ins Restaurant und bat nach dem Essen um eine »Menschentüte«, um die Speisereste mit nach Hause nehmen zu können.
In der Vorstellung der Jugendlichen macht die Sprachfähigkeit aus Hunden also praktisch eine neue Menschenklasse. Dahinter steckt die Annahme, Sprechen ohne Denken sei nichts weiter als das Geplapper, das man einem Papagei beibringt, und daß ich mit meiner Frage wohl etwas mehr beabsichtigt haben müsse – was ja auch der Fall war.
Es gibt Mathematik, es gibt Computer, und es gibt Bilder, aber der überwiegende Teil unseres kommunizierten Denkens verläuft über die Sprache. Ich glaube nicht, daß die Sprache eine wesentliche Voraussetzung für das Denken ist, obwohl es für weiterführendes Denken durchaus zutreffen mag. In der Gesellschaft läuft jedoch die Denkkommunikation über die Sprache. Kulturell gesehen, hat es die Sprache geschafft, unser Denken zu beherrschen – und dies ist ein schwerwiegender Defekt. Die Sprache ist ein Kommunikationssystem, kein Denksystem. Denken und Kommunizieren sind grundverschieden voneinander, und wir halsen uns eine Menge Probleme auf, wenn wir beides miteinander verwechseln. Ich glaube, es war Wittgenstein, der gesagt hat, es sei von jeher die Aufgabe der Philosophen gewesen, die Wahrheit vor der Sprache zu schützen.
Die Sprache ist ein wunderbares Beschreibungssystem, doch das heißt nicht, daß sie deshalb auch ein hervorragendes Denk- oder Wahrneh-

mungssystem wäre. Wenn Sie in Frankreich in einer gotischen Kathedrale vor einem herrlichen Buntglasfenster stehen – sehen Sie dann das Fenster *an*, oder blicken Sie *durch* das Fenster auf die Wiese vor der Kirche? Die meisten Menschen würden das Fenster betrachten und nicht hindurchschauen. Eines der Hauptprobleme liegt darin, daß die Menschen gespalten sind – in jene, die Worte wie Fenster behandeln, durch die sie die Welt sehen, und in jene, die Worte für wichtige, klar definierte Symbole aus eigenem Recht halten.

Alle Denker beneiden seit eh und je die präzise konstruierten Systeme der Mathematik. Nehmen Sie eine Stahlkugel, und halten Sie sie zwei Fuß hoch über einen Tisch. Dann lassen Sie die Kugel los. Wie lange dauert es, bis sie auf dem Tisch aufschlägt? Ein Mathematiker sagt: Nehmen wir x für die Höhe der Kugel über dem Tisch, y für die schwerkraftbedingte Beschleunigung und v für die Anfangsgeschwindigkeit. Da die Kugel im Ruhezustand startet, ist v gleich Null; x beträgt zwei Fuß, weil man uns das gesagt hat, und y ist eine Beschleunigung von zweiunddreißig Fuß pro Sekunde in jeder einzelnen Sekunde (dies ist, wie wir wissen, die Beschleunigung der Schwerkraft). Wir setzen diese Werte in eine uns bekannte Formel ein, und schon haben wir unsere Antwort. Warum kann die Sprache nicht ebenso funktionieren? Es ist eine alte Sehnsucht der Philosophen, die Sprache als ein streng symbolisches System zu behandeln, in dem jedes Wort über eine konstruierte Bedeutung verfügt, die keinerlei Abweichung gestattet. Oftmals glaubten sie, ihr Ziel erreicht zu haben. Oft taten sie auch so, als sei die Sprache ein Tischplattenlogik-System: der Benutzer sitzt vor dem Tisch, auf dem ein Haufen Bauklötze von unveränderlicher Farbe und Gestalt liegt, und spielt mit ihnen.

Wenn jedoch das Sprachspiel der Philosophen irgendeinen Sinn außer der puren Selbstbeschäftigung haben soll (mit der im übrigen viele Gelehrte völlig zufrieden sind), dann muß es einen Punkt geben, an dem die Welt in Symbole übersetzt wird, und einen weiteren Punkt, an dem die Ergebnisse wieder in die reale Welt zurückübertragen werden.

Genau an diesem Übertragungspunkt begegnet die Sprache der Vielfalt der Wahrnehmungen und der interaktiven Komplexität der Welt, die sich nicht so leicht in die für die Tischplattenlogik erforderlichen Bauklötze zerhacken läßt. Computerfreaks täten wohl nichts lieber, als ihre Rechner mit einem P für *people* (Menschen), einem M für *money* (Geld) und einem H für *human happiness* (menschliches Glück und Zufriedenheit) zu füttern, um so die allgemeingültige Formel für das menschliche Glück zu finden. Dasselbe haben, wenn auch mit anderen Konstanten, die Ökonomen versucht. Das englische Wort *up* heißt »aufwärts«, »hinauf«, kann aber auch in der statischen Bedeutung »oben« verstanden werden. Oben ist eben oben und niemals etwas anderes. Wenn wir uns jedoch in ein Raumschiff versetzen, in dem Schwerelosigkeit herrscht und vorhandene Körper in allen möglichen Positionen herumschweben, ist mit den herkömmlichen Bedeutungen des Wörtchens *up* nicht mehr viel anzufangen. Was also ist »aufwärts«, was »oben«? Das Problem läßt sich mit einer einfachen Definition überwinden: »Aufwärts« und »oben« lassen sich eben nur dann verwenden, wenn wir auf der Erde stehen, und bedeutet dann »vom Erdmittelpunkt fortstrebend« (oder »der Schwerkraft entgegengesetzt«). Können wir die Wörter also nicht mehr auf ein Diagramm anwenden, das vor uns auf dem Tisch liegt und eine »aufsteigende« Kurve zeigt? Doch, wir können es – mit Hilfe der Analogie.

Definitionen sind stets abhängig von anderen Definitionen und bestimmten Bezugsrahmen. Sehr oft setzen wir stabile Umstände voraus, wo wir es besser nicht täten. So hat zum Beispiel vor Beginn der Raumfahrt alle Welt angenommen, das Wörtchen *up* würde immer und ewig nur unter den Bedingungen der Schwerkraft angewendet.

Auf die Probleme mit absoluten Kategorien, Wahrheiten und Gewißheiten in unseren Denkgewohnheiten werden wir noch zu sprechen kommen. An dieser Stelle genügt es, darauf hinzuweisen, daß alle Versuche, die Sprache als ein starr konstruiertes System zu behandeln, nicht besonders erfolgreich verlaufen sind – und dennoch beruht unser Verhalten nach wie vor zum größten Teil auf der Einbildung, ebendiese Experimente wären vollauf geglückt.

Gute Dienste leistet uns die Sprache zweifellos als Mittel zur Beschreibung. Problematisch an Beschreibungen ist jedoch, daß Wörter die Welt in einer bestimmten Weise verpacken. Wir neigen hinterher dann dazu, die Welt entsprechend »verpackt« zu sehen, wie ich bereits in den Abschnitten über Einzugsbereiche, Kreisförmigkeit, Bereitschaft und Aufmerksamkeit dargelegt habe. Das Benennen und Verpacken ist von großem Wert, da viele Dinge ansonsten wahrscheinlich unserer Aufmerksamkeit entgangen wären.

Schwierigkeiten entstehen dann, wenn die Wörter zu groß, zu unpraktisch oder zu allgemein sind oder wenn uns überhaupt geeignete Wörter fehlen. Dabei handelt es sich nicht um ein Problem der Beschreibung, sondern um eines der Wahrnehmung. Die Beschreibung kann jederzeit ein großes Wort in kleinere Teile zerlegen oder ein qualifizierendes Adjektiv hinzufügen. So läßt sich zum Beispiel das »große« Wort »Krimineller« aufspalten in »Ladendieb«, »Betrüger«, »Mörder« und so weiter. Nichtsdestoweniger besteht die Tendenz, alle, die sich unter dem weitgefaßten Oberbegriff »Krimineller« zusammenfassen lassen, als mehr oder weniger gleichartig einzustufen. Wir nehmen sie als »gleich« wahr, obwohl wir die bestehenden Unterschiede beschreiben können.

Ich hätte gerne ein Wort, mit dem sich folgender Gedanke ausdrücken läßt: »Die Sache kann, solange nicht bestimmte Umstände definiert werden, mit gleicher Stichhaltigkeit auf zwei diametral entgegengesetzte Weisen interpretiert werden.« Daß ich diesen Gedanken aufschreiben kann, beweist eindeutig, daß die Sprache durchaus imstande ist, ihn zu erklären. Nur geschieht dies eben so umständlich und kompliziert, daß das beschriebene Konzept sicherlich nicht zum Allgemeingut werden wird. Eine neue Wortschöpfung würde mir da weiterhelfen – zum Beispiel »Janoid« (nach dem doppelgesichtigen Gott Janus, der gleichzeitig in zwei entgegengesetzte Richtungen blicken kann). Es würde mir die Möglichkeit geben, im Gespräch zu sagen: »Hier wird die Sache dann zum Janoid.« Womit alles ausgedrückt wäre. In bestimmten Fällen mag das Wort »zweischneidig« dem »Janoid« nahekommen, doch ist die Bedeutung nicht dieselbe. Man könnte den Abschuß eines iranischen Passagierflugzeugs durch das amerikanische Kriegsschiff *Vincennes* im Jahre 1988 als Janoid bezeichnen: Einerseits handelte es sich um eine furchtbare Tragödie, doch weil der Iran durch die ihm daraufhin entgegengebrachte Sympathie möglicherweise dazu bewogen wurde, dem von den Vereinten Nationen geforderten Waffenstillstand zuzustimmen, hatte der Zwischenfall auch eine positive Seite.

Ich hätte auch gerne einen viel besseren Ausdruck für »die Art und Weise, wie wir die Dinge betrachten«. Derzeit muß ich mich mit dem Begriff »Wahrnehmung« (*perception*) begnügen, der im Grunde nicht sehr gut ist, weil er auch die visuelle Wahrnehmung mit einbezieht. Den Begriff »laterales Denken« erfand ich zum einen, weil »Kreativität« ein viel zu weit gefaßtes Wort ist, zum anderen aber auch, weil ich es unbequem fand, ständig zu wiederholen: »Die Denkweise, die erforderlich ist, um in einem selbstorganisierten musterbildenden System musterübergreifend zu wirken.«

Es trifft zu, daß sich neue Wörter und Begriffe bilden, wenn der Bedarf danach sehr stark wird. So hat sich beispielsweise auf dem Immobilienmarkt in Großbritannien der Ausdruck *gazump* durchgesetzt. Damit wird ausgedrückt, daß man zunächst einem bestimmten Interessenten den Verkauf eines Grundstücks zusagt, dann aber seine Meinung ändert und an einen Höherbietenden verkauft. Begriffe wie »Astronaut« und »Software« sind andere eindeutige Beispiele.

Die meisten neuen Wortschöpfungen sind auf neuartige Situationen zugeschnitten, und an ihrer Notwendigkeit besteht kein Zweifel. Bei vertrauten Situationen wird sich nie eine vergleichbare Notwendigkeit ergeben – einfach weil wir uns damit zufriedengeben, die Dinge weiterhin auf althergebrachte Art und Weise zu betrachten. So muß, um uns eine neue Sichtweise zu ermöglichen, in manchen Fällen das neue Wort *vor* dem Bedarf entstehen. Im Englischen ist »laterales Denken«, obwohl es sich um eine gezielte Wortschöpfung handelt, inzwischen zu einem geläufigen Begriff geworden.

All jene hingegen, die noch immer nicht begriffen haben, daß Beschreibung und Wahrnehmung nicht dasselbe sind, bekämpfen vehement die Vielzahl der neuen Wörter, die erforderlich sind, um unser Denken effektiver zu machen. Sie sehen keinen Bedarf für neue Begriffe, behaupten, es gäbe bereits einen Ausdruck für die zur Debatte stehende Funktion (das »Genauso-wie-Phänomen«) oder meinen, der betreffende Sachverhalt könne auch durch Umschreibung angemessen dargestellt werden. Für sie fallen die neuen Wörter samt und sonders unter den negativ vorbelasteten, da mit dem Haugout der bewußten Verschleierung behafteten Oberbegriff »Jargon«.

Wie verhält es sich nun mit dem Einsatz der Sprache zum Zweck der Überredung, der Argumentation und der Beweisführung? Aus Gründen, auf die ich noch näher eingehen werde, halte ich sie auch auf diesem Gebiet für äußerst problematisch – und dies, obwohl ich selbst schreibe und mich der Sprache zu den genannten Zwecken bediene. Sprache ist günstigstenfalls imstande, beim Leser eine Einsicht oder einen Geistesblitz hervorzurufen.

Der intensive Gebrauch der Sprache bei der Verfolgung politischer Ziele sowie als allgemeine Denk-Richtschnur macht es dringend erforderlich, daß wir uns ihrer Wahrnehmungsdefizite voll bewußt werden; schließlich tun wir in diesen Bereichen so, als benutzten wir die Sprache zum Denken. In der Kunst dagegen sind die Ziele unmittelbar wahrnehmungsbezogen. Ich werde darauf später noch zurückkommen.
Eine Schwierigkeit liegt in der weitverbreiteten Verwechslung von sprachlicher Geläufigkeit und inhaltlicher Substanz. Eine gute Formulierung scheint einen Anspruch auf Wahrheit zu besitzen. Ebenso färbt eine schlechte oder ungeschickte Formulierung auf den Gehalt der Aussage ab. Ein flüssiger Stil wird somit zur Maske, die integres Denken vorgaukelt. Eine weitere Schwierigkeit liegt in der Voreingenommenheit der Aufmerksamkeit. Wie sehr wir uns auch um Ehrlichkeit bemühen mögen – wir können einfach nicht jedes Detail und jede Eigenschaft registrieren. Was hängenbleibt, unterstützt in den meisten Fällen unseren Standpunkt. Eine derartige Teilwahrheit kann ebenso unehrlich sein wie eine direkte Lüge, wenngleich sie niemals so wirkt. Schließlich gibt es auch noch das Problem der überladenen Wörter. Hier steht die Wertung nicht separat wie im Falle eines beigefügten Adjektivs, sondern ist integraler Bestandteil des Wortes selbst. So kann jeder, der für den Tod eines Menschen verantwortlich ist, als Mörder bezeichnet werden und muß dann auch die ganze Last des Begriffs auf sich nehmen.
Adjektive lassen sich ohne die geringste Schwierigkeit allem und jedem beifügen. Besonders gefährlich sind jene Adjektive, die nicht auf Tatsachen beruhen, sondern eine gewisse Häme zum Ausdruck bringen: selbsternannt, sogenannt, anmaßend, beherrschend, kümmerlich, irrelevant, simplistisch, konfus, irregeleitet. Unverblümt lobhudelnde oder beschimpfende Adjektive sind weniger problematisch, da sie erkennbar von Gefühlen geleitet werden und keiner bestimmten Denkrichtung Ausdruck verleihen.
»Sammelbecken« und »Übertragung« stellen ebenfalls ein ernsthaftes Problem dar, ebenso wie das Entweder-Oder der Dichotomien. Wer irgendeinen Teilaspekt der Demokratie kritisiert, muß ein Faschist sein; wer den einen oder anderen Auswuchs des Kapitalismus für fragwürdig hält, gilt sofort als Marxist; wer sich für höhere Sozialausgaben einsetzt, wird als rührseliger Sozi abqualifiziert. Der Begriff »Akademiker« bietet ein sehr einfaches Beispiel für »Übertragung«. Wer immer was Ernstzu-

nehmendes zu sagen hat oder nachweislich mehr als drei Zahlen zusammenzählen kann, unterscheidet sich deutlich vom Fußvolk der Schreiberlinge und wird der Ehre teilhaftig, zum Akademiker erhoben zu werden. Die Ehre ist allerdings etwas zweifelhaft, denn man erwirbt ja auch den ganzen Ballast, der an dem Titel sonst noch dranhängt: unpraktisch, zerstreut, utopisch, Elfenbeinturm und so weiter. Das Positive daran: Sobald eine Übertragung auf Gebiete wie »Familie«, »menschliche Werte«, »Ökologie« und »Gemeinschaft« gelingt, ist jede Diskussion gewonnen.

Das Grundprinzip ist so simpel, so durchsichtig – und doch immer wieder erfolgreich. Alle Wahrnehmungsgewohnheiten, die ich im ersten Teil dieses Buches aufgeführt habe, können dahingehend manipuliert werden, daß als logisches Argument erscheint, was in Wirklichkeit nichts anderes ist als eine Wahrnehmung von einem ganz bestimmten Standpunkt aus.

Manche haben bereits aufgegeben und nehmen die Dominanz der Wahrnehmung über die Logik in unserem Sprachgebrauch als gegeben hin. Sie meinen, wir sollten gar nicht erst vorgeben, ehrlich oder unparteiisch sein zu können, sondern schamlos Partei ergreifen und es der anderen Seite überlassen, das Gleichgewicht wiederherzustellen.

Wir sollten akzeptieren, daß Denken, soweit es durch das beschreibende Medium Sprache ausgedrückt wird, mehr mit Wahrnehmung zu tun hat als mit den Gewißheiten der Logik. Von da aus ist es nur noch ein kleiner Schritt zu der Erkenntnis, daß Wahrnehmung fast immer auf einen bestimmten Standpunkt beschränkt ist und keine breite perzeptive Exploration darstellt. Bleibt die Frage, ob der Autor nur einen engen, parteiischen Standpunkt schildern *will*, obwohl er in Wirklichkeit durchaus über einen größeren Überblick verfügt, oder ob er gar nicht über seine dem normalen Verhalten der Wahrnehmung entsprechenden Scheuklappen hinaussehen *kann*.

Denken und Intelligenz

Zu den Schwierigkeiten bei der Konstruktion eines wirklich »klugen«, denkenden Computers – im Gegensatz zum Superrechner – zählt unter anderem die Tatsache, daß wir die Schlußfolgerungen und Entscheidungen einer solchen Maschine wahrscheinlich gar nicht glauben würden. Der Computer müßte klug genug sein, um zu erkennen, daß die Menschen um ihn herum nicht so klug sind wie er selbst und daher darauf angewiesen, daß er ihnen die Schritte, die zu seiner Entscheidung führten, offen darlegt.

In unserer Denkkultur wurde Intelligenz seit jeher ähnlich gesehen wie die von mir geschilderte »Klugheit« des neuen, denkenden Computers. Intelligenz war uns stets genug. Bei Hochintelligenten, meinten wir, spiele sich alles im Kopf ab – ein unglückseliger Trugschluß mit zwei katastrophalen Konsequenzen für unser Erziehungs- und Bildungssystem. Zum einen glauben wir, daß hochintelligente Menschen keiner Denkschulung bedürfen, und zum anderen vermeiden wir, daß für Menschen mit geringerem Intelligenzquotienten absolut nichts getan werden kann. Daher haben wir uns bis in die jüngste Zeit hinein überhaupt nicht um die Schulung unseres Denkvermögens gekümmert.

Viele Menschen mit hoher Intelligenz entpuppen sich bei näherer Betrachtung leider als schlechte Denker. Sie sitzen sozusagen in der »Intelligenzfalle«, die in einer ganzen Reihe von Erscheinungsformen auftritt. So kann beispielsweise ein hochintelligenter Mensch sich zu einem bestimmten Thema eine bestimmte Meinung bilden und diese in der Folgezeit – durch die geschickte Auswahl von Prämissen und Wahrnehmung – äußerst clever verteidigen. Je besser eine Person imstande ist, ihre Meinung zu vertreten, um so weniger ist sie geneigt, dem Thema wirklich auf den Grund zu gehen. Hochintelligente können also von ihrer eigenen Intelligenz – im Verein mit unserem herkömmlichen Logikverständnis, das besagt, niemand könne mehr als recht haben – in die Falle der Einseitigkeit gelockt werden. Weniger intelligente Menschen sind weniger überzeugt von der Richtigkeit ihrer Ansichten und sind daher freier, das Thema gründlicher zu untersuchen und auch andere Ansichten zu bedenken.

Ein hochintelligenter Mensch wächst gewöhnlich schon mit dem Gefühl intellektueller Überlegenheit auf und entwickelt das Bedürfnis, »recht zu haben« und für »gescheit« gehalten zu werden. Seine Risikobereitschaft gegenüber kreativen und konstruktiven Gedanken und Ideen wird also geringer sein, denn es kann eine Weile dauern, bis der Wert solcher Ideen deutlich und allgemein akzeptiert wird. Hochintelligente Leute erliegen nicht selten der Verlockung des kurzfristigen Gewinns. So zahlt sich eine scharfe Attacke gegen die Ideen oder das Denken anderer oft rasch aus und vermittelt einem darüber hinaus ein angenehmes Gefühl der Überlegenheit. Intellektuelle Attacken sind zudem, wie wir noch sehen werden, billig und leicht geritten, weil es stets der Angreifer ist, der den Bezugsrahmen festsetzt. Ein intelligentes Hirn arbeitet schnell, mitunter sogar zu schnell. Ein hochintelligenter Mensch kann schon nach den ersten paar Signalen zu einer Schlußfolgerung kommen, die weniger Qualität aufweist als die eines langsamer arbeitenden Geistes, der mehr Signale aufnehmen muß, bevor er einen Schluß zieht. Dies ist zum Beispiel ein Grund für die Notwendigkeit einer Null-Basis (PO), wie im vorigen Teil erwähnt.

Geld ist nützlich, wenn Sie einen schnellen Lamborghini oder Ferrari kaufen wollen. Genen wird nachgesagt, sie seien nützlich für die Intelligenz. Der Besitz eines schnellen Sportwagens macht Sie jedoch nicht automatisch zu einem guten Fahrer. Ein PS-starker Wagen kann miserabel gefahren werden – ein etwas bescheideneres Fahrzeug dagegen hervorragend. Pferdestärken und Motorbauweise sind nur das »Potential«, es bedarf des Geschicks des Fahrers oder der Fahrerin, dieses Potential zur Entfaltung zu bringen. Für die »Intelligenz« gilt das gleiche: Sie stellt nur das Potential des Gehirns dar, zur Entfaltung gebracht wird sie durch geschicktes Denken. Hochintelligente Hirne können schlecht, bescheidener ausgestattete gut »gefahren« werden.

Eines Tages werden wir möglicherweise in der Lage sein, Intelligenz mittels eines einfachen chemischen Tests zu messen – etwa mit der Injektion eines Kontrastmittels, die eine Art Gehirnraster entstehen läßt. Intelligenz könnte an verschiedenen Punkten des neuronalen Netzes gleichzeitig agieren. Möglicherweise könnte die Geschwindigkeit des Tests erhöht werden, weil die Aktivitätsfelder rascher »ermüden«, so daß sich die Hirnaktivität schneller als üblich auf eine andere Gehirnpartie verlagert. Möglicherweise ist dann die negative Rückkoppelung (Hemmschwelle des Modells) stärker, so daß die Aktivitätsfelder deutlicher hervortreten. Die funktionelle Effizienz könnte an vielen Punkten verbessert werden. Vielleicht ist das Enzym, das für Verbindungen zuständig ist, effizienter, so daß Assoziationen leichter fallen. Ich will mich an dieser Stelle jedoch nicht genau festlegen.

Weil wir uns stets wohler fühlen, wenn etwas meßbar ist – selbst dann, wenn die Substanz des zu Messenden nicht zweifelsfrei feststeht –, haben wir in der Vergangenheit den traditionellen Intelligenztests große Bedeutung zugemessen. Im großen und ganzen korrelieren die IQ-Tests recht gut mit den schulischen Leistungen, und zwar aus dem einfachen Grund, weil schulisches Denken dem in IQ-Tests verlangten Denken (reaktiv und analytisch) sehr ähnelt. Gute Propheten für den Erfolg im späteren Leben, in dem ein ganz anderes Denken erforderlich wird, sind IQ-Tests allerdings nicht. Gewiß, es gibt einige Berufe, deren Eingangshürden eine Fortsetzung des Schulsystems sind; in diesen Fällen wäre der IQ-Test also auch ein guter Prophet. Howard Gardener in Harvard und andere haben inzwischen begonnen, die Vorstellung von einer einzigen Intelligenz in Frage zu stellen; sie sprechen von musikalischer Intelligenz, sportlicher Intelligenz oder künstlerischer Intelligenz, um die verschiedenen Gebiete, in denen Begabung und Fähigkeiten angesiedelt sind, deutlicher hervorzuheben.

Ich habe das Denken oftmals als »die handwerkliche Fertigkeit, mit der die Intelligenz auf die Erfahrung einwirkt«, bezeichnet. Wir müssen Denkfähigkeiten entwickeln, mit deren Hilfe wir das gesamte uns von der Erfahrung gebotene Potential ausschöpfen können. Aus diesem Grunde habe ich mich immer so für den Denkunterricht an Schulen eingesetzt. Die praktische Erfahrung hat uns gezeigt, daß begabte Schüler und Studenten (regelrechte Intelligenzbestien) ihre Denkfähigkeiten ebenso üben und entwickeln müssen wie alle anderen Menschen – und in mancher Hinsicht sogar noch intensiver, um die natürliche Arroganz zu überwinden, die sich aus ihrer ihnen ja bekannten Intelligenz ergibt. Hochintelligente Jugendliche scheinen häufig dem »reaktiven« Denken den Vorzug zu geben. Puzzlespiele, deren Einzelteile komplett auf einem Tisch vor ihnen ausgebreitet liegen, setzen sie mit Leichtigkeit zusammen. Erheblich weniger glücklich wirken sie, wenn »proaktives« Denken von ihnen gefordert wird, das heißt, wenn sie einmal auflisten und erforschen müssen, welche Faktoren vor einer Schlußfolgerung in Betracht zu ziehen sind. Die Perspektive, das Abwägen und die Praktikabilität einer Lösung sind nicht unbedingt ihre Sache.

Wir können das Wort »Intelligenz« so definieren, daß es schlichtweg alles Positive und Schöne am Denken umfaßt. In diesem Sinne kann – *per definitionem* – alles, was nicht in dieses Schema paßt, auch nicht als intelligent bezeichnet werden. Wir haben es hierbei mit der nachträg-

lichen Definierung eines schon feststehenden Ergebnisses zu tun, die daher zur Beschreibung eines Vorgangs unbrauchbar ist. Das Wort »intelligent« ist, so gesehen, nichts weiter als ein zusätzliches schmükkendes Adjektiv für den Begriff »hervorragendes Denken«, und es erhebt sich die Frage: Warum führt nachweislich vorhandene Intelligenz mitunter zu reichlich unintelligentem Verhalten?
Vernünftiger verwendet, umschreibt der Begriff »Intelligenz« eine Mischung aus Begabung, Geistesgegenwart und der Fähigkeit, sich in Intelligenztests zu bewähren. Nicht mehr ein Resultat wird beschrieben, sondern ein Vorgang.
Es könnte sein, daß dieselben chemischen Verbindungen, die für die Intelligenz verantwortlich sind (Enzyme, Neurotransmitter und so weiter), auch Vorsicht, Schüchternheit und andere Charaktermerkmale prägen, die der erfolgreichen Anwendung besagter Intelligenz entgegenwirken. Möglicherweise ist überdurchschnittliche Intelligenz besser auf reaktives Denken und Puzzlelösungen zugeschnitten als auf ein umfassenderes, proaktives Denken, bei dem es auch auf Faktoren wie Vermutungen und das Setzen von Prioritäten ankommt. Möglicherweise reicht Intelligenz allein – das heißt ohne eigens geschultes Denken – nicht aus, ja vielleicht ist die so sehr geschätzte hohe Intelligenz an und für sich sogar kontraproduktiv. Körperliche Größe kann von Vorteil sein, wenn es zum Beispiel darum geht, eine Menschenmenge zu überblicken. Beim Ausheben eines Schützengrabens ist sie dagegen eher hinderlich. Je schärfer ein Messer geschliffen ist, desto besser dient es seinem Zweck – und desto gefährlicher ist es. Es mag also durchaus sein, daß die schiere Güte der Intelligenz uns dazu befähigt, höchst erfolgreich auf der Klaviatur der Wahrnehmung zu spielen – doch da das Instrument falsch gestimmt ist, fällt das Ergebnis zwangsläufig negativ aus.
Die Bildung starker Muster sowie die rasche Wiedererkennung und unverzügliche Anwendung derselben liegen in der Natur der Wahrnehmung. Ich habe schon mehrfach darauf hingewiesen, daß dieser Vorgang primär Teil einer Überlebensstrategie ist, darüber hinaus aber die Welt in viel zu eng begrenzte, unbewegliche Parzellen aufteilt. Die Wahrnehmung eines Gehirns, das dank seiner chemischen Eigenschaften dieses Spiel perfekt beherrscht, wird in Hinblick auf Tiefgang, Exploration und die abgewogene Betrachtung verschiedener Standpunkte starke Defizite aufweisen.

Mein Ziel ist es, aufzuzeigen, daß Wahrnehmung etwas ganz anderes ist als Tischplattenlogik. Dabei möchte ich nicht so tun, als sei Wahrnehmung ein paradiesisches System ohne Fehl und Tadel – ganz im Gegenteil. Zum Beispiel gibt es keine Wahrheit in der Wahrnehmung. Doch sobald wir die Funktionsweise der Wahrnehmung begreifen, sind wir auch imstande, ihre Fehler und Grenzen zu erkennen und Strategien zu entwickeln, mit deren Hilfe wir mehr aus dem System herausholen können als zuvor.

Die intelligenteren Kinder in unseren Schulen lernen im wesentlichen Konformismus: Sie lernen, Prüfungen zu bestehen, die Lehrer zufriedenzustellen und den Arbeitsaufwand auf das unerläßliche Minimum zu beschränken. Kreativität bleibt weitgehend den Rebellen überlassen, die diese Anpassung nicht vollziehen können oder – weil sie sich dadurch nicht auszeichnen können – nicht vollziehen wollen. Verstehen wir jedoch erst einmal das Wesen der Kreativität (zum Beispiel durch laterales Denken), so werden wir uns womöglich mit dem seltsamen Paradox konfrontiert sehen, daß die Konformisten das neue Spiel besser beherrschen und somit auf einmal kreativer werden als die Rebellen. Also müssen wir uns von der traditionellen Vorstellung, Intelligenz allein sei ausreichend, befreien.

Kritisches Denken

Wer logische Denkfehler macht, gilt gemeinhin als geistig unterbelichtet; Wahrnehmungsfehler hingegen finden kaum Beachtung, und wenn, so werden sie viel eher toleriert. Man sollte also meinen, daß die Beseitigung logischer Denkfehler automatisch dazu führt, daß wir alle gute Denker werden? Dieser Schluß gehört jedenfalls seit eh und je zu den Grundüberzeugungen unserer Kultur, ist ein fundamentales Anliegen unseres Erziehungs- und Bildungssystem und wird, gerade in jüngerer Zeit, wieder ganz besonders hervorgehoben.

Ein schlechter Autofahrer begeht Fahrfehler. Treiben wir ihm diese Fehler aus, so wird ein hervorragender Fahrer aus ihm. Schön wär's – doch leider ist dieser Schluß unzutreffend. Die einfachste Methode zur Beseitigung von Fahrfehlern besteht darin, das Auto in der Garage stehenzulassen. Die bloße Vermeidung von Denkfehlern führt nicht automatisch zu fruchtbarem, konstruktivem und kreativem Denken. Fehlerbeseitigung ist sicherlich eine verdienstvolle Sache – betrifft aber eben nur einen Teil des Denkprozesses, und zwar wahrscheinlich allenfalls ein Drittel, wenn überhaupt soviel. Trotzdem haben wir kritischem Denken immer einen hohen Stellenwert eingeräumt und sehen darin gelegentlich sogar den höchsten Gipfel der Denkkunst. Diese Wertschätzung beruht indessen auf einer ganzen Reihe von fragwürdigen Annahmen.

Aus vielerlei Gründen haben wir die uns durch Plato überlieferte sokratische Dialogmethode seit der Renaissance sehr bewundert, obwohl es sich eigentlich um ein ziemlich ineffizientes Modell handelt. (Warum ich hier das Wort »ineffizient« gewählt habe, erkläre ich später im Abschnitt über »Argumentation«.) Konfrontiert mit der zunehmend subtileren Kreativität der Häretiker, blieb den Theologen des Mittelalters gar nicht viel anderes übrig, als dem kritischen Denken hohe Bedeutung zuzumessen. (So versuchten zum Beispiel die Donatisten, den heiligen Augustinus in dialektische Knoten zu verstricken.) Die Kirche, die die Zivilisation durch das »dunkle Zeitalter« des Frühmittelalters geführt und vor dem Untergang bewahrt hatte, gab an den Schulen und Universitäten sowie generell auf kulturellem Gebiet den Ton an.

Kritisches Denken erscheint auf den ersten Blick überlegen, weil der Kritiker bei seiner Kritik über den engen Bezugsrahmen des von ihm Kritisierten hinauszudenken scheint. In den meisten Fällen ist dieser Eindruck jedoch trügerisch, weil der Kritiker sich nur einen nebensächlichen Einzelaspekt herauspickt, von dem er zufällig etwas versteht, und seine Kritik darauf konzentriert.

Kritisches Denken erscheint wie die *Ultima ratio*: Da haben wir ein Ziel, einen roten »Denkfaden«, an den wir uns halten können, und am Ende ein Ergebnis. Beim kreativen, konstruktiven Denken erreicht man meistens erst dann ein Ergebnis, wenn die Idee in die Tat umgesetzt wurde und ihren Praxistest bestanden hat. Schließlich gehen wir unausgesprochen auch davon aus, daß wir durch Kritik an vorhandenen oder uns vorgeschlagenen Ideen automatisch auf immer bessere Ideen kommen: Gewiß läßt sich eine Idee, auf deren Fehler man hinweist, durch Modifikation korrigieren – ergo ist das Ergebnis besser als die ursprüngliche Idee.

Die letztgenannte Annahme beruht ihrerseits auf der sehr gravierenden Prämisse, daß bessere Ideen nur durch einen Evolutionsprozeß zustande kommen. Die Bedeutung dieser Prämisse liegt darin, daß sie symptomatisch ist für die Art und Weise, wie unsere Suche nach neuen Ideen im gesellschaftlichen, ja sogar wissenschaftlichen Bereich verläuft. Ich halte sie – wie ich später noch erläutern werde – für völlig falsch. Doch da wir nun einmal das Evolutionsmodell haben, ist kritisches Denken für uns die Triebkraft hinter dem evolutionären Druck, der – streng nach den Regeln des klassischen Darwinismus – schließlich bestimmt, welche Ideen zu überleben verdienen und welche untergehen müssen. Es liegt allerdings auf der Hand, daß Kritik nur innerhalb des herrschenden Paradigmas geübt werden kann, was zur Folge hat, daß der Widerstand gegen Paradigmenwechsel ständig zunimmt.

Kritisches Denken steht auch deshalb bei uns so hoch im Kurs, weil wir es für eine schwierige Art des Denkens halten. Ein kritischer Denker ist all jenen, die bloß akzeptieren, was ihnen geboten wird, oder sich allzu leicht überzeugen lassen, stets um eine Nasenlänge voraus. In Wahrheit handelt es sich jedoch um eine ganz einfache und billige Denkmethode, deren Spektrum von der Fehlersuche in einer elaborierten mathematischen Abhandlung bis hin zum »Verriß« eines bestimmten Bildes in einer lokalen Hobbymaler-Ausstellung reicht. In den meisten Fällen beschränken sich solche Aktivitäten auf unproblematische und billige Angriffspunkte.

Kritisches Denken ist deshalb leicht, weil sich der Kritiker auf einen beliebigen Teilaspekt, der ihm gefällt, konzentrieren und alles andere unter den Tisch fallen lassen kann. Bestimmte Einzelheiten können völlig aus dem Zusammenhang gerissen werden. Der Kritiker kann seine eigenen willkürlichen Regeln aufstellen und darauf sein Urteil begründen. Ein guter Kritiker kann ein Essen im Restaurant als zu primitiv und langweilig bezeichnen und damit den geforderten Preis in Frage stellen, indem er einfach einen höheren Bewertungsmaßstab anlegt. Umgekehrt kann er ein wirklich erlesenes Gericht als überreichlich und prätentiös bezeichnen oder behaupten, die einzelnen Zutaten seien geschmacklich nicht aufeinander abgestimmt. Derlei Kritik ist kinderleicht.

Allein durch die Streichung der »Konsistenz« aus dem Katalog der Tugenden, die wir von unseren Politikern erwarten, würde einem

Großteil der politischen Kommentare gleichsam über Nacht der Wind aus den Segeln genommen. Denn Politikkritik erschöpft sich zu einem großen Teil in dem Vorwurf, daß Politiker sich nicht »konsistent« oder »konsequent« an ihre eigenen Ideen oder an eine vor zwei Jahren gemachte Aussage halten; daß sie von der »konsequenten« Linie ihrer Partei abweichen oder aber ihre Wahlversprechen nicht einhalten. Ein Politiker könnte darauf – mit gutem Grund – antworten, er habe seine Meinung geändert oder die veränderten Umstände verlangten nach einer veränderten Meinung. Die Kommentatoren mögen solche Antworten nicht, weil ihnen dadurch der Bezugsrahmen ihrer Kritik entzogen wird. Sie behaupten, der betreffende Politiker sei aufgrund dieser oder jener Grundaussage gewählt worden und müsse nun auch dazu stehen. In manchen Fällen ist das zweifellos korrekt, in vielen anderen jedoch sind Meinungsänderungen ein Zeichen politischer Intelligenz, wie sie von den meisten Wählern gewünscht wird.
»Konsistenz« ist natürlich das Schlüsselwort für kritisches Denken. Ist etwas in sich selbst »konsistent«? So lautet die Lieblingsfrage von Kritikern, wenn sie nicht wissen, worum es eigentlich geht. Was ist gemeint: Konsistenz mit Prinzipien, die wir für richtig oder sogar unumstößlich halten (oder halten müssen)? Konsistenz mit meiner Erfahrung und Wahrnehmung? Konsistenz mit der von mir vorgezogenen Sichtweise? Alle diese Fragen lassen sich auf einen gemeinsamen Nenner bringen: Ist ein bestimmter Sachverhalt konsistent mit meinem Wahrnehmungsmuster?
Die Urteilsbildung kann also durchaus gründlich erfolgen, Basis für das Urteil selbst ist jedoch eine persönliche oder allgemeine Wahrnehmung. Konstruierte Systeme bilden dabei, wie ich bereits vor langer Zeit ausgeführt habe, eine Ausnahme. Ob es sich dabei aber jeweils tatsächlich um ein konstruiertes System handelt oder aber um eines, von dem wir das nur behaupten, steht auf einem anderen Blatt.
Mitunter wird behauptet, kritisches Denken arbeite auf zwei verschiedenen Ebenen. Die erste beruht auf einer Art Verläßlichkeits- oder Wahrheitsprüfung: »Meine Großmutter hatte eine Freundin in Ägypten, deren Hausmädchen an einem infektiösen Moskitostich starb, deshalb sind alle Insektenstiche gefährlich.« Eine solche Folgerung findet nur wenig Zustimmung. Auf der zweiten Ebene greift das kritische Denken eher die Natur einer Idee als deren Grundlage oder Quelle

an. Im vorliegenden Abschnitt des Buches habe ich mich vor allem mit der zweiten Ebene befaßt, denn die erste ist nichts weiter als die Anwendung von Vorsicht auf die verrückte Zufälligkeit der Wahrnehmung.

Wie kommen wir dazu, etwas zu kritisieren, das in seiner Zweckdienlichkeit über jede Kritik erhaben ist? Wie kommen wir dazu, etwas zu ändern, das wir nicht kritisieren können? Dies ist eine Hauptschwäche des Systems. Wie können wir unsere Selbstgefälligkeit überwinden? Es hat den Anschein, als könne innerhalb des von uns akzeptierten Bezugsrahmens, innerhalb der Grenzen unseres Vorstellungsvermögens und innerhalb des geschlossenen Systems unserer Analytik, nichts mehr bemängelt werden. Wie sollen wir da noch versuchen, etwas Besseres daraus zu machen?

Wenn Verbesserung für uns mit Fehlerkorrektur identisch ist, gibt es dort, wo sich keine Fehler finden lassen, auch keine Verbesserungsmöglichkeiten. Und oft entdecken wir Fehler gar nicht, es sei denn, wir haben schon eine konkrete Vorstellung von einer besseren Alternative. Das japanische Streben nach Qualität im Fertigungsprozeß kennt kein Ende (seit sie in diesem Spiel mitmischen). Man geht dort davon aus, daß jede Sache, gleichgültig, wie gut sie ist, immer noch verbessert werden kann. Die westliche Praxis des kritischen Denkens bedeutet jedoch, daß wir Fehler finden und sie korrigieren müssen; die Verbesserung einer fehlerlosen Sache ist daher unmöglich. Wir sehen also, daß das kritische Denken als tragendes Element unserer Denktradition gravierende Nachteile aufweist. Selbst dort, wo es gut funktioniert, ist es in letzter Instanz von Wahrnehmungen abhängig, die wir am liebsten als absolute Kategorien betrachten.

Laffer-Kurven

Steuern bringen Geld in die Kasse, also werden höhere Steuern noch mehr Geld bringen. Effizienz in der Industrie ist etwas Gutes, also muß eine höhere Effizienz noch besser sein. Gesetze sind gut, also müssen mehr Gesetze noch besser sein.

Die Laffer-Kurve ist vermutlich das einfachste und klarste Beispiel für die Mängel der herkömmlichen Tischplattenlogik. Sie wurde benannt nach einem Wirtschaftswissenschaftler, von dem die These stammt, jenseits eines bestimmten Punkts führe jede Steuererhöhung in Wirklichkeit zu einer Verringerung der Steuereinnahmen. Jenseits des besagten Punkts geht angeblich die Arbeitsmotivation zurück, und die Leute verwenden viel Zeit und Erfindungsgeist darauf, ihr Einkommen der Besteuerung zu entziehen. Die Industrie trifft jenseits dieses Punkts ihre Entscheidungen eher aus steuerlichen Erwägungen als aus produktiven wirtschaftlichen Gründen. In der jüngsten Vergangenheit haben viele Länder – darunter die Regierung Reagan und das Thatcher-Kabinett – die Steuern gesenkt, und es hat tatsächlich den Anschein, als ob die Steuererträge stiegen (obwohl solche Dinge immer im Zusammenhang mit anderen, parallel verlaufenden Entwicklungen zu sehen sind). Wie dem auch sei, bis zu dem gewissen Punkt erbringen höhere Steuern auch höhere Steuereinnahmen; danach geht es mit den Einnahmen bergab. Graphisch dargestellt, sieht die Laffer-Kurve daher wie ein einfacher Berggipfel aus.

Industrielle Effizienz dient dem Wettbewerb. Ein effizienter Hersteller hält die Produktionskosten möglichst niedrig. Er erzielt höhere Profite, die sich wieder investieren lassen. Ein effizienter Hersteller macht seine Aktionäre glücklich. Folglich muß aus dem Produktionsprozeß alles überschüssige Fett herausgepreßt werden. Jeder investierte Dollar muß sich entsprechend auszahlen. Alle Produktionskapazitäten müssen voll genutzt werden. Vor einigen Jahren wurden in den Vereinigten Staaten 50 000 neue Triebwagen *per annum* gebraucht. Heute sind es nur noch 12 000. Der Grund für die gesunkene Nachfrage ist nicht darin zu suchen, daß der Schienenverkehr abgenommen hätte, sondern daß jeder Triebwagen nunmehr zehn – statt vorher zwei – Monate pro Jahr im Einsatz ist. Das Wunder ist der Computerberechnung zu verdanken. Soviel Effizienz ist gewiß eine großartige Sache – und alles wird noch viel besser, wenn man sie noch erhöht.

Das stimmt – bis zu einem gewissen Punkt. Darüber hinaus bedeutet höhere Effizienz »Sprödigkeit« und Verlust an Flexibilität.

Sie können Ihre Effizienz den gegenwärtigen Bedingungen anpassen, doch sobald sich die Bedingungen ändern, ist die Luft raus, ist das Sprungtuch weg, bleibt kein Spielraum mehr. Die effiziente Organisation kann also sehr plötzlich zusammenbrechen. Sie stoßen alle Produktionszweige ab, die nicht genug Gewinn einbringen (und die Aktien

Ihrer Firma steigen), doch dann erwächst Ihnen auf dem letzten verbliebenen Zweig plötzlich ein starker Konkurrent, und Sie sitzen in der Tinte.

Das neue Zauberwort in der Industrie heißt »Flexibilität«. Statt die Produktion von Fahrrädern immer effizienter zu gestalten, stellen Sie Ihren Betrieb auf Flexibilität ein. Lassen sich Fahrräder gut verkaufen, produzieren Sie Fahrräder, sind medizinische Geräte gefragt, so stellen Sie auf die Produktion von medizinischem Gerät um. Ihr Elektrizitätswerk bauen Sie so um, daß leicht von einem Brennstoff auf den anderen umgeschaltet werden kann: Wird das Erdöl teurer, gehen Sie zur Kohle über, sinkt der Gaspreis, stellen Sie auf Gas um.

Gesetze sind notwendig, damit eine Gesellschaft funktioniert. Dennoch können sie zu absurden Situationen führen – zum Beispiel, wenn Fachärzte für Geburtshilfe sich weigern, Babys ans Licht der Welt zu verhelfen, weil drohende Kunstfehlerverfahren und Haftungsforderungen die Versicherungsprämie derartig in die Höhe schnellen lassen, daß sich ihr Beruf nicht mehr rentiert. Der Gipfel der Absurdität wird in den Vereinigten Staaten erreicht, wo Rechtsangelegenheiten zu den wichtigsten Problemen zählen, mit denen sich die Unternehmen herumschlagen müssen. Der Texaco-Pennzoil-Konflikt ist nur ein Beispiel dafür. In einem europäischen Großunternehmen erfuhr ich, daß sich dort zwei Abteilungen einen Rechtsanwalt teilen. In den Vereinigten Staaten beschäftigt eine vergleichbare Abteilung fünfzig Rechtsexperten ganztägig. Juristen müssen sich schließlich auch ihren Lebensunterhalt verdienen – und wenn sich aus einem Gerichtsprozeß mehr Profit schlagen läßt als aus industrieller Produktion, dann werden die Spielregeln eben auf diese Weise angewendet. Auf diesen Punkt komme ich noch einmal unter dem Stichwort »Ludus-Prinzip« zurück (das Spiel um seiner selbst willen spielen).

In der Tischplattenlogik liegen alle Einzelteile vor Ihnen auf dem Tisch. Ein blaues Teil ist blau und verfärbt sich nicht plötzlich rot. Der Wert, der einer bestimmten Sache zugeordnet wird, ist dauerhaft. Ein Ding oder Sachverhalt zählt entweder zu einer bestimmten Kategoriengruppe – oder eben nicht. Es gibt keinen Mechanismus, der ein einzelnes Teil urplötzlich aus seiner Kategorie springen und sich einer anderen anschließen ließe. Ohne diese Dauerhaftigkeit würde das logische System nicht mehr funktionieren. Wären wir in jedem einzelnen

Punkt von den Umständen »abhängig«, so besäßen wir nicht mehr die klassische Logik, sondern die Art von »Wasserlogik«, wie ich sie bereits erwähnte und später noch näher ausführen werde.
Die meisten Philosophen waren und sind sich dieses gravierenden Mangels in ihrem Kategoriensystem bewußt. Die Schwierigkeit liegt darin, daß der Wendepunkt (der Gipfel der Laffer-Kurve) sich nicht so leicht konkret definieren läßt. Kein Salz am Essen ist schlecht, ein wenig Salz ist gut, mehr Salz ist schlecht – doch die genauen Unterscheidungskriterien oder Wendepunkte variieren von Person zu Person. Zur Überwindung dieses Problems ist den Philosophen nicht viel eingefallen: Sie raten zur »Mäßigung in allen Dingen« und empfehlen den »goldenen Mittelweg«. Doch diese väterliche Ermahnung hat mit Logik nichts mehr zu tun.
Daß es schlecht ist, gar nichts zu essen, gut, wenig zu essen, und wiederum schlecht, zuviel zu essen, leuchtet ein. Amerikas Kummer mit der Korpulenz beweist die Praxisnähe dieser Logik. Groß zu sein ist von Vorteil, nicht aber, sehr groß zu sein – es sei denn, Sie wollen Basketballspieler werden. Die Entscheidung in solchen Fragen fällt nicht allzu schwer, man hält sich an Kriterien wie »Angemessenheit« und den »üblichen Rahmen«. Ein gewisses Maß an Verteidigungsausgaben ist tolerierbar – wann aber ist der Punkt erreicht, an dem sie »schlecht« oder zur Verschwendung werden?
Ziel und Zweck der Tischplattenlogik war, uns solch schwierige Entscheidungen zu ersparen. Wir mußten lediglich herausfinden, in welche Kategorie eine bestimmte Sache gehört. Damit wurde uns die Entscheidung aus der Hand genommen.

Die Wahrheit ist etwas Gutes, die Gerechtigkeit, die Ökologie, die Familie, die Gemeinschaft – alles gut. Können wir uns einen Punkt vorstellen, an dem uns die eine oder andere Angelegenheit zuviel wird und sich zum Schlechten wendet? Vermutlich nicht – und wenn wir es könnten, gäben wir es niemals zu, weil Widersacher sofort behaupten würden, der Punkt sei längst erreicht. Genau aus diesem Grunde versehen wir manche Dinge und Sachverhalte mit dem Etikett »Von dauerhaftem Wert«. Wir wollen einfach keine schwierigen Entscheidungen mit mehrfachen Wahlmöglichkeiten treffen.
Das Wertetikett ist in diesen Fällen Teil unseres Wahrnehmungsmu-

sters. Sie können ein seltsam geformtes Stück Holz auflesen und sich fragen: »Ist das von irgendwelchem Nutzen für mich?« Sobald jedoch in einer Diskussion Begriffe wie Gerechtigkeit, Ökologie, Effizienz oder Gesetzlichkeit auftauchen, wissen Sie automatisch, daß es um »gute Dinge« geht.

Eine ganze Reihe von gesellschaftlichen Problemen ergibt sich allein aus unserer Unfähigkeit, die vielfache Anwendbarkeit der Laffer-Kurve (ich bezeichne sie lieber als »Salz-Kurve«) zu erkennen. Wissen ist von Vorteil, also muß noch mehr Wissen von größerem Vorteil sein. Nein, nicht unbedingt. Wir haben gesehen, daß zuviel Wissen jeden originellen Ansatz in der Forschung im Keim ersticken kann. Kritik ist etwas Gutes, also muß mehr Kritik noch besser sein. Nein, denn irgendwann wird ein Punkt erreicht, an dem selbstgefälliger Negativismus zum einzigen Ziel wird. Demokratie ist eine gute Sache – kann zuviel Demokratie etwas Schlechtes sein?

Auf Extrembeispiele möchte ich verzichten, denn daß Exzesse jeder Art schädlich sein können, versteht sich nahezu von selbst. Ich beschränke mich vielmehr auf die Schilderung von Situationen, in denen sich der Wertewandel im Rahmen des Üblichen abspielt – also zum Beispiel bei der Salzmenge, die man zum Kochen verwendet.

Problemlösen

Es gibt ein simples Sprichwort, das allein beinahe die amerikanische Grundstoffindustrie zerstört hätte. Es lautet: »Was nicht kaputt ist, braucht nicht repariert zu werden.« Wie konnte dieses einfache und anscheinend ganz vernünftige Diktum solch katastrophale Folgen zeitigen? In Amerikas Industrie herrschte die Meinung: »Machen wir weiter, wie wir's gewohnt sind, und wenn irgendwas schiefgeht (kaputtgeht), dann bringen wir's in Ordnung und machen weiter wie gehabt. Mehr brauchen wir nicht.« Das ist das »Wartungskonzept« der Industrie, das viele Jahre dominierte und auch vollkommen ausreichend war. Dann aber tauchten Konkurrenten auf: Japan, die Schwellenländer Südostasiens und des pazifischen Raums, Westdeutschland. Als Konkurrenten wußten sie, daß es nicht damit getan war, die gleichen Dinge herzustellen. Sie mußten Besseres herstellen. Und dies bedeutete, daß man sich nicht mit Reparaturen zufriedengeben durfte und ansonsten weitermachen konnte wie gehabt. Die Konkurrenten konzentrierten sich also auf Punkte, die an sich keine Probleme waren: Können wir das Design in diesem oder jenem Punkt verbessern? Können wir das billiger herstellen? Wie läßt sich dieses oder jenes zuverlässiger machen?

»Was nicht kaputt ist, braucht nicht repariert zu werden« ist das genaue Gegenteil von Wettbewerb. Die Redewendung geht von einer statischen Welt aus, in der das, was man derzeit tut, bis in alle Ewigkeit genügen wird. Es ist – auf jedem Gebiet – das Gegenteil von Fortschritt. Die Industrie hat diese Lektion mittlerweile gelernt, doch das Erziehungswesen, Politik, Ökonomie und internationale Beziehungen hinken noch hinterher. Hier neigen wir zur »Problemlösungsmentalität«. Wir gehen davon aus, daß das, was wir tun, gut und richtig ist. Gibt es Abweichungen von dieser Norm, so müssen wir schleunigst dafür sorgen, daß alles wieder in Ordnung kommt, so wie wir einen platten Reifen ersetzen. Die Angewohnheit amerikanischer Psychologen und Lehrer, alles Denken als »Problemlösen« zu betrachten, ist eine Katastrophe. In der Lehrerschaft ist derzeit die Rede davon, »Problemlösen« als Schulfach einzuführen. Von »Denktraining« zu sprechen, ist den Pädagogen zu peinlich, denn man geht schließlich davon aus, daß dies ohnehin das Ziel aller schulischen Bildung sein soll.

»Problemlösen« ist zweifelsohne ein wichtiger Teil des angewandten Denkens. Wir können das Wort als »Überbegriff« verwenden, der alles zielgerichtete Denken einschließt: Wir wollen etwas erreichen – wie können wir es erreichen? Also lösen wir das Problem. Aber wie bei allen »Überbegriffen« (Sammelbeckenproblem) beschränken wir unsere Sicht nur allzu rasch auf das reine Beispiel eines Problems: Da stimmt was nicht, also bringen wir's in Ordnung. Dieser Ansatz schließt von vornherein jegliches gelegenheitsbedingte Weiterdenken aus, jedes initiative Denken, Unternehmungsgeist, den Willen zur Verbesserung sowie jede Art von Nachdenken über Dinge, die *nicht* falsch oder kaputt sind.

Problemlösen und kritisches Denken entstammen der gleichen kulturellen Tradition: Fehlersuche und Fehlerberichtigung. Wir erkennen nicht, daß beides nur dazu dient, den Status quo zu erhalten. Wir gehen davon aus, daß unser derzeitiges System perfekt ist – oder, falls noch nicht, sich zumindest dank stetiger Evolution auf diesen Zustand zubewegt. Alles, was ein Denker zu tun hat, ist, das Fahrzeug am Laufen zu halten und hier und da ein paar defekte Teile zu reparieren. Daß Fortschritt auch durch Wahrnehmungsveränderung, Paradigmenwechsel und geplantes Design möglich ist, wird gar nicht erst in Betracht gezogen.

Bei der Bewältigung von Problemen bedienen wir uns einer sehr konventionellen Methode: Wir analysieren die Lage. Dann versuchen wir, »die Ursache des Problems zu beseitigen«. Und damit hat es sich oft auch schon: Wenn Sie ein Nagel in der Schuhsohle stört, entfernen Sie ihn; wenn zu billige Kredite die Inflation in die Höhe treiben, erhöhen Sie die Zinsen; wenn verseuchtes Wasser zum Ausbruch der Cholera führt, nehmen Sie anderes Wasser oder nur gekochtes; wenn ein Dichtungsring an einer Rakete undicht ist, entwerfen Sie eine Rakete ohne Dichtungsring. Aber nicht alle Probleme lassen sich lösen, indem man die Ursache beseitigt. Vielleicht finden Sie sie gar nicht. Vielleicht finden Sie sie, sind aber nicht imstande, sie zu beseitigen (Erdbeben oder Dürreperioden). Vielleicht gibt es auch einen ganzen Komplex von Ursachen, die nicht beseitigt werden können (sektiererische Gewalt). Die »Beseitigung der Ursache« ist nur eines der »Problemlösungsidiome«, doch dieser simple Ansatz verschlingt wegen seiner kulturellen Tradition in der Logik, ja sogar im Konzept der »Sünde«, einen Großteil unserer Energie. Die primitive Vorstellung von »Ursache und Wirkung« bedeutet, daß jedes Problem eine Ursache haben muß – die beseitigt werden kann.

Wie steht es mit unseren Ansätzen? Da wäre zunächst einmal Design oder »Entwurf«. Dabei sagen wir: »Die Situation sieht soundso aus. Wie kommen wir voran?« Wenn Sie in einem Sumpfgebiet eine neue Stadt errichten wollen, können Sie sagen: »Beseitigen wir die Ursache für den Sumpf.« Wollen Sie die neue Stadt jedoch in einer Wüste bauen, so kommen Sie gar nicht erst auf die Idee, den ganzen Sand zu beseitigen. Statt dessen sagen Sie sich: »Das ist eine Wüste hier. Was für Häuser müssen wir planen, wenn wir auf Sand bauen wollen?« Der sektiererischen Gewalt in Nordirland könnte man vielleicht auch durch die Beseitigung der Ursachen beikommen, doch dürfte sich das recht schwierig gestalten, da sie tief in der Geschichte und der Kultur des Landes verwurzelt sind. Doch man kann auch von der derzeitigen Lage ausgehen und in die Zukunft hineinplanen.

Ein weiterer Ansatz, der sich mit Entwurf oder Design überschneidet, ist die Systemveränderung. In einem komplexen interaktiven System können wir Verbindungen und Beziehungen verändern: manche auflösen, neue einführen, die Parameter der Beziehung verändern. Nicht selten kommt es vor, daß menschliche Natur und Habgier nach einer Änderung der Spielregeln hervorragend mit dem neuen System zurechtkommen. Als die amerikanischen Versicherungsgesellschaften die eskalierenden Krankenhauskosten senken wollten, führten sie diagnoseabhängige Festbeträge ein, die den Hospitälern für jede Diagnosegruppe einen bestimmten Betrag garantierten. Die Krankenhäuser fanden heraus, daß es sich nicht mehr lohnte, die Patienten so lange wie möglich zu behalten. Vielmehr war es für sie lukrativer, wenn sie die Patienten früher nach Hause schickten. (Daß der Patient die Möglichkeit hat, wegen Fehlbehandlung vor Gericht zu gehen, schützt ihn vor allzu früher Entlassung.)
Unsere Denktraditionen haben indessen von jeher der Analyse den Vorzug vor zukunftsgerichtetem Design gegeben. Wenn wir nur noch etwas gründlicher analysieren, so meinen wir, müssen wir unweigerlich die Ursache des Problems finden, die wir dann beseitigen können. Dieses Idiom ist nicht direkt falsch, aber sehr beschränkt in seinem Anwendungsbereich. Dennoch lehren wir weiterhin nur die Analyse, kein Design. Das liegt daran, daß die Analyse lediglich Logik zu erfordern scheint (ein Fehlschluß, da sie in Wirklichkeit zusätzlich der kreativen Wahrnehmung bedarf), wohingegen Design Kreativität erfordert, mit der umzugehen wir nicht gelernt haben.
An diesem Punkt suchen manche Philosophen möglicherweise Zuflucht bei Wortspielereien. »Alles muß eine Ursache haben. Ein Problem muß eine Ursache haben. Ist das Problem gelöst, so wurde die Ursache *per definitionem* beseitigt. *Wie* sie beseitigt wurde, spielt keine Rolle – Hauptsache, sie wurde beseitigt.« Diese Art deskriptiver Nachlese hat die intellektuelle Entwicklung gehemmt. Die Situation ist die gleiche wie beim Gebrauch des Begriffs »Intelligenz«. »Jedes gute, effiziente und wertvolle Verhalten ist intelligentes Verhalten, daher ist ein intelligenter Mensch unfähig zu ineffizientem Denken. Ein schlechter Denker ist *per definitionem* nicht intelligent.« – »Die Logik kann keine Fehler machen, weil sie – *per definitionem* – fehlerfrei ist. Treten trotzdem Fehler auf, so ist die Logik nicht echt.« Solche Dinge hört man

immer wieder bis zum Überdruß, und doch sind sie nichts weiter als deskriptive Wortspielereien.
Wahrscheinlich gibt es zahlreiche Ursachen für das Verhalten britischer Hooligans in den Fußballstadien und anderswo. Die Ursachen schließen wahrscheinlich schlechte Familienverhältnisse und Disziplinlosigkeit mit ein, außerdem Modeerscheinungen und Gruppendruck, Langeweile, eine Popkultur des freien Ausdrucks, Entfremdung von der immer komplizierter werdenden Gesellschaft, jugendliche Aggressionen ohne Ventil, Gewalt im Fernsehen und so weiter. Wir können versuchen, alle diese Ursachen zu beseitigen - oder wir versuchen, mit dem Blick nach vorn zu entwerfen.
Die Traditionen der Problemlösung und der Ursachenbeseitigung sind also durchaus zu schätzen, soweit sie reichen - aber sie machen nur einen Teil des erforderlichen Denkens aus. Sie gehen, wie viele andere unserer Denkgewohnheiten, eben nur bis zu einem bestimmten Punkt; darüber hinaus sind sie unzureichend. Dennoch geben wir uns immer noch mit dem Erreichten zufrieden und halten es sogar für hervorragend. Jeder amerikanische Mann - sofern er nicht Schnurrbartträger oder indianischer Abstammung ist - rasiert sich jeden Tag die Oberlippe. Wie oft hält wohl ein passionierter Naßrasierer in seiner Bewegung inne und fragt sich, ob es nicht vielleicht einfacher wäre, den Rasierer still zu halten und statt dessen den Kopf zu bewegen? Das ist tatsächlich eine bessere Methode. Doch niemand probiert sie aus - weil es dabei »kein Problem zu lösen gibt«. Fortschritt entwickelt sich eben nicht allein durch Problemlösung.

Analyse

Es gibt die Geschichte vom Leiter eines Supermarktes in New Jersey, der entdeckte, daß sich die diebstahlsbedingten Verluste des Geschäfts auf erschreckende zwanzig Prozent des Umsatzes beliefen. Er ordnete eine strenge Untersuchung an. Alle Zahlen wurden sorgfältigst überprüft. Alle Angestellten, die an den Kassen saßen, wurden intensiv überwacht, um sicherzustellen, daß es keine Unregelmäßigkeiten bei der Abrechnung gab. Detektive mischten sich unter die Kunden und achteten darauf, ob Ladendiebstähle im großen Stil stattfanden. Auch

dabei kam nichts heraus. Das System funktionierte lückenlos – aber die Verluste blieben unverändert. Eines Tages kam der Besitzer des Supermarkts in sein Geschäft. Ein seltsames Gefühl überkam ihn: Irgend etwas stimmte nicht so ganz. Aber er hätte nicht sagen können, was – es war eben nur ein komisches Gefühl. Dann plötzlich ging ihm ein Licht auf: Ursprünglich hatte er nur vier Kassen installiert, doch nun waren es fünf! Das Personal hatte gemeinsam eine fünfte Kasse eingerichtet und steckte deren Einkünfte in die eigene Tasche. Das System an sich funktionierte also in jeder Hinsicht perfekt – bloß war es nicht das ursprüngliche System.
Analyse funktioniert besonders gut bei in sich geschlossenen Systemen. Aber wie viele Systeme sind wirklich in sich geschlossen? Wo ziehen wir den Trennungsstrich? Im nachhinein ist es leicht zu behaupten, bei der Untersuchung des Supermarktbetrugs hätte man auch die Zahl der Kassen überprüfen müssen – nachher ist man bekanntlich immer klüger.
In einem meiner früheren Bücher stellte ich einige technische Denksportaufgaben vor. Es ging darum, mit Messern »Brücken« zwischen aufgestellten Flaschen zu schlagen und entsprechend auszubalancieren. Bei einer Versuchsanordnung schrieb ich, man könne »vier« Messer verwenden. In Wirklichkeit ließ sich das Problem schon mit drei Messern lösen. Ich erhielt zahlreiche wütende Briefe, in denen die Leser sich beschwerten: Warum stellen Sie vier Messer zur Verfügung, wenn nur drei gebraucht werden? Es handelt sich hier um ein Paradebeispiel für die Analyse geschlossener Systeme und die Schulbuchlogik: Verwende jede vorgegebene Information.
Die Analyse geschlossener Systeme ähnelt der Fähigkeit begabter Schüler, Puzzles zu lösen: Sind alle Einzelteile vorhanden, so lösen die Schüler ihre Aufgabe anstandslos.
Unsere Analysetradition äußert sich in sehr ähnlichem Verhalten: Halten wir fest, was für uns relevant ist, und grenzen es durch eine Linie ab: Wieviel von der Welt wollen wir in unser Spiel einbeziehen? Danach analysieren wir die Faktoren und ihre Beziehungen untereinander.
Früher geschah es nicht selten, daß man in einer Warteschlange vor irgendeinem Schalter (bei der Bank, der Post oder einer Luftlinie) ewig nicht weiterkam, weil ganz vorn ein Kunde stand, der anscheinend eine ganze Fülle höchstkomplizierter Dinge zu erledigen hatte. So entwik-

kelte man das Konzept der »einzigen« Warteschlange vor der Schalterreihe: War man an der Spitze angelangt, so ging man an den Schalter, der gerade frei war. Zumindest psychologisch gesehen war dies eine enorme Verbesserung, kam man doch jetzt nie mehr direkt hinter einer bestimmten Person zu stehen, die einfach nicht fertig wurde. Inzwischen gibt es eine Reihe hochkomplizierter Verfahrensanalysen zur Berechnung der Warteschlangenmathematik, von denen wir optimale Anstellstrategien, bezogen auf die Anzahl der benötigten Punkte und so weiter, erwarten dürfen. Doch woher sollen die nächsten Ideen kommen?

Stellen Sie sich vor, es gäbe einen zusätzlichen Schalter, über dem ein Schild mit der Aufschrift »Bedienung an diesem Schalter fünf Dollar« angebracht ist. Wer immer in der Warteschlange nunmehr meint, seine Zeit sei ihm fünf Dollar wert, wird diesen Schalter wählen. Sie bestimmen selbst, ob Sie Ihre Ungeduld mit einem entsprechenden Preis bezahlen wollen oder nicht. Entscheiden sich allzu viele Leute dafür, so wird der Preis auf zehn Dollar oder mehr erhöht. Ziemlich unwahrscheinlich, daß ein solcher Vorschlag von einem Forschungsteam für Warteschlangenanalyse kommen könnte.

Das erste Problem der Analyse lautet also: Haben wir es wirklich mit einem in sich geschlossenen System zu tun? Und das zweite: Wo ziehen wir den Schlußstrich, wenn wir ein geschlossenes System erhalten wollen? Die Antworten auf diese Fragen sind offensichtlich weitgehend wahrnehmungsabhängig. Wir schließen vielleicht Dinge ein, die uns relevant vorkommen – doch dazu bedarf es eben zunächst einmal der Wahrnehmung.

Aus vielen guten Gründen gilt die Analyse seit jeher als besonders starkes Denkwerkzeug. Sind wir nicht imstande, ein komplexes Ganzes zu begreifen, so teilen wir es in begreifbare Muster auf und wissen dann schon, was zu tun ist. Zum besseren Verständnis des Systems analysieren wir einige Teile davon und ihre Beziehungen untereinander. Das ist die Quintessenz der angewandten Mathematik. Wir wollen ein bestimmtes Phänomen verstehen lernen und analysieren daher die Situation mit dem Ziel, die gewünschte Erklärung zu bekommen.

Gegen dieses herkömmliche Analyseverfahren erhebt sich in zunehmendem Maße Widerspruch: Die Teile eines komplexen Systems zu kennen heißt noch nicht, das Ganze zu kennen. Und das Ganze kann nicht aus den Teilen rekonstruiert werden. So herrscht in der Medizin beispielsweise das weitverbreitete Gefühl, daß die psychische Einstellung des Patienten Einfluß auf seine Genesung hat – nur wird man davon bei einer mikroskopischen Untersuchung der Bakterien oder der Zählung der Antikörper im Blut nichts feststellen. Selbst in der Mathematik gibt es einen Trend zu einer eher holistischen Betrachtungsweise. Und wie verhält es sich mit der Meteorologie? Beruht sie auf einer Reihe von punktuellen Messungen oder auf einem Gesamtüberblick über Muster und Prozesse?

Höchstwahrscheinlich hat unsere analytische, »atomisierende« Methode, die Wirtschaft zu betrachten, Fortschritte auf diesem Gebiet verhindert.

Ich möchte nun auf einen nach meinem Dafürhalten noch gravierenderen Fehler der Analyse zu sprechen kommen. Wenn wir wissen wollen, was los ist, und nach neuen Ideen suchen, müssen wir – so die gängige Vorstellung, mit der wir aufgewachsen sind – die verfügbaren Daten analysieren und durch Experimente und andere Untersuchungen neue Daten hinzugewinnen. Das ist die Ausgangsbasis für jede Wissenschaft und jede Marktforschung. Computer haben uns in die Lage versetzt, Daten in bemerkenswert effizienter Weise zu sammeln und zu sortieren. Dadurch können wir die traditionelle Datenanalyse mit wesentlich höherer Effizienz fortführen. Wir – oder zumindest viele von uns – glauben, daß die Datenanalyse genügt und die Grundlage des rationalen Verhaltens ist. Leider enthält dieser traditionelle Ansatz einen gravierenden Fehler.

Der Fehler liegt darin, daß uns eine *echte* Datenanalyse gar nicht möglich ist. Im günstigsten Fall können wir eine schon vorhandene Hypothese überprüfen oder herauszufinden versuchen, ob das Datenmaterial in irgendeiner Weise zu unserem begrenzten Beziehungsrepertoire paßt. Kurzum: Wir müssen uns zunächst einmal den Wahrnehmungsrahmen schaffen. In den meisten Fällen bedienen wir uns stark vereinfachter Wahrnehmungsrahmen wie »Korrelation« oder »Ursache und Wirkung«, »Zeitläufe« oder »Zerfallszeit«.

In der Anfangszeit meiner medizinischen Forschungstätigkeit befaßte ich mich unter anderem auch mit dem Lungenkreislauf. In einem normalen Kreislaufmodell mißt man den Druckabfall zwischen zwei Punkten und dann die Flußmenge. Daraus resultiert der »Widerstand«.

Auf dieser Basis schienen die Zahlen jedoch nie zu stimmen. Dann ging ich zu einem »Wasserfall«-Modell über. Bei einem Wasserfall hat die Höhe des Falls keinerlei Einfluß auf die Flußmenge oberhalb des Wasserfalls.

Bei der Entwicklung der neuen »Chaos«-Forschung haben die Mathematiker unter Anwendung des neuen konzeptuellen Modells auf alte Daten zurückgegriffen. So bestätigt oder verwirft die Datenanalyse eine Hypothese und gestattet die Wahl zwischen bekannten Beziehungsmodellen, schafft selbst jedoch keine neuen Konzepte. In der Wirtschaftswissenschaft werden die neuen Bezugsmodelle (nichtlinear, Schwelle, Wasserfall und so weiter, und so fort) erst seit kurzer Zeit getestet. Hätte die Datenanalyse die neuen Ideen von sich aus liefern können, so wäre dies längst geschehen, und die neuen Ideen hätten die primitiven Relationen, mit denen die Ökonomen bislang gearbeitet haben, ersetzt. Auf diesen Punkt komme ich bei der Erörterung der wissenschaftlichen Methode noch einmal zurück. Es handelt sich um einen wichtigen Punkt, der unmittelbar von der Wahrnehmungsorganisation abhängig ist: Wir sehen nur das, was zu sehen wir bereit sind.

Je mehr Arbeit uns die Computer bei der Datenanalyse abnehmen, desto mehr konzeptuelle Modelle sollten wir für sie entwerfen, schließlich sind wir inzwischen in der Lage, Computerexperimente durchzuführen. Frühere Daten haben gezeigt, daß die Wahrscheinlichkeit, bei einem Verkehrsunfall getötet zu werden, geringer war, wenn man den Sicherheitsgurt angelegt hatte. Dies schien zu belegen, daß die Benutzung des Gurts die Überlebenschancen erhöht. Spätere Analysen zeigten dann, daß die Berechnung zwar korrekt, aber nicht ganz so einfach war. Vorsichtige Fahrer schnallten sich an und fuhren vorsichtig, daher erlitten sie nur leichte Unfälle. Rücksichtslose Fahrer trugen oft keinen Gurt und erlitten folglich schwerere Unfälle. Und bei schwereren Unfällen ist die Wahrscheinlichkeit, getötet zu werden, größer. Bevor man nach dieser Möglichkeit Ausschau halten kann, muß man jedoch erst einmal an sie denken.

Warum können wir nicht einfach Daten mit allen möglichen Kombinationen analysieren? Was für Kombinationen sind gemeint? Selbst wenn wir die zu berücksichtigenden Faktoren isolieren könnten, so wären diese doch bereits von der Wahrnehmung bestimmte Annahmen. Und allein schon für diese isolierten Faktoren wäre die Anzahl der Organisationsmöglichkeiten kolossal, denn die Kombinationsmathematik arbeitet mit großen Zahlen. Es gibt 362 880 verschiedene Möglichkeiten, die Zahlen 1 bis 9 auf einem neunfeldrigen Plan (9 × 8 × 7 und so weiter) zu verteilen.

Im nachhinein ist man natürlich klüger. Sobald wir die Lösung kennen, ist es leicht zu sagen: Wenn du dieses oder jenes gesucht hättest ... Wenn du das Problem auf diese oder jene Weise definiert hättest ... Wenn du das Richtige gemessen hättest ... Solcherlei verspätete Rechthaberei hat, wie ich schon mehrmals betont habe, sehr wenig zu bedeuten, klingt doch jede wertvolle schöpferische Idee im nachhinein immer logisch. Das Nachhinein ist bei einem Tischplattenmodell immer nützlich, in einem musterbildenden System jedoch bedeutungslos. Sobald man den Weg kennt, der zur Lösung führt, läßt sich der Weg dorthin auch leichter einschlagen.

Einer der wichtigsten Beiträge der Griechen zum Denken war das »Warum«-Konzept. Vor der Einführung dieses Konzepts gaben sich die Philosophen gewöhnlich mit der Feststellung »So ist es« zufrieden und beließen es dabei. Das »Warum«-Konzept löst die umfangreiche geistige Aktivität der Analyse aus und sucht nach Erklärungen. Dann folgt auch schon der nächste Schritt: Wenn wir die Dinge verstehen und die Grundlagen erkennen können, sind wir vielleicht auch imstande, sie zu ändern. Es ist also leicht einzusehen, weshalb diese klassische Denkweise noch immer in hohem Ansehen steht. Sie führt zur wissenschaftlichen Methode, auch wenn die Griechen selber in ihrem Denken die Tischplattenlogik und konstruierte Systeme den Experimenten vorzogen.

Das »Warum«-Konzept ist ein wesentlicher Grundbestandteil unserer intellektuellen Tradition, und ich erwähne es deshalb an dieser Stelle, weil die meisten unserer Analysen dem Zweck dienen, ebendiese Frage zu beantworten: »Warum?« Warum steigt die Inflation? Warum hat der Aidsvirus eine so lange Inkubationszeit? Warum haben fünf Prozent der Wähler ihre Meinung geändert? Warum weist die Handelsbilanz ein Defizit auf?

Was Wahrnehmung und Konzeptionsfähigkeit zur analytischen Suche nach Erklärungen beitragen, habe ich schon erwähnt: Wir müssen unserem Wahrnehmungsrepertoire ebensoviel Aufmerksamkeit widmen wie den Daten. Nun will ich einen Blick in die entgegengesetzte

Richtung werfen. Erklärungen blicken in die Vergangenheit, Design blickt in die Zukunft.

Wir waren geradezu besessen von Analysen, schenkten Entwurf und Design jedoch nur sehr wenig Aufmerksamkeit. Gewiß, wir entwarfen Tempel, Stoffe, Möbel und Weltraumraketen, betrachteten Design aber immer, verglichen mit der intellektuellen Brillanz der Analyse, als eine Art Handwerk. Das liegt zum Teil an unserer Wahrheitssuche, von der wir (möglicherweise zu Unrecht) annehmen, sie entspränge eher der Analyse als dem Design. Möglicherweise handelt es sich um eine weitere Nachwirkung der theologischen Argumentation auf unsere Erziehung und Bildung. Vor allem aber ist es die Konsequenz aus unserem Irrglauben, Design sei, sobald die Analyse sämtliche Komponenten und Systeme freigelegt habe, nur noch eine Frage der Zusammensetzung der Einzelkomponenten mit einem bestimmten Ziel.

Das traditionelle Konzept heißt »Wissen ist alles« oder »Wissen ist Macht«. Ist man erst im Besitz des Wissens, so sind Tätigkeiten wie Handeln und Entwerfen geringere intellektuelle Leistungen. Folglich befassen sich Lehre und Forschung an den Universitäten primär mit dem Wissensaspekt. Die Unterweisung in praktische Fertigkeiten überläßt man den technischen Fachhochschulen und den Wirtschaftshochschulen, deren intellektuelles Niveau erheblich geringer eingeschätzt wird. Es mag zwar zutreffen – auch wenn ich persönlich nicht unbedingt dieser Meinung bin –, daß die Erfindung einer Schubkarre oder eines Radarsystems eine intellektuell leichtere Aufgabe ist als die Analyse der politischen Entwicklung des neunzehnten Jahrhunderts, der eigentliche Erfindungsvorgang allerdings ist sehr viel schwieriger und um kein Jota weniger wichtig als die Analyse.

Die Einsicht in die Bedeutung des Designs ist durch zwei Gründe blockiert worden: einmal durch den Glauben, daß uns eine Datenanalyse von selbst alle erforderlichen Ideen beschert (was in einem selbstorganisierten Wahrnehmungssystem nicht zutrifft), und zum zweiten durch den Glauben, daß die Evolution ohnehin für den nötigen Fortschritt sorgt (was ebenfalls auf ein selbstorganisiertes System nicht zutrifft).

Das Gegenteil von »Warum« lautet »PO«. Mit »PO« richten wir den Blick nach vorn auf das, was sein *könnte* – auf mögliche Ergebnisse sich verändernder Wahrnehmungen und neu zu entwerfender Konzepte.

Was sein könnte, beruht nur zum Teil auf dem, was ist. Möglicherweise besteht sogar die Notwendigkeit für eine Flucht aus dem Bestehenden, eine Flucht vor den vorhandenen Wahrnehmungen und Paradigmen. Nach Aristoteles kommt jedes neue Wissen aus dem bereits vorhandenen Wissen. Das mag in gewisser Hinsicht zutreffen – vorausgesetzt, wir akzeptieren, daß wir neues Wissen ausschließlich durch die Brille vorhandener Wahrnehmungen sehen können. Mit der gleichen Berechtigung könnte man indessen auch sagen, daß altes Wissen viele neue Erkenntnisse verhindert, und zwar deshalb, weil vorhandene Wahrnehmungen erst aufgeschnürt werden müssen, damit wir die Dinge in einem anderen Licht sehen können.

Beschreibung

Ein Mann trifft im Hotelaufzug eine gutaussehende junge Frau. Er fragt sie, ob sie für 10 000 Dollar mit ihm ins Bett gehen würde. Sie sagt ja. Er denkt eine Weile nach und fragt dann: »Wie wär's mit fünfzig Dollar?« Worauf die Frau indigniert zurückfragt: »Wofür halten Sie mich eigentlich?« Sagt der Mann: »Darüber waren wir uns doch schon einig, jetzt geht's nur noch um den Preis.« Für den Mann stand also die deskriptive Kategorie bereits fest. Für ihn war die Frau eine »Hure«. Die Frau dagegen sah einen großen Unterschied zwischen einer »billigen Hure« und einer »Opportunistin«.

Ein Glas kippt vom Tablett, fällt auf den Boden und zerbricht. Das begreifen wir, denn es ist eine Frage der Schwerkraft. Das beschreibende Wort »Schwerkraft« ist nichts weiter als eine bequeme Weise, um zu sagen: »Wenn man Gegenstände unbefestigt losläßt, fallen sie zu Boden.« Nur wenige Leute, die sich fröhlich auf die Schwerkraft berufen, kennen die Newtonschen Schwerkraftgesetze oder die Einsteinschen Modifikationen. Und noch weniger Leute wissen, daß die Beschleunigung der Schwerkraft 3,65 Meter pro Sekunde beträgt. Ja, selbst die hochkarätigen Physiker wissen noch nicht, ob es Gravitationswellen oder »Gravitonen« (Schwerkraftpartikel) gibt. Beschreibungen sind also weniger als umfassende Erklärungen, aber dennoch eine recht nützliche Annehmlichkeit.

Lange Zeit hindurch war die Wissenschaft nichts anderes als Klassifikation (sogar in der Mathematik), und für einzelne Gebiete trifft das heute noch zu. Bevor wir diese Tatsache übereilt als primitiv verurteilen, sollten wir uns vergegenwärtigen, wie sich dies auf unsere Wahrnehmung und unsere Handlungen auswirkt. Feine Unterschiede erlauben uns, die Dinge anders zu sehen. Bevor medizinische Tests so kompliziert wurden, wie sie es heute sind, konnte ein Arzt eine Gelbsucht aufgrund einer Hämolyse (die zur Zerstörung der roten Blutkörperchen führt) und eine Gelbsucht aufgrund eines Gallenverschlusses dadurch voneinander unterscheiden, daß Urin und Stuhl bei der erstgenannten Krankheit farblos ausfielen. In diesem Fall war keine Operation angeraten, wohl aber, wenn ein Gallenverschluß vorlag. Die Unterscheidung führte also zur angemessenen Behandlung.
Ich habe in diesem Buch schon mehrmals für sehr viel differenziertere Unterscheidungen im Wahrnehmungsbereich plädiert, da wir ohne genauere Wahrnehmung an den weitgefaßten Mustern mit den ihnen zugeordneten alten Wertungen hängenbleiben. Man mag sich fragen, wo der Unterschied zwischen dem klassischen Kategoriensystem und dem Plädoyer für ein verfeinertes Unterscheidungssystem liegt. Meine Antwort: Mitunter überschneidet sich beides, mitunter ist der Unterschied himmelweit.
Zurück zum Gelbsuchtbeispiel. Hätte der Arzt gesagt, beide Krankheiten gehören in die Kategorie Gelbsucht und zur Heilung einer Gelbsucht ist eine Operation notwendig, so wären viele Patienten mit hämolytischer Gelbsucht zwar operiert, aber nicht geheilt worden (ganz abgesehen davon, daß die Operation sogar gefährlich gewesen wäre). Die Feststellung, sowohl Patienten mit Hämolyse als auch solche mit Gallenwegverschluß fielen aufgrund ihrer äußeren Erscheinung (gelbe Haut, gelbe Augäpfel) in die Kategorie »Gelbsucht«, hilft in diesem Fall überhaupt nicht weiter. Außerdem weisen beide Arten von Gelbsucht Ähnlichkeiten im Krankheitsbild sowie ähnliche Nebenerscheinungen auf, und es ist hilfreich, diese Parallelen zu erkennen. Aber parallele Erscheinungen können als das behandelt werden, was sie sind – nicht als Teile einer gemeinsamen Kategorie. Hierin liegt der Hauptunterschied.
Alte Volksheilmittel, von denen einige durchaus wirksam waren und sind, basierten auf praktischer Erfahrung. Der Erfolg setzte eine Unter-

scheidung voraus: Diese Wurzel hilft in jenen Fällen, in anderen hingegen nicht.
Gewiß, allzu genaue Unterscheidung kann uns den Blick für unterschwellige Ähnlichkeiten versperren – womit wir wieder bei den bereits erwähnten »Zusammenwerfern« und »Aufteilern« wären. (Erstere sehen Ähnlichkeiten, letztere Unterschiede.)
Um den Gefahren oberflächlicher Gleichmacherei zu entgehen, brauchen wir eine breitere Palette an möglichen Namen oder Bezeichnungen. Wollen wir jedoch unterschwellige Gleichheiten feststellen, so müssen wir erst herausfinden, was hinter der jeweiligen Benennung steckt. Wollten wir einem Glas in unserer Hand, einem Glas, das gerade herabfällt, und einem Glas, das auf dem Boden aufschlägt, drei unterschiedliche Namen geben, so hätten wir einige Mühe, dann noch zu erkennen, daß es sich dabei um ein und denselben Vorgang handelt. Experten in der Teilchenphysik glauben, daß sie mit diesem Problem konfrontiert sind. Ein einjähriger Lachs, der in seine heimatlichen Gewässer zurückkehrt, wird *grilse* genannt. Die Engländer essen ihn nicht, weil sie meinen, es handle sich um einen ganz anderen Fisch. Die Franzosen dagegen essen ihn gerne, weil sie wissen, daß *grilse* die Bezeichnung für einen jungen Lachs ist.
Benennung ist die einfachste Form der Beschreibung. Was geschieht nun, wenn wir uns der nächsthöheren Ebene zuwenden, wo wir Beschreibung (gewöhnlich sprachliche, aber nicht immer) dazu benutzen, Weltmodelle zu entwerfen? Ein gewaltiger Teil unserer intellektuellen Bemühungen und Traditionen spielt sich auf dieser Ebene ab. Auf Sprache und Beschreibung basiert ein derart großer Teil unserer Denkkultur, daß wir uns der Grenzen des Systems bewußt sein müssen. »Sprache« als solche habe ich bereits in einem früheren Abschnitt behandelt.
Ein Spazierstock läßt sich auf verschiedene Weisen beschreiben: einmal als aus zwei Teilen bestehend – dem gebogenen Griff und dem Rest – und zum anderen als dreiteilig, bestehend aus Griff, Eisenspitze und dem Stock dazwischen. Bedingt durch Traditionen, verfügbare Wahrnehmungsmuster, Analysegrundlagen und Geschichte ist Beschreibung durch eine hohe Flexibilität charakterisiert. (Wäre der Spazierstock aus verschiedenen Teilstücken zusammengesetzt, so bildeten diese vielleicht die Ausgangsbasis für die Beschreibung.)

Beschreibung ist Wahrnehmung, die sich mit Hilfe des verfügbaren Vokabulars und entsprechend den Regeln der Grammatik Ausdruck verschafft. Beschreibung besitzt die gleichen Tugenden und Mängel wie die Wahrnehmung – einschließlich der Unfähigkeit, Wahrheit auszudrücken. Die einfache Feststellung »Ich sah einen roten Apfel auf dem Teller« müßte eigentlich lauten: »Unter den obwaltenden Umständen und in jenem Augenblick machte ich eine Erfahrung, die sich als das Sehen eines roten Apfels auf dem Teller zufriedenstellend beschreiben läßt.« In Wirklichkeit kann es sich ja um ein Hologramm, eine Illusion oder ein Apfelmodell gehandelt haben.

In Schwierigkeiten geraten wir, wenn wir die Beschreibung einer Situation wie das Modell der Situation behandeln. Eine sprachliche Beschreibung ist kein Modell und kann nur weitere Beschreibungen nach sich ziehen. Ein echtes Modell sollte noch weitere Vorgänge (mathematische, chemische, neurologische) umfassen, und nur aus deren Verhalten können wir bestimmte Vorhersagen ableiten. Ein Beschreibungsmodell enthält keine generative Energie: Es gibt keine Überraschungen.

Beschreibungen können – ebenso wie unsinnige Worte, Dichtung oder Zufallsereignisse – Einsichten oder Geistesblitze auslösen. Beschreibungen können die Wahrnehmung verändern, indem sie die Möglichkeiten neuer Wahrnehmungen aufzeigen, die im Praxistest eigenen Wert gewinnen. Sie können Wertverschiebungen herbeirufen, sei es durch Autorität, Trendsetting in der Mode, die Verstärkung neu entstehender Tendenzen oder durch direkte emotionale Propaganda (Verwendung bestimmter Adjektive, partielle Wahrnehmung und all die anderen Mechanismen). Erklärungen oder gar »Wahrheit« im engeren Sinne können sie nicht bieten, allenfalls eine Art Glaubenswahrheit durch die Vorgabe entsprechender kreisförmiger Wahrnehmungen. (Ein Beispiel: Die Mißachtung des Umweltschutzes wird im Endeffekt zur Katastrophe führen, daher ist Umweltschutz eine gute Sache, und daher läßt sich jeder, der dagegen ist, von Selbstsucht oder Gier leiten – und daher . . .)

Natürlich läßt sich nicht einmal den wildesten und schrulligsten Beschreibungen ein Riegel vorschieben. Es ist jedem Menschen selbst überlassen, wie er einen Spazierstock beschreibt – womöglich als bestehend aus genau einhundert Einzelteilen, davon dreißig im Griff, fünfzig im Mittelstück und den Rest in der Spitze. Man kann sich dafür entscheiden, die Sonne als Kutsche zu beschreiben, die von vier namentlich bekannten Pferden über den Himmel gezogen wird. Sie können eine Kuh als Inkarnation einer Gottheit beschreiben. Sie können irgendwelche Aktionen der Vereinigten Staaten in Übersee als Imperialismus beschreiben. Es gibt einfach keine Grenze zwischen Wahrnehmung, Beschreibung und Glauben.

Beschreiben ist nicht schwer. Die Folge ist, daß die Gesellschaft unentwegt von den Kapriolen der Beschreibung benebelt wird, den Zusammenhang als Wahrheitsanspruch ausgibt.

Solange wir Beschreibung als Wahrnehmung und nicht als Logik eines konstruierten Systems betrachten, ist sie von großem Wert. Betrachten wir sie als Wahrnehmungen, so besitzt sie alle anderen Eigenschaften der Wahrnehmung: ihre Beliebigkeit, ihre Fehlerhaftigkeit und ihre Abhängigkeit von den jeweiligen Umständen.

Wann ist eine bestimmte Beschreibung besser als eine andere? Wenn sie uns amüsiert? Wenn sie uns einen spirituellen Wert offeriert oder zu einem praktischen Ergebnis führt? Wenn es Ihnen Spaß macht, an Ufos zu glauben, sei's drum – aber nur auf der Basis des Glaubens. Versuchen Sie nicht, plötzlich auf eine praktische Ebene umzuschwenken. Das gilt auch, wenn Ihnen eine bestimmte Beschreibung einen höheren spirituellen Wert bietet als eine andere – versuchen Sie daraus nicht das Recht abzuleiten, anderen Menschen, die nicht die gleiche Wahl getroffen haben, Ihre eigenen daraus resultierenden Werte oder Wertvorstellungen aufzudrängen. Wenn Sie einen praktischen Wert in einer Beschreibung finden, versuchen Sie, darauf aufzubauen.

An dem Punkt, da eine Beschreibung zum Glauben oder zur Hypothese wird, kommen andere Faktoren ins Spiel, auf die ich später noch eingehen werde.

Das Hauptproblem bei der Beschreibung liegt in unserem Drang, sie als Wahrheit statt als einfache Wahrnehmung zu behandeln.

Ich wiederhole: Die Tatsache, daß wir etwas auf bestimmte Weise beschreiben können, bedeutet nicht, daß wir es auch auf diese Weise sehen können. Das mag paradox klingen. Der springende Punkt ist jedoch, daß Beschreibung nicht mehr Gültigkeit besitzt als Wahrnehmung, denn schließlich beruht sie ja auf einer Vielfalt von Wahrnehmungen. Wenn wir etwas »sehen«, benutzen wir die uns direkt zugänglichen, einfachen Wahrnehmungen – nicht etwa die komplizierten Beschreibungen, die wir später dazu erschaffen. Ein Rad kann ich beschreiben als »den Ort eines Punktes, der sich in einer festgelegten Entfernung um das Zentrum der Achse bewegt« – doch wenn ich ein Rad sehe, sehe ich ein Rad und nicht diese Beschreibung.

Natürlichkeit

Sind Sie ein Schöngeist? Dann toben Sie sich aus – in Lyrik, Gesang und Mitgefühl. Sind Sie kein Schöngeist, dann, bitte, beherrschen Sie sich. Es gehört zu unserer Denkkultur, Natürlichkeit und Freiheit für gut zu halten, Unnatürlichkeit und Beschränkung hingegen für schlecht. Natürlich und unnatürlich sind für uns krasse Dichotomien. Auf Dichotomien in ihrer Eigenschaft als grundlegende Aspekte unserer Denkgewohnheiten komme ich noch zurück.

Natur ist gut, folglich ist Natürlichkeit gut, folglich ist Unnatürlichkeit schlecht. Dennoch kann die Natur auch sehr grausam und vollkommen egoistisch sein.

Wir bemalen eine Fläche mit Farbe. Die Farbe ist künstlich; entfernen wir sie, tritt die wahre Oberfläche zutage. Seit Jahren gilt es als schick, auf Holzflächen die alte Farbe zu entfernen, um die darunterliegende Originaloberfläche freizulegen.

Verstellung, Künstlichkeit und Konvention können übertrieben werden und uns beengen – also befreien wir uns doch von jeder Künstlichkeit! Popsongs sind ein Echo der Kultur: Seid frei, laßt euch gehen! Seit Freud gibt es eine geologische Komponente in der Psychotherapie: Grabt tief. Schaufelt den ganzen Kram auf der Oberfläche beiseite – darunter findet ihr den wirklichen Menschen, euer wahres Ich.

Nehmen wir einmal an, das alles ist falsch. Nehmen wir an, die Oberfläche ist das wahre Ich – und je tiefer Sie graben, desto mehr überflüssigen Kram finden Sie darunter. Wenn Sie ein Haus zerlegen, haben Sie am Ende einen großen Stapel uninteressanter Steine. Nehmen wir einmal an, jeder Mensch ist der Impresario seiner Selbstdarstellung. Nehmen wir an, daß das, was wir aus unserer Erfahrung und unserer chemischen Persönlichkeit zusammenbasteln, das wirklich Wertvolle ist – entfernen wir es, so legen wir nur das Gerüst der Szenerie frei. Die Konfuzianer haben sich nicht mit der westlichen Vorstellung der Seele befaßt. Verhältst du dich gegenüber anderen anständig und tust brav deine Pflicht –

schön, dann erlaubt dir die Gesellschaft, dich um deine Seele zu kümmern. Auf jeden Fall schien das richtige Denken der richtigen Handlungsweise zu folgen. Vielleicht sollten auch wir unser Impresariotalent kultivieren und aus schlechten Aufführungen das Beste machen, statt immer tiefer und tiefer zu graben.

Diese Behauptungen sollen natürlich provozieren – sie sollen zeigen, was geschieht, wenn wir eine natürliche Annahme (daß nämlich Natürlichkeit unter allen Umständen besser sein muß) in Frage stellen.

Unsere naturgegebenen mathematischen Fähigkeiten hätten uns ohne die gleichzeitige Entwicklung unserer Vorstellungskraft und Methodik nicht weit gebracht. Der Mensch kann selbstsüchtig, aggressiv und blutrünstig sein – oder freundlich und friedliebend. Die Natur sieht beide Möglichkeiten vor, und die menschliche Erfahrung stützt sowohl die eine wie die andere.

Gute Manieren sind ein von der Zivilisation erfundenes Schmiermittel, das überall da angewendet wird, wo die zwischenmenschlichen Beziehungen allein mit emotionaler Wärme und geistiger Solidarität nicht mehr funktionieren. Es wäre sicher schön, wenn sich die Menschen untereinander alle wie liebevolle Brüder und Schwestern behandelten. Die Betonung muß allerdings auf »liebevoll« liegen, denn viele Geschwister streiten und hassen sich. Gefühlsduselei dieser Art geht davon aus, daß alles schön und gut wäre, wenn eben alles schön und gut wäre.

Die modische Suche nach dem »Natürlichen« kommt der Qualität unserer Lebensmittel sowie der Natur selbst bestimmt sehr zugute, ist als allgemeine Wahrnehmung jedoch gefährlich.

Jugendliche haben herausgefunden, daß Logik an sich ziemlich wertlos ist, da sich für beide Seiten einer Frage gleichermaßen gute Argumente finden lassen – je nachdem, welche Werte und Wahrnehmungen man vertritt. Und die Jugendlichen erkennen, daß sich ihre scheinbar »logischen« Altvorderen ziemlich unattraktiv verhalten. Sie wissen, daß Gefühle sich durch Logik nicht beeinflussen lassen. Also kehren sie der Logik den Rücken, wenden sich reinen Emotionen und Gefühlen zu und glauben, nun endlich die einzig richtigen Maßgaben für ihr Tun und Lassen gefunden zu haben. Hier bricht die Unterscheidung zwischen Logik und Wahrnehmung total zusammen – ein Zusammenbruch, der durch unser Erziehungswesen, das niemals einen Unterschied zwischen Logik und Wahrnehmung sah, noch begünstigt wird.

Alle Gefühle basieren auf Wahrnehmung. Da ist ein bestimmter Mensch, den Sie hassen, weil er eine Klischeevorstellung in Ihnen hervorruft oder aber weil er sich in Ihrer Gegenwart einmal sehr unfein benommen hat. Eine veränderte Wahrnehmung kann auch zu Veränderungen im emotionalen Bereich führen. Ein Jugendlicher, der in einem Heim für Schwererziehbare untergebracht war, haßte einen Aufseher ganz besonders. Schon stand er mit erhobenem Hammer hinter ihm und wollte ihm den Schädel einschlagen, als er sich auf einmal an seinen CoRT-Denkunterricht erinnerte (insbesondere an die Lektion über Konsequenzen). Er zuckte die Achseln, legte den Hammer aus der Hand und ging seiner Wege. Seine Wahrnehmung hinsichtlich des Aufsehers hatte sich nicht geändert – wohl aber die Art und Weise, wie er das eigene Handeln beurteilte.

Auf einem Spielplatz prügeln sich zwei Jungen. Ein Vermittler schlägt ihnen eine einfache Wahrnehmungsübung vor. Betrachtet es mal vom Standpunkt des anderen aus (in CoRT-Lektionen OPV – *Other People's View* – genannt). Der Streit löst sich in Wohlgefallen auf.

Logik läßt die Dinge zu Klischees und Kategorien erstarren. Wahrnehmungen sind variabel, abhängig von den äußeren Umständen und können geändert werden.

Mathematik

Alle Denker haben seit jeher voller Ehrfurcht und Neid auf die Kraft und Reinheit der Mathematik geschielt. In ihrer Eigenschaft als konstruiertes System besitzt die Mathematik ihre eigenen realen Wahrheiten. Die Mathematik kommt der Vollendung der Tischplattenlogik noch am nächsten – und dennoch erfordern die Interaktionen eines Mathematikers mit einer Vielzahl von Möglichkeiten und Richtungen auch ein geschärftes Wahrnehmungsvermögen.

Angesichts der enormen Macht der Mathematik in der Technik (Atomenergie, Überschallgeschwindigkeit, Elektronenmikroskope, die Mondlandungen) ist es eigentlich erstaunlich, wie gering ihr Einfluß auf das menschliche Verhalten geblieben ist. Die indirekten Auswirkungen technischer Neuheiten wie Computer und Atomwaffen sind zwar enorm – unmittelbar auf den Menschen bezogen, beschränkt sich der

Einfluß der Mathematik jedoch im wesentlichen auf statistische Methoden, denen soziologische Studien, Meinungsumfragen sowie die bloße Auszählung von Wählerstimmen ihre Bedeutung verdanken. Wahrscheinlich ist dieses Beispiel ein wenig übertrieben, es streicht jedoch auf jeden Fall den Unterschied deutlich heraus.
Die Reichweite der Mathematik ist beschränkt – nicht im absoluten Sinne, da sie durch entsprechend ausgetüftelte Techniken ständig erweitert wird, sondern in praktischer Hinsicht. Bis in die jüngste Zeit hinein, das heißt bis zur Entwicklung der Chaostheorie, konnte sich die Mathematik nur mit linearen Systemen und einigen wenigen Sonderfällen nichtlinearer Systeme befassen. Die Chaostheorie hat das Feld der nichtlinearen Systeme ein wenig erweitert. Computer und iterative Prozesse werden das Ihre dazu tun. Die durch Computer geschaffenen Möglichkeiten zur Durchführung mathematischer Experimente (eine Hypothese aufstellen, sie durchlaufen lassen und sehen, was sich ergibt) bedeuten einen wichtigen Fortschritt in der Mathematik, obwohl Puristen unter den Mathematikern von Computern anfangs nicht viel zu halten schienen.
Anläßlich eines Vortrags vor der Mathematischen Gesellschaft der Universität Cambridge (der sich, wie ich später erfuhr, der größten Zuhörerschaft erfreute, die je zu einem Vortrag der Gesellschaft erschienen war) kam ich mit mehreren Studenten ins Gespräch, die ausnahmslos sehr spezielle Gebiete der Mathematik erforschten. Einer von ihnen meinte sogar, auf der ganzen Welt gebe es allenfalls sechs Personen, die begriffen, um was es bei seiner Arbeit ging.
Das mathematische Spiel läßt sich in alle möglichen Richtungen betreiben, von denen einige in der Tat höchst speziell sind. Spezialisierung heißt jedoch gleichzeitig Segmentierung. Dabei nimmt die Wahrscheinlichkeit, den Überblick über die Gesamtheit der Probleme zu behalten, kontinuierlich ab. Schuld daran ist die Energie der Mathematik. Man hat mir schon vorgeworfen, ich sei ein Mathematiker, »unbeleckt von jeder Mathematik«. Da ist durchaus etwas Wahres dran, zumal ich mich mit Interrelationen in einem komplexen System und dem Verhalten in einem bestimmten Raumtypus beschäftige, der sich als »Verhalten von neuronalen Systemen« definiert. So wie Euklid das Verhalten von Geraden im zweidimensionalen Raum beobachtete, so beobachte ich das Verhalten von »Aktivität« in selbstorganisierten musterbildenden

Räumen. Nicht anders als ein Physiktheoretiker, der ein konzeptionelles Modell entwirft, das sowohl an die Realität angepaßt sein muß als auch praktische Ergebnisse erbringen soll, versuche auch ich unser neurologisches Wissen der Realität anzupassen und praktische Ergebnisse zu finden.

Von der Statistik einmal abgesehen, hat es die Mathematik gar nicht so leicht mit all den Verschwommenheiten, mit Vieldeutigkeiten, komplexen interaktiven Systemen und Instabilitäten – wenngleich auf all diesen Gebieten durchaus Fortschritte erzielt werden.

Eine der größten Limitationen der Mathematik liegt nicht in ihr selbst, sondern in mangelhaften Übersetzungsmöglichkeiten. Wie übertragen wir Begriffe wie »Gerechtigkeit« und »Glück« in Symbole oder Formen, mit denen die Mathematik arbeiten kann? Wie definieren wir wechselhafte Beziehungen mit der erforderlichen Präzision? Absolute Präzision ist dabei gar nicht notwendig, da der Mathematik die Verbrämung der Wahrscheinlichkeit zur Verfügung steht. Eine gewisse Übereinstimmung sollte jedoch vorhanden sein.

Schließlich werden wir uns vielleicht auch noch von unserer normalen Variabilität der auf Wahrnehmungen beruhenden Sprache befreien müssen, um tatsächlich zu den Grundlagen vorstoßen zu können. Statt Begriffe wie »Glück« zu gebrauchen, werden wir den Blutgehalt bestimmter Chemikalien messen. Wären wir auch imstande, Entscheidungen wie das Zeitprofil anderer Chemikalien zu messen? Selbst wenn wir das alles könnten – die interaktive Komplexität des Gesamtsystems würde es zu einer schier unüberwindlichen Aufgabe machen.

Der große französische Mathematiker René Descartes (nach dem die kartesianischen Koordinaten benannt sind) hörte einst die Geschichte von Archimedes, der die angreifende römische Flotte in Brand gesteckt haben soll, indem er die Sonnenstrahlen bündelte und auf die Schiffe lenkte. Descartes errechnete, daß dieses Manöver einen konkaven Spiegel von riesigem Durchmesser erfordert hätte. Da eine solche Vorrichtung jedoch weit über die technischen Möglichkeiten jener Zeit hinausging, folgerte er, es müsse sich bei der Geschichte um eines jener Märchen handeln, die man gemeinhin arglosen Nicht-Mathematikern aufzubinden pflegt. Ungefähr fünfzig Jahre später führte ein anderer Franzose das Experiment mit Hilfe der historischen griechischen Schilde, die aus flachen Metallplatten bestanden, erfolgreich durch. Der springende Punkt dabei war, daß der »Spiegel« aus vielen einzelnen flachen Scheiben zusammengesetzt war. Er mußte nicht unbedingt aus einem Stück bestehen. Jeder Soldat benutzte einfach seinen eigenen Schild und reflektierte damit die Sonnenstrahlen auf denselben Punkt wie seine Kameraden. Die Rechnung Descartes' war also durchaus korrekt – nur eben nicht die Prämissen, von denen er ausging.

Im Jahre 1941 führte ein Mathematiker namens Campbell den Beweis, daß eine Rakete, die den Mond erreichen wolle, ein Startgewicht von ungefähr einer Million Tonnen haben müsse. Die Rechnung war korrekt – aber mit Hilfe spezieller Treibstoffe und des Mehrstufenkonzepts erreichten schließlich wesentlich leichtere Raketen den Mond.

Über Jahre hinaus meldeten sich immer wieder Leute zu Wort, die behaupteten, sie hätten den Beweis erbracht, daß Menschen aus eigener Kraft unmöglich fliegen könnten. Der Mensch, so meinten sie, sei einfach nicht imstande, die Pferdestärken aufzubringen, die zum Start eines Fluggeräts, das das Gewicht eines Menschen tragen kann, erforderlich sind. Meinem Freund Paul McCready gelang es schließlich doch, und er gewann damit den Kramer-Preis. Seitdem hat er verschiedene Nachahmer gefunden. Was sich geändert hatte, waren einige Grundkonzepte des Fliegens sowie das Material, das inzwischen sowohl stärker als auch leichter geworden war.

Die drei Geschichten zeigen, daß Berechnungen durchaus stimmen können, die Ausgangsvoraussetzungen, die Konzepte und das Wissen hingegen nicht.

Bei Ökonomen besonders beliebt sind komplexe Modelle mit multiplen Querverbindungen, die rege wirtschaftliche Aktivität simulieren sollen. Von ökonometrischen Modellen dieser Art heißt es, sie könnten zuverlässig voraussagen, was beispielsweise geschieht, wenn die Kreditzinsen um ein Prozent angehoben werden. Die Schwäche solcher Modelle liegt darin, daß sie ausschließlich von bekannten Größen und Wahrnehmungen der Gegenwart ausgehen können. Früher mag ein Zinsanstieg die Leute davon abgehalten haben, einen Kredit zum Hauskauf aufzunehmen. Heute jedoch, da das Wissen über Finanzierungsmöglichkeiten generell viel größer ist als früher und beinahe jede Tageszeitung Ratschläge zur Geldanlage erteilt, könnte ein Zinsanstieg als Ausdruck von Inflationsangst interpretiert werden – und unter diesen Umständen wächst die Neigung, das Geld in inflationssicheren Immobilien anzule-

gen. Das alte Modell – die Summe der historischen Erfahrungen – wird damit also hinfällig.
Das ökonomische Verhalten in der heutigen Zeit besteht zu etwa siebzig Prozent aus Wahrnehmung und Psychologie und nur etwa dreißig Prozent aus Mathematik und Ratio.
Wir müssen also – ohne den Wert der Mathematik im geringsten herabmindern zu wollen – einsehen, daß ihr Einfluß auf die Gesellschaft stets gering war. Das Gebiet, das sie abdeckt, war und ist begrenzt, weil es einfach zu schwierig ist, menschliche Faktoren in zu mathematischer Bearbeitung geeignete Formen zu übertragen.

Entweder–Oder

Richtig – falsch,
wahr – unwahr,
schuldig – unschuldig,
wir – sie,
Freund – Feind,
prinzipientreu – prinzipienlos,
Tyrannei – Freiheit,
Demokratie – Diktatur,
Gerechtigkeit – Ungerechtigkeit,
natürlich – unnatürlich,
zivilisiert – barbarisch,
kapitalistisch – marxistisch.

Obige Liste von Dichotomien verrät uns eine Menge über die Kraftquelle, aus der sich unser normales Denken speist. Mit den Dichotomien kommen wir zum amüsanten und erfindungsreichen Teil der Tischplattenlogik. Dichotomien rücken die traditionelle Logik in die Nähe des von ihr ersehnten konstruierten Systems. Für Erfahrungswerte haben wir Wahrnehmung und Sprache – doch deren »Gegenteil« ist eine bewußte »Konstruktion« und bedeutet nichts anderes als das Gegenteil.
Leider kann der Verstand, wie ich an anderer Stelle schon ausgeführt habe, nur schwer ein abstraktes Gegenteil festhalten, findet es jedoch

schnell in der Schublade Erfahrung. Folglich wird die nichtweiße Schachfigur automatisch als schwarze Figur registriert.

Das Prinzip des Widerspruchs kann nur dann funktionieren, wenn zwei vorgeschlagene Kategorien sich tatsächlich gegenseitig ausschließen. Da solche Ausschließlichkeiten in der Praxis nur sehr schwer zu finden sind, schaffen wir uns diese Kategorien mutwillig – und das sind dann unsere so hoch geschätzten Dichotomien. Ohne sie stünden das Prinzip des Widerspruchs und die Gewißheit unserer Logik auf sehr schwachen Füßen.

Jemand gibt Ihnen ein Blatt kariertes Papier – zum Beispiel eine Seite aus einem Rechenheft – und stellt Ihnen die Aufgabe, genau das Kästchen herauszufinden, an das er gerade denkt. Sie dürfen nur Fragen stellen, die mit »Ja« oder »Nein« beantwortet werden können. Also teilen Sie die Seite mit einem Strich in zwei Hälften, von denen Sie die eine mit A, die andere mit B bezeichnen. Nun fragen Sie: »Liegt das gedachte Kästchen in Teil A?« Lautet die Antwort »Nein«, so muß das Kästchen im Teil B liegen – eine andere Möglichkeit gibt es nicht. Sie lassen also Teil A nunmehr außer acht und unterteilen Teil B in zwei Hälften, die Sie mit Buchstaben bezeichnen. Dann stellen Sie Ihre Frage erneut. Auf diese Weise müssen Sie schließlich das gedachte Kästchen finden. Der Witz an dieser Strategie ist der, daß das Kästchen, um das es geht, immer in Teil A oder Nicht-A (also B) liegen muß. Eine andere Möglichkeit gibt es nicht. Auch kann es unmöglich in Teil A und B gleichzeitig liegen.

Genau auf diese Einfachheit und logische Gewißheit zielt unsere Dichotomie-Vorstellung ab. Ist etwas nicht wahr, so muß es eben unwahr sein. Ist etwas nicht unwahr, muß es wahr sein. Die Polarisierung ist so streng, daß sie keinen Mittelweg erlaubt. Und doch kann etwas teilweise wahr und teilweise unwahr sein. Die teilweise Wahrnehmung (»ökonomischer Umgang mit der Wahrheit«), von der Wahrnehmung wie der Presse gleichermaßen geschätzt, gibt etwas wieder, das in sich selbst zweifellos wahr ist, gleichzeitig aber auch falsch, da es einen falschen Eindruck vermittelt. Wie wäre es mit »Illusion«? Eine Illusion können wir selbst für die Wahrheit halten, andere jedoch können sie als falsch erkennen.

Ist ein Mensch nicht schuldig, so muß er unschuldig sein – auf dieser Basis funktioniert unser Rechtssystem. Wie ich bereits erwähnte, erlaubt die schottische Gerichtsbarkeit zusätzlich die Möglichkeit, »aus Mangel an Beweisen« einen Spruch zu fällen – ein deutlicher Hinweis darauf, daß der Verdacht nicht ausgeräumt, sondern eben nur nicht bewiesen werden konnte.

Die strengen Polarisierungen unserer gewohnten Dichotomien verleihen unserer Weltwahrnehmung Unflexibilität und Starre. Wer nicht »zu uns« gehört, gehört »zu ihnen«. Neutrale oder Sympathisanten beider Seiten sind nicht gefragt. Selbst Christus wollte eine solche Polarisierung: »Wer nicht für mich ist, ist gegen mich.«

Heißt die Dichotomie Demokratie/Diktatur, so wird jede Kritik an der Demokratie automatisch mit einer aufkeimenden Liebe zur Diktatur gleichgesetzt – was blanker Unsinn ist. Nehmen wir die Dichotomie prinzipientreu/prinzipienlos. Der Begriff »prinzipienlos« schleppt eine Menge schlimmen Ballasts mit sich herum – verschlagen, unzuverlässig, opportunistisch, korrupt und so weiter. Für einen Geist, der lieber auf den flexiblen Tugenden des Pragmatismus aufbaut, gibt es demzufolge keine legale Nische, ist doch Pragmatismus ebenfalls das Gegenteil der Prinzipienhaftigkeit und muß folglich mit der üblen »Prinzipienlosigkeit« gleichgesetzt werden.

Die Führungskräfte der japanischen Autoindustrie treffen sich jeden Tag zum Mittagessen in ihrem eigenen Klub. Dort diskutieren sie Probleme, die die gesamte Branche betreffen. Kaum haben sie ihr Essen jedoch beendet und ihren Klub verlassen, so verwandeln sie sich wieder in erbitterte Feinde, die sich mittels Marketingstrategien, technischen Veränderungen, Preispolitik und so weiter gegenseitig an die Gurgel gehen. Die Japaner stehen nicht in der abendländischen Logiktradition. Für sie existiert kein Widerspruch zwischen »Freund« und »Feind«. Sie finden nichts dabei, jemanden als »Freundfeind« oder »Feindfreund« zu betrachten. Warum sollten sie auch?

Mehr oder weniger dasselbe widerfährt dort unserer Dichotomie richtig/falsch. In Japan kann etwas durchaus gleichzeitig richtig und falsch sein. Eine Sache mag an sich richtig, unter den gegebenen Umständen jedoch falsch sein. Statt des Gegensatzes richtig/falsch gilt das Konzept des »Passenden« oder »Angemessenen«. Man fragt: »Ist eine Sache den Umständen angemessen?« Wobei sowohl die Sitten, die Kultur als auch der Pragmatismus und so weiter zu den »Umständen« gerechnet werden. Es besteht eine hohe Sensibilität für Abstufungen des »Angemessenseins«, die von »wenig angemessen« bis zu »exakt passend« rangieren.

Im Falle der sektiererischen Gewalt sieht die eine Seite in den Tätern Schurken und Kriminelle, während die andere Seite sie als Märtyrer oder Helden verehrt. Wir finden es unmöglich, in unseren Hirnen eine »Schurkenhelden«-Kategorie einzuquartieren. Trotzdem weiß jeder, daß diese Leute keine gewöhnlichen Kriminellen sind. Behandelt man sie als solche, so ist dies nichts weiter als eine Verlängerung der Polarisierung.

In der Praxis schaffen wir uns oftmals ein Konzept, indem wir uns auf das Gegenteil einer bestimmten Angelegenheit konzentrieren. So haben wir eigentlich kein überzeugendes Konzept von »Freiheit«, wohl aber ein sehr überzeugendes und konkretes Konzept von der Tyrannei (Verhaftungen, Verfügungen, Willkür, Bewilligungen und dergleichen). Wir definieren Freiheit demnach als Gegenteil der Tyrannei, und das ist soweit auch schön und gut – nur sagt es uns nicht viel über Freiheit. Wie sieht es mit der Verantwortung aus? Was ist erlaubt? Wenn ich sauer als Gegenteil von süß definiere, erfahre ich nicht viel über die tatsächlichen Eigenschaften von sauer, nenne aber alles sauer, was nicht süß ist.

Dichotomien erlegen der Welt also eine ebenso falsche wie strenge Polarisierung auf (Messerschneiden-Unterscheidung) und erlauben keinen Mittelweg, kein Spektrum. Die »Sammelbecken«- und »Zentrierungs«-Eigenschaften von Mustern sorgen dafür, daß Sachverhalte, die sich nur unwesentlich voneinander unterscheiden, durch Polarisierungen sehr weit auseinander gedrängt werden. Eine Grenzüberschreitung, ohne sofort direkt ins feindliche Lager gerechnet zu werden, ist unmöglich. Es läßt sich unschwer ersehen, wie diese Denktradition Verfolgungen, Kriege, Konflikte und so fort heraufbeschworen hat. Nehmen wir noch unseren Glauben an die Dialektik, die Argumentation und die evolutionäre Kollision hinzu, so landen wir schließlich bei einem Denksystem, das geradezu auf das Schüren von Konflikten zugeschnitten zu sein scheint.

Da es dem Verstand so schwer fällt, Gegensätze in abstraktem Sinn zu behalten, sind wir rasch bei der Hand, auch anderen Erfahrungen das Etikett »Gegensatz« anzukleben: Ein »Nicht-Freund« wird zum »Feind« – mit all dem argen Ballast, der dazugehört.

Die Gewohnheit, in Dichotomien zu denken, war und ist eine Grundlage unserer traditionellen Tischplattenlogik (um das Prinzip des Widerspruchs anwenden zu können). Sie belastet die Wahrnehmung auf der Suche nach konstruierter Gewißheit mit starrer Unwahrheit.

Absolutheiten

Anscheinend brauchen wir, ja gieren wir nach Absolutheiten, Gewißheit und Wahrheit. Da ist zum einen die Wahrheit, deren wir emotional bedürfen; dann die Wahrheit, die wir als Ziel für unsere Mühen benötigen; die praktische Wahrheit, die wir brauchen, damit unsere Gesellschaft funktioniert; die zur Anwendung der Logik notwendige Wahrheit; die zur Definition eines Universums benötigte Wahrheit – sowie eine angeblich ebenfalls vorhandene innere Wahrheit.

Der islamische Krieger, der furchtlos in die Schlacht zieht, braucht das sichere Gefühl, daß der Tod auf dem Schlachtfeld zum sofortigen Eintritt ins Paradies führt. Die christlichen Märtyrer besaßen die gleiche Gewißheit. Menschen, die ihr Leben dem Dienst an Gott und der Religion weihen, brauchen Glauben und Sicherheit in ihrem Tun. Die Belohnung im Himmel ist nicht der einzige Grund: Ihr Lebensstil wird ihnen Befriedigung verschaffen (Werte, Mission, Erfolg). Die Religion vermag dem Leben Ziel und Bedeutung zu verleihen und bietet fertige Werte und Entscheidungsrahmen. Sie liefert ein stabiles Metasystem, wo die Fährnisse des täglichen Lebens nur für Verwirrung sorgen. Wer einem auf kurzfristige Belohnung ausgerichteten Wertesystem entrinnen und ein auf langfristigen Gewinn angelegtes System errichten will, findet in der Religion das stärkste Konzept.

Es gibt Zeiten, da die Absolutheiten der Religion mit dem Pragmatismus der Bedürfnisse zusammenstoßen. Die Position der katholischen Kirche in der Frage der Geburtenkontrolle ist ein solches Beispiel. Viele katholische Frauen wenden jedoch Verhütungsmethoden an, und es gibt Untersuchungen, die belegen, daß auch die Mehrheit der Frauen in der Dritten Welt die Zahl ihrer Schwangerschaften gerne einschränken würden. In manchen Teilen der Welt scheint alles auf Übervölkerung hinauszulaufen. Dennoch hält die Kirche fest an ihrem absoluten Prinzip, daß jede zur Vermeidung der natürlichen Konsequenzen des Geschlechtsverkehrs entworfene Methode zu verbieten ist. Die Kirche ist sich voll und ganz darüber im klaren, welche Probleme sich daraus für ihre Mitglieder ergeben, doch absolute Prinzipien können nicht angepaßt werden. Und in der Tat ist ihre Unfähigkeit, pragmatische Kompromisse zu finden, für viele eine Bestätigung dafür, daß die Kirche auf Wahrheit beruht und nicht auf Nützlichkeitserwägungen.

Das Glaubenssystem ist, wie ich bereits angedeutet habe, eine reichhaltige Quelle für Wahrheiten und Absolutheiten. Das Gehirn schaltet nur allzugern auf Glauben um, und die Vehemenz, mit der an einem Glauben festgehalten wird, spiegelt eher die Kreisförmigkeit unseres Denkens wider als die Wahrheit des betreffenden Glaubens. Trotzdem kann die Wahrscheinlichkeit, daß jede Menge verschiedener Glaubensrichtungen falsch ist, nicht die Möglichkeit ausschließen, daß es doch einen wahren Glauben gibt. Der Beweis, daß Hunderte mutmaßlicher Dalí-Bilder Fälschungen sind, beweist nicht, daß Dalí niemals gemalt hat.

Praktische Probleme entstehen hauptsächlich dann, wenn der Versuch gemacht wird, Anhängern eines bestimmten Glaubenssystems ein anderes System aufzuzwingen. Diese aggressive Eigenschaft der »Wahrheit« hat in der Vergangenheit/Geschichte großes Leid verursacht. Man beweist anderen, daß man über die alleinseligmachende Wahrheit verfügt – doch wieviel davon ist reine Selbstbestätigung?

Wahrheit als Ziel ist ein sehr starker Motivator. Mag sein, daß wir nie von uns behaupten, wir hätten die Wahrheit gefunden, doch sind wir ständig unterwegs zu ihr. Das wissenschaftliche und mathematische Erkenntnisstreben zieht hieraus seine stärkste Motivation. Der Kompaß weist uns in die richtige Richtung – wie ein Schiff, das nordwärts fährt, aber nie den Nordpol erreicht. »Wahrheit als Ziel« – das scheint in gewisser Hinsicht genau das Gegenteil der etablierten, praktischen Gewißheit der Religionen zu sein. Dennoch spielt bei den meisten Religionen der Weg zur Erleuchtung (Buddhismus, Hinduismus) oder zur Selbstvervollkommnung (Katholizismus, Protestantismus, Islam) eine große Rolle. Die etablierten Wahrheiten sind Richtlinien für diesen Weg.

Wahrheit ist eine starke motivierende Kraft und beugt – theoretisch – der Selbstzufriedenheit und der Arroganz vor. In Wissenschaftlerkreisen ist es allerdings ein bekanntes Phänomen, daß derjenige, der sich dem Ziel ein Schrittchen näher wähnt, verächtlich auf jene herabblickt, die vermeintlich hinterherhinken.

Wir brauchen Begriffe, denen wir unterstellen können, sie seien absolut und wahr, helfen sie uns doch dabei, unsere Gesellschaft funktionsfähig zu erhalten. Wir *wollen* an die Existenz solcher Begriffe glauben, selbst wenn wir insgeheim daran zu zweifeln beginnen. Wir fürchten nämlich, eine Gesellschaft ohne Sinn für unumstößliche Kategorien könne aus dem Ruder laufen. Beispielsweise wollen wir Gesetze haben, die auf absoluten Prinzipien beruhen und absolut verbindlich sind. Wer sollte denn sonst die tagtäglich anfallenden Entscheidungen treffen? Ohne Absolutheiten, befürchten wir, würden alle Entscheidungen aufgrund der Machtverhältnisse getroffen oder durch Habgier und Gruppeninteressen. (Das alles kommt selbstverständlich in Demokratien auch vor, nur dauert es länger.) Unser Glaube an die Gerechtigkeit basiert auf unterschwelligen Absolutheiten und deren Übertragung in Gesetze, die durch die üblichen Verfahren verbessert werden können.

Obwohl wir an Absolutheiten glauben, gehen wir doch recht pragmatisch mit ihnen um. Die Leute sollen ruhig selbst entscheiden, was sie wollen; es ist ein Teil ihrer Freiheit (selbst wenn ein »Höhergestellter« meint, es sei nicht gut für sie). Doch bei Drogen ist das Maß voll. Die Gesamtzahl der unmittelbar an Drogen Gestorbenen liegt in den USA bei zehntausend pro Jahr. Die Anzahl der Todesfälle aufgrund von Krankheiten, die mit dem Rauchen zusammenhängen, soll bei 320 000 liegen. Doch historische und pragmatische Erwägungen erschweren die Einführung strengerer Maßnahmen gegen das Rauchen.

Die Diskrepanz zwischen dem Glauben an Absolutheiten und der Fähigkeit, sie in die Tat umzusetzen, ist ausnahmslos jedem absoluten System zu eigen. Nicht alle Gläubigen verhalten sich wie Heilige.

Unser traditionelles System der Tischplattenlogik kann nur mit Absolutheiten und Gewißheiten funktionieren, die wir angeblich finden oder uns selbst erschaffen. Wir errichten Kategorien mit scharfen Trennungslinien zwischen Zugehörigem und Nicht-Zugehörigem. Um eine logische Progression zu erzielen, müssen wir Wörter wie »alles«, »jeder« und »keiner« verwenden. Fingen wir an, »einige«, »im großen und ganzen« oder »vielleicht« zu sagen, so ginge das System an seiner eigenen Schwäche zugrunde. Wir würden unsere Gewißheit gegen angereicherte Vermutungen austauschen. Um dies zu vermeiden, haben wir den normalen Output an Wahrnehmungen in all seiner Fehlerhaftigkeit genommen und ihn dem engen Schubladendenken unserer

Sprache angepaßt. Wir entwickelten das Prinzip der Identität, »ist«, das Prinzip des Widerspruchs und die künstlich erschaffenen Dichotomien. Das daraus resultierende Weltbild mag arg verzerrt sein, auf jeden Fall gibt es uns jene Urteilskriterien und jene Gewißheit, von denen wir unser Handeln leiten lassen.

Die Geometrie Euklids gilt als Musterbeispiel für ein rigoroses System der deduktiven Beweisführung. Aus wenigen Grundaxiomen kann ein komplexes Verhältnis von Geraden und Flächen aufgebaut werden. Dennoch ist Euklids Geometrie nur auf glatten Flächen anwendbar. Auf einer Kugel beispielsweise schneiden sich Parallelen (die Längengrade der Erde treffen an den Polen aufeinander), und die Winkel eines Dreiecks ergeben zusammen mehr als 180 Grad (zwei beliebige Längengrade formen mit dem Äquator Winkel von 90 Grad, dennoch treffen sie sich am Pol und bilden ein Dreieck). Die Logik Euklids ist also abhängig von einer absoluten Definition jenes Raums oder »Universums«, in dem das System funktioniert. Aus dieser Definition des Universums entspringen die absoluten Axiome, die im System selbst nicht bewiesen werden können (Goedels Entdeckung).

Auch um das Universum des menschlichen Denkens und Handelns in diesem Sinne definieren zu können, brauchen wir Absolutheiten wie zum Beispiel unser Konzept des »freien Willens«, ohne das unser Religions- und Rechtssystem ebenso auseinanderfallen würde wie unser Auswahl- und Regierungssystem. In den vergangenen Jahrzehnten gewann der Versuch, das Universum nach absoluten, die Grenzen sämtlicher Glaubens- und Verhaltenssysteme überschreitenden Menschenrechten und -werten zu definieren, zunehmend an Bedeutung. Zur Definition eines Universums sind Absolutheiten absolut notwendig. Geben wir sie auf, so ändert sich das Universum.

Zu guter Letzt kommen wir noch auf die platonischen Absolutheiten zu sprechen, die der Zivilisation nicht selten als bequeme Rechtfertigung für die Arroganz mancher ihrer Verhaltensweisen dienten. Die platonische Vorstellung geht vom Vorhandensein absoluter Ideen aus und meint, daß die Dinge, die wir sehen, nichts als Reflexionen dieser Absolutheiten sind. In neurologischen Begriffen ausgedrückt: Die Erfahrung summiert sich zu bestimmten Allgemeinmustern, durch die wir in die Lage versetzt werden, Dinge wahrzunehmen, die an diesem Allgemeinmuster teilhaben. Die Wahrnehmung bestimmt alle künftige

Wahrnehmung – so lautet das Grundprinzip. Ein gewisses Maß an diesem Verhalten ist wahrscheinlich dem Gehirn eigen (»Ursache und Wirkung« zum Beispiel oder Kants kategorischer Imperativ) und wird vom Verhalten der Nervenzellen bestimmt, der Rest jedoch resultiert von einem unbestimmten Punkt an aus der Erfahrung. Der offenkundige Reiz der platonischen Absolutheiten liegt in der Tatsache, daß wir mit ihrer Hilfe die Sprache als konstruiertes System behandeln können. Gibt die Sprache nicht die Realität wieder, so drehen wir den Spieß einfach um und behaupten, die Realität sei eine schlechte Wiedergabe des Absoluten, daher bekämen wir ein schlechtes Bild der Realität. So oder so soll die Realität aussehen – also geh hin und sieh sie auf diese Weise. Gelingt dir das nicht – dein Fehler! Die Realität ist jedenfalls intakt – so, wie sie sein soll.

Wie interagieren die verschiedenen Anwendungsbereiche von Absolutheiten und Wahrheiten nun mit dem, was wir inzwischen über das Verhalten der Wahrnehmung gelernt haben? Die Kreisförmigkeit der Wahrnehmungen in Glaubenssystemen zeigt uns, wie leicht ein Glaube geschaffen werden kann, wie schwer es ist, ihn zu ändern (ganz gewiß nicht mit Hilfe der Logik), und wie schwer es sein kann, Wahres von Unwahrem zu unterscheiden (da dies keine relevante Dimension in der Wahrnehmung ist).

Wahrheit als Ziel: Wir müssen uns darüber klarwerden, daß Schritte, die uns scheinbar der Wahrheit näherbringen, nicht unbedingt vorwärtsgerichtet sein müssen. Es kann durchaus sein, daß wir, um das Paradigma zu ändern, zunächst einmal von manchen Gewißheiten Abstand nehmen müssen, bevor wir weiter voranschreiten können.

Pragmatischer Bedarf an Absolutheiten zur Stabilisierung der Gesellschaft: Versuchen wir, die damit verbundenen Intentionen durch Design auf andere, bessere Weise zu erfüllen. Es wäre ein weiterer Schritt fort vom Gottesgnadentum.

Absolutheiten zur Aufrechterhaltung unseres traditionellen Systems der Tischplattenlogik: Wir müssen die zahlreichen Punkte beachten, die ich im Laufe dieses Buches immer wieder angesprochen habe. Ganz besonders müssen wir uns vor den falschen Dichotomien hüten.

Absolutheiten zur Definition eines Universums: Wir müssen darauf achten, daß wir das uns gegenwärtig vertraute Universum nicht auf eine Art und Weise festschreiben, daß künftig keine Änderungen mehr

möglich sind. Wenn wir das derzeitige Paradigma in Beton gießen, dann müssen wir bis in alle Ewigkeit einzig und allein innerhalb dieses Paradigmas (Universums) wirken.
Platonische Absolutheiten: Wir sollten sie über Bord werfen, entstammt ihnen doch die Gewohnheit, die Sprache als konstruiertes System zu behandeln, die Welt durch die Brille dieser Sprache zu sehen und somit unsere Wahrnehmung zu zwingen, sich nur noch auf das zu konzentrieren, was wir sehen zu müssen glauben.
In meinem Buch *The Happiness Purpose* habe ich den Vorschlag gemacht, wir sollten zwischen die Absolutheiten des Westens (gut für den technischen Fortschritt) und den fernöstlichen Sinn für Illusionen eine sogenannte »Proto-Wahrheit« schalten. Eine Proto-Wahrheit halten wir so lange für eine absolute Wahrheit, wie wir bemüht sind, sie zu verändern. Ähnlich verhält es sich mit der Funktion, die in der Wissenschaft der Hypothese zukommen sollte, wenngleich dies oftmals nicht der Fall ist. Die Proto-Wahrheit verleiht uns die Sicherheit und die Grundlagen der Wahrheit – ohne uns in einen Käfig zu sperren.
Das Hauptproblem der Absolutheiten liegt darin, daß sie den Anspruch erheben, von den Umständen unabhängig zu sein. Wir wissen hingegen, daß die Wahrnehmung von den Umständen völlig abhängig ist. Läßt sich ein logischer Ansatz denken, der besagter Abhängigkeit von den Umständen Rechnung trägt? Ich halte Fortschritte in dieser Richtung durchaus für möglich und werde später noch auf das Konzept der »Hodics« (nach dem griechischen Wort *hodós* für Weg) zu sprechen kommen. Bei den Hodics heißt der entscheidende Begriff nicht »ist«, sondern »hin zu«.

Argumentation/Streit und Kollision

Wir lieben Argumentation und Streit; man hat uns diese Liebe anerzogen. Unsere Systeme – Politik, Recht und Wissenschaft – basieren alle auf der Argumentation. Woher kommt diese Sympathie, und wovon nährt sie sich? Wie ist es möglich, daß ein so durch und durch ineffizientes System unsere geistige Energie in solch einem Maße vereinnahmen kann?
Das Freundlichste, was sich über die Argumentation noch sagen läßt,

ist, daß es sich bei ihr um die motivierte Exploration (Erforschung) eines Gegenstands handelt. Auf die Begriffe »Motivation« und »Exploration« möchte ich etwas näher eingehen.
Ohne Argumentation gäbe es nur den einseitigen, vom Eigeninteresse des Betroffenen beherrschten Standpunkt. Das wäre genau das gleiche wie – oder noch schlimmer als – die parteiischen Kommentare der Presse. Es besteht also durchaus ein Bedarf an genauerer Exploration, und diesem kommt man nach, indem man jemanden mit der besonderen Rolle des Opponenten betraut, der eben den entgegengesetzten Standpunkt vertritt.
Bevor die Gerichte der Inquisition einen Ketzer verurteilten, ließen sie aus Gründen der Fairneß einen eigens ernannten *Advocatus diaboli* gegen den Ankläger antreten. Nicht ohne einen gewissen Zynismus könnte man hinzufügen, daß die Kirche ohne einen »gelehrten« Gegner die Macht ihrer Logik kaum hätte unter Beweis stellen können.
Vor Gericht obliegt die Rolle des Anklägers dem Staatsanwalt, die des Verteidigers dem Rechtsanwalt. Beide sind ausreichend motiviert, ihre Arbeit ordentlich zu erledigen (aus Berufsstolz, ihrer Einkünfte oder ihres Rufes wegen). Das gleiche gilt für politische Parteien. Die Motivation zur Exploration ist also vorhanden, was ohne Gegenpartei vielleicht nicht der Fall gewesen wäre.
Bei näherer Betrachtung des Explorationskonzepts wird uns rasch auffallen, daß die Exploration in der Realität durchaus von der Motivation behindert werden kann. Wird ein Strafverteidiger, der auf einen wichtigen, den Interessen seines Mandanten jedoch zuwiderlaufenden Punkt gestoßen ist, andere Verfahrensbeteiligte darauf aufmerksam machen? Wird eine politische Opposition, die die Meriten einer Regierungsinitiative erkennt, diese Leistung auch *an*erkennen und zur Grundlage des eigenen Handelns machen? In Wirklichkeit ist es doch so, daß ausgerechnet jene Rollen, die den Motivationsaspekt hervorheben sollen, der eigentlichen Erforschung des Gegenstands in die Quere kommen. Ist man erst einmal in die Rollen von »Ankläger« und »Verteidiger« geschlüpft, so spielt man sie auch – zu Lasten der Exploration. Wir müßten folglich akzeptieren, daß »Angriff und Verteidigung« selbst die beste Form der Exploration sind, was aber keineswegs zutrifft.
Das Unfreundlichste, was sich über Argumentation und Streit sagen läßt, ist die Tatsache, daß sie eine Menge Zeit kosten und mäßig

intelligenten Leuten das Gefühl vermitteln, sich in sinnvoller Weise geistig zu betätigen. Die Argumentation erscheint uns als attraktive geistige Übung, weil es fast immer möglich ist, sich in irgendeiner Form an ihr zu beteiligen. In einem früheren Abschnitt habe ich angeführt, daß kritisches Denken eine der leichtesten Formen geistiger Aktivität ist (Auswahl von Wahrnehmungen, Werten, Bezugsrahmen oder Beziehungen, Ansatzpunkt und so weiter). Die Argumentation gefällt uns also deshalb, weil sie unseren Intellekt beschäftigt.

Die dialektische Methode des Sokrates, wie sie uns von Plato überliefert ist, stellte für die Gesprächskultur jener wohlhabenden Griechen, die nicht arbeiten mußten, weil sie dafür ihre Sklaven und Frauen hatten, wahrscheinlich einen großen Fortschritt dar. Streitgespräche waren stringenter und machten mehr Spaß als ausufernde Diskussionen. Das argumentative Streitgespräch entwickelte sich schließlich zu einem Hobby, ja zu einer besonderen Kunst, und es gab sogar Leute (die Sophisten), die dafür bezahlt wurden, daß sie an den Höfen diese Kunst unterrichteten – genauso wie ich gelegentlich von Unternehmen dafür bezahlt werde, daß ich den Managern laterales Denken beibringe.

Die Theologen waren es, die zu Beginn der Renaissance die rigorose Argumentationskultur wieder aufgriffen, namentlich die Scholastiker (wie Thomas von Aquin). Zu ihrer großen Freude fanden sie heraus, daß sich in den Lehren von Aristoteles, Plato, Sokrates und anderen eine wirksame Methode verbarg, mit deren Hilfe sich beweisen ließ, daß die Häretiker unrecht hatten. Man brauchte nichts weiter zu tun, als die Ketzer dazu zu überreden, sich am gleichen Spiel zu beteiligen – worauf diese nur allzugern eingingen, weil sie glaubten, damit die Kirche aus den Angeln heben zu können, was ihnen bei verschiedenen Gelegenheiten auch fast gelungen wäre. Allerdings zogen die Kirchenfürsten dann jedesmal im letzten Augenblick eine Trumpfkarte aus dem Ärmel wie weiland der heilige Augustinus die »göttliche Gnade«.

Die streitbaren Theologen hatten indessen wesentlich festeren Boden unter den Füßen als die alten Griechen, da Sprache und Konzepte der Theologie einem »konstruierten System« doch recht nahe kommen. Begriffe wie »Gott«, »Vollkommenheit« und »freier Wille« ließen sich alle genau definieren und mußten nicht mit der Wirklichkeit übereinstimmen. Wenn Sokrates über die Natur des Muts sprach, mußte er dagegen immer wieder auf Beispiele aus dem täglichen Leben zurückgreifen und aktuelle Manifestationen des Muts beschreiben. Daß die Argumentation ins Zentrum des abendländischen Denkens rückte, dort eine beherrschende Stellung einnahm und schließlich in den juristischen und politischen Systemen institutionalisiert wurde, hat also seine Wurzeln in dem Einfluß, den die Kirche auf Universitäten, Seminare und Schulen ausübte.

Interessant ist, daß auch die Humanisten als nichtkirchliche Denker von der Überlegenheit der Argumentationsmethode überzeugt waren. So bedienten sich sowohl die Kirche in ihrem Feldzug gegen die Ketzer als auch die Humanisten in ihrem Aufbegehren gegen die Kirche ein und derselben Methode.

Abgesehen von der Motivation, dem Zeitaufwand und dem Gefühl des geistigen Aktivseins, das sie vermittelt, verdienen auch noch einige andere Ziele der Argumentation unsere Aufmerksamkeit. Eine Diskussion kann dazu dienen, auf falsche Fakten hinzuweisen – so liegt zum Beispiel die Zahl der Verkehrstoten pro Jahr weltweit nicht bei 90 000, sondern bei 200 000. Sie kann dazu dienen, inhärente logische Fehler oder Widersprüche herauszustellen. Bestimmte Schlußfolgerungen sind nicht unabwendbar. Bestimmte Dinge gelten nur unter bestimmten Umständen. Argumentation kann zur Erforschung eines bestimmten Themas anregen, indem sie die Aufmerksamkeit von einem Aspekt zu einem anderen lenkt. Sie kann gelegentlich auch zerstörerisch wirken, indem sie aufzeigt, daß ein Aspekt nicht stimmt und daher die ganze Konstruktion falsch ist (und derjenige, von dem das Argument stammt, ein Dummkopf). Die Argumentation kann unterschiedliche Wertmaßstäbe offenbaren. Sie kann unterschiedliche Erfahrungen darlegen, so daß die angebliche Konsequenz einer Handlung mit anderen denkbaren Konsequenzen verglichen werden kann. Wird zu Beginn einer Inflation mehr ausgegeben oder mehr gespart?

Im günstigsten Fall kann die Argumentation viele dieser Ziele erreichen, im schlimmsten Fall (der eigentlich der Normalfall ist) konzentriert sie sich darauf, den Nachweis zu erbringen, daß der andere Standpunkt falsch ist und seine Fürsprecher dumm und eigensüchtig sind. Selbst in der Wissenschaft werden bedeutende Fortschritte nur sehr selten durch Argumentation erzielt. Der Grund dafür liegt darin, daß sich die Argumentierenden im gleichen Bezugsrahmen oder Parameter bewegen müssen. Ist dies nicht der Fall, so versteht die eine Seite die andere nicht.

und die »etablierte« Seite wird die andere schlichtweg für verrückt erklären. Paradigmen werden also kaum je durch Argumentation verändert. Die Argumentation räumt innerhalb der bestehenden Paradigmen auf, kann sie aber nicht auswechseln.

Aus dem gleichen Grunde kann die Argumentation auch Wahrnehmungen und Überzeugungen nicht ändern: Die Bezugsrahmen sind einfach nicht dieselben. Wer durch klares Fensterglas hinaussieht, wird jemanden, der durch eine rosa getönte Scheibe blickt, nie davon überzeugen können, daß die Außenwelt nicht rosa ist.

Im besten Falle also ist die Argumentation von begrenztem Wert. Ihre Schwächen sind allerdings erheblich.

Da sind die Feindhaltungen und das Rollenspiel (die sich zum Beispiel in Scheidungsverfahren so destruktiv auswirken). Da sind die Polarisierung und die Verdrängung der Exploration durch Sieg/Verlust. Fast die gesamte verfügbare Zeit wird auf Anklage und Verteidigung verwendet anstatt auf das kreative Erarbeiten von Alternativen. Sieg/Verlust besagt, daß man in den Startlöchern steckenbleibt, während durch kreatives Design neue, für beide Seiten wertvolle Positionen geschaffen werden. (Einige dieser Punkte habe ich in meinem Buch *Konflikte* ausführlich behandelt.) Man bezeichnet diese Methode zur Schaffung neuer Werte oft nicht als Sieg/Verlust, sondern als Sieg/Sieg.

Was könnten wir – gesetzt den Fall, wir müßten auf Argumentation und Streit verzichten – an deren Stelle setzen?

In vielen Ländern arbeiten die neuen Familiengerichte auf folgender Basis: Es muß genau geprüft werden, was sich aus einer bestimmten Position machen läßt. Das holländische Rechtssystem kennt keine Geschworenen, sondern nur drei Richter, die den Fall eingehend untersuchen. Es gibt bereits sehr wirksame Methoden zur konstruktiven Exploration. Mein für den Schulgebrauch entwickeltes Denkprogramm CoRT, das sich inzwischen weiter Verbreitung erfreut, basiert auf der »wahrnehmenden Untersuchung«: Durch verschiedene »Kompaßpunkte« werden Explorationsrichtungen angegeben. Würden wir unsere Geisteskräfte auf die Entwicklung und Fortbildung konstruktiver Explorationstechniken konzentrieren, so wären wir bald Meister in diesem Fach.

Es gibt allerdings unterschiedliche Wertvorstellungen, divergierende Meinungen und verschiedenartige Wahrnehmungen. Wie kann ein Explorationssystem sie alle umfassen?

Länder wie Japan, denen die Tradition der abendländischen Argumentationskultur fehlt, haben ihr eigenes System entwickelt. Informationen und Werte gelten in Japan folglich auch nicht als Argumente, sondern als Vorgaben *(Input)*, die peu à peu zu einer Entscheidung oder einem Ergebnis verschmelzen. Westliche Geschäftsleute klagen oft darüber, daß Japaner in Verhandlungen zunächst einmal sehr zurückhaltend sind und von sich aus gar nichts anbieten. Der Abendländer – gewohnt, sich auf das nächstbeste Argument zu stürzen – hat dann einfach nichts, worin er sich verbeißen könnte. Aber die Japaner halten gar nicht hinter dem Berg: Sie haben zu Beginn der Verhandlungen einfach keinen Standpunkt und keine Ideen anzubieten. Diese ergeben sich erst in einem sehr viel späteren Stadium.

Man kann unterschiedliche Meinungen, Werte und Vorschläge nebeneinander auf einem Tisch ausbreiten. Sie können dann miteinander verglichen oder sogar kombiniert werden. Wenn Sie eine längere Autofahrt vorhaben, nehmen Sie einen Straßenatlas zur Hand, in dem sämtliche Wege, die zu Ihrem Ziel führen, verzeichnet sind. Die eine Strecke ist nur im Sommer problemlos zu bewältigen. Eine zweite sollte man zur Hauptverkehrszeit besser meiden. Eine dritte zeichnet sich durch besondere landschaftliche Attraktivität aus. Am Ende entscheiden Sie sich für eine der genannten Strecken oder eine Kombination aus mehreren Möglichkeiten.

Die parallele Gegenüberstellung und Prüfung von Alternativen ist etwas ganz anderes als ein Diskussionsstil, der zunächst einmal von einem verlangt, der Gegenseite nachzuweisen, daß sie »unrecht« hat, damit man selber »recht« haben kann. Die unterschwellige Streithaltung hat ihren Ursprung in religiösen Disputationen, dem Schuld-Unschuld-Prinzip der Gerichte und in den Absolutheiten einer Tischplattenlogik, die nicht zuläßt, daß zwei gegensätzliche Standpunkte gleichermaßen richtig sein können (Prinzip des Widerspruchs).

Es läßt sich leicht nachvollziehen, wie unsere Streitkultur entstanden ist und warum wir sie fälschlicherweise so hoch einschätzen. Ja, die Gesellschaft bekommt sie bisweilen sogar doppelt vorgesetzt, sind es doch gewöhnlich Juristen, die in die Politik gehen und ihre Argumentationsgewohnheiten mit ins Parlament nehmen – in eine Institution, die selbst schon auf der Streitkultur basiert.

Argumentation und Streit sind nicht genau dasselbe wie »Kollision«

(Zusammenprall, *clash*), einer anderen Denkgewohnheit, der wir verhaftet sind. In vielen Kulturen gibt es eine dualistische Tradition: Im Hinduismus verkörpert Wischnu die Schöpfung und Schiwa die Zerstörung. In der chinesischen Kultur gibt es das Yin und das Yang. In der christlichen Tradition (beeinflußt vom Manichäismus) prallen Gut und Böse aufeinander. Der Marxismus geht von einem grundlegenden Kampf des Kapitals gegen die Arbeit und der Philosophie des dialektischen Materialismus aus. Es gibt den Hegelschen Konflikt und die Darwinsche Evolutionstheorie. Wir kennen These, Antithese und Synthese aus der griechischen Geisteswelt. Wir reichern die »Kollision« in diesem Sinne mystisch an. Möglicherweise spiegelt sich hier die uralte menschliche Erfahrung der Stammesfehde und späterer »glorreicher Kriege« wider.

Doch was soll aus dem Zusammenprall werden? Gewiß, der neue Angriff könnte die alte Ordnung überwinden und schließlich ersetzen – das nennt man dann Revolution oder einfach Krieg (je nachdem, wer die Beteiligten sind). Aus dem Chaos nach dem großen Knall mag eine neue Ordnung emporsteigen wie Phönix aus der Asche. Doch dies ist im wesentlichen Hoffnung und hat mit der Realität nichts mehr zu tun. Die starke Motivation, das Alte loszuwerden, beschwört Wunschträume von einer wunderbaren Welt danach herauf, trägt aber nichts zu deren Realisierung bei – mit der Folge, daß eine Fraktion in das bestehende Machtvakuum einbricht und das Ruder übernimmt. Das Ergebnis ist eine Revolution, die nicht mehr die ursprünglichen Revolutionäre bestimmen. Gelegentlich kommt es auch zu einer Synthese der beiden. Dies geschieht allerdings nur sehr selten, weil alle beteiligten Parteien unbeweglich auf ihrem Wir-sie-Standpunkt beharren, und jede temporäre Kooperation findet ein Ende, sobald die eine oder andere Seite die Chance sieht, die Macht allein zu übernehmen. Dennoch halten wir die Kollision unbeirrt für eine Basis des Fortschritts.

Bei mehreren Besuchen in der Sowjetunion gelangte ich zu der Überzeugung, daß Glasnost und Perestroika aufrichtige, starke Bewegungen sind. Was mich jedoch beunruhigte, war der Gedanke, daß die Tradition des dialektischen Materialismus darauf beharrte, daß Fortschritt nur aus der Zerstörung des Althergebrachten entstehen könne. Sicher, es gibt eine Menge Dinge, die erst einmal beseitigt werden müssen, um dem Fortschritt Bahn zu brechen, doch ist dies nur die eine Seite der

Medaille. Die andere Seite heißt gezieltes konstruktives und kreatives Design. Wer ein altersschwaches Auto wieder aufmöbelt, entwirft nicht gleichzeitig ein ganz neues. Die dialektische Tradition könnte dazu führen, daß die Perestroika in einer Orgie selbstzerstörerischer Kritik versinkt – wobei die Kritiker dann auch noch das Gefühl hätten, Kritik als solche sei der einzige zu leistende Beitrag.

Wahrnehmungsmäßig gesehen, kann Kollision als eine Methode gelten, die Konzentration, Richtung und Motivation verleiht. Dennoch fehlen ihr sämtliche kreativen und konstruktiven Elemente. Der Begriff der kreativen Spannung ist eine philosophische Abstraktion, die (da sie von mechanischen Systemen abgeleitet ist) in einem musterbildenden System keine Realität besitzt.

Wir sehen nun die vielfältigen Einflüsse, aus denen sich unsere grundlegenden Argumentations-, Streit- und Kollisionsgewohnheiten zusammensetzen: Logik, Wahrheit und Widerspruch im herkömmlichen Sinn; die griechische Dialogtradition, die von den mittelalterlichen Theologen zur Verfolgung eigener Ziele freudig aufgegriffen wurde; und schließlich die Institutionalisierung der Argumentation in Recht, Politik und Wissenschaft.

Kollision rührt aus einer kulturellen Tradition her, die Kampf und Zusammenprall als Grundverhalten der Natur ansieht, darüber hinaus vielleicht aber auch aus realen Kollisionserfahrungen herrührt. In bestimmte philosophische Systeme hat dies als Revolutionsrechtfertigung Eingang gefunden.

Vor allem aber hängen wir nach wie vor an diesen alles andere als wirksamen Methoden, weil alle Beteiligten die Verfahrensweise mögen und keine Lust haben, ihren Verstand auf das Design (oder zumindest die Anerkennung) leistungsfähigerer Methoden zu richten.

Glaube/Überzeugungen

Eine Frau schiebt einen Kinderwagen vor sich her, in dem ihre beiden Kinder – drei und fünf Jahre alt – sitzen. Sie trifft eine Bekannte, die beim Anblick der Sprößlinge begeistert ruft: »Was für entzückende Kinder!« »Das ist noch gar nichts«, antwortet die Mutter. »Sie sollten erst mal die Fotos von ihnen sehen. Die sind wirklich entzückend!«

Ich flechte diese Anekdote manchmal in Vorträge ein und ernte jedesmal einen Lacherfolg. Man empfindet es als absurd, daß eine Fotografie wichtiger sein soll als der Gegenstand oder die Person selbst. Danach erkläre ich, was ich mit dem Beispiel sagen will: Vielleicht sind die Fotografien ja wirklich wichtiger als die Kinder. Auf den Fotos sieht man etwas Hübsches, und die Fotos bleiben immer die gleichen (zumindest eine ganze Reihe von Jahren lang). Die Kinder hingegen werden größer und verändern sich. Beobachtet man sie, so werden sie das eine Mal lächeln, das andere Mal aber sabbern oder schmollen. Die Fotografie hat jedoch nur das Schöne festgehalten. Vielleicht ist es ja der einzige Lebenszweck dieser Kinder, als Motive für schöne Fotos herzuhalten.

Eine solche Ansicht wirkt auf den ersten Blick empörend, ja geradezu pervers. Aber das trifft nicht zu. Vielleicht ist es ja ganz allgemein unser Lebenszweck, schöne, langlebige Mythen zu schaffen und diese dann auch zu genießen. Die Alltagsrealität wäre dann lediglich die Flamme, die die Mythen nährt. Gewiß, Mythen, Glaubensformen und Überzeugungen sind Leichtgewichte, oftmals falsch und unmöglich zu beweisen – und doch können sie in einem Wahrnehmungssystem die einzig wahre Realität darstellen. Mythen bringen uns Schönheit, Sinn, Werte, Trost, Sicherheit und Labsal für die Seele. Ebenso ist es allerdings auch richtig, daß Glaube und Überzeugungen den Fortschritt blockieren können, in der Vergangenheit viel Kummer und Leid verursacht haben – und die passive Hinnahme von Dingen und Zuständen begünstigten, die durchaus hätten geändert werden können.

Da ich in diesem Buch schon mehrfach auf Glaube und Überzeugungen eingegangen bin, will ich das bereits Gesagte an dieser Stelle nicht noch einmal wiederholen, sondern beschränke mich auf eine einfache Zusammenfassung.

Ein Glaube ist ein Bezugsrahmen der Wahrnehmung, der uns dazu bringt, die Welt so zu betrachten, daß der Bezugsrahmen dadurch zusätzlich bestätigt wird. Diese Kreisförmigkeit ist eine ganz natürliche Funktion eines selbstorganisierten musterbildenden Systems; daher ist ein Glaube sehr leicht zu bilden. In gewisser Hinsicht ist »Glaube« die Wahrheit eines Wahrnehmungssystems. Wenn Sie sich einmal in Ihrem Leben den Finger verbrannt haben und danach das Feuer scheuen, bedienen Sie sich eines Glaubenssystems. Ihre Angst vor dem Feuer wird nicht durch einen auf wiederholter Erfahrung beruhenden Reiz ausgelöst, sondern ihr ursprüngliches Trauma erzeugt einen Glauben, der keine Zuwiderhandlungen zuläßt. So schließt sich der Kreis.

Wissenschaft

»Der war's!«
»Nein, die war's!«
»Es war er!«
»Ich weiß, wer's war, aber das verrat' ich nicht!«

In einem Kindergarten ist eine Blumenvase umgestoßen worden und zerbrochen. Die Kinder versuchen, die Erzieherin hinsichtlich des »Tathergangs« durcheinanderzubringen. Die Erzieherin will vielleicht herausfinden, wer der Übeltäter war (wahrscheinlich nicht).

Das ist seit eh und je die Quintessenz der Wissenschaft: Irgendwas passiert – und schon meldet sich unser verläßliches »Ursache-und-Wirkungs«-Idiom und sagt uns, daß es irgendwo eine Ursache geben muß. Sofort begeben wir uns auf die Suche. Die Kindergärtnerin im obigen Beispiel hat vielleicht einen Verdacht, wer's gewesen sein könnte: In der Wissenschaft wäre dieser Verdacht die Hypothese. Die Wissenschaft bemüht sich, die Ursache zu identifizieren und zu isolieren. Die Isolierung der Ursache hat eine Reihe nützlicher Effekte. Sie erleichtert das Verständnis natürlicher Vorgänge, die dann selbst wiederum eingehend untersucht werden können. Die Ursache läßt sich beseitigen.

Mehrfach habe ich in diesem Buch schon darauf hingewiesen, wie leicht in einem selbstorganisierten musterbildenden System ein Glaube entsteht. Dank dieses Systems der »Leichtgläubigkeit« können wir uns die Welt selbst dann erklären, wenn uns die entsprechenden Daten fehlen, ähnlich wie ein heranwachsendes Kind. Nirgendwo läßt sich die Funktionsweise dieses Glaubenssystems besser beobachten als am Beispiel der Krankheit und der gängigen Vorstellungen über ihre Ursachen.

Das Wort »Malaria« stammt aus der Gegend von Rom. Der Name der Krankheit, die wir heute so nennen, besagt nichts weiter als »schlechte Luft« *(mala aria)*, denn in früheren Zeiten glaubte man, die aus den Sümpfen aufsteigende üble Luft rufe die Malaria hervor. Es war die wissenschaftliche Forschung, die von der schlechten Luft auf die Mükken kam und schließlich auf den Parasiten, der die Mücken befiel.

In der Medizin selbst hatte es immer wieder alles beherrschende Glaubensrichtungen gegeben, die wir mittlerweile für falsch halten. Früher war es Mode, den Patienten bei jeder Krankheit zur Ader zu lassen, das heißt, ihm eine bestimmte Menge Blut abzuzapfen. Das geschah nicht selten in einem solchen Übermaß (frei nach dem Motto, des Guten könne nicht zuviel getan werden), daß die Patienten an den Folgen fast zugrunde gingen. Es ist durchaus möglich, daß der Aderlaß in Zukunft rehabilitiert wird – etwa, wenn wir entdecken sollten, daß das Knochenmark durch die Prozedur nicht nur zur Bildung roter, sondern auch zur Produktion lebenswichtiger weißer Blutkörperchen, der Gesundheitspolizei des Körpers, angeregt wird. Denkbar ist auch, daß der Aderlaß die Nebennieren zur Produktion von Cortison stimuliert oder das Gehirn zur Produktion von Hormonen, die ihrerseits vieles andere stimulieren.

Aspirin (aus Weidenrinde) und das starke Digitalis (aus dem Fingerhut), das bei der Behandlung von Herzschwächen verwendet wurde, sind Beispiele für Volksheilmittel, die vom Volksglauben zu medizinisch akzeptierten Überzeugungen avancierten, obgleich ihr Wirkungsmechanismus bis heute nicht in allen Einzelheiten bekannt ist. Daß Edward Jenner mit einem aus Kuhpocken gewonnenen Impfstoff ein Mittel gegen die gefürchteten Blattern fand, war das Ergebnis genauer Beobachtungen und markierte den Beginn eines Prozesses, der langfristig zur Ausrottung der Krankheit führte.

Die Wissenschaft hat ihre Macht und ihre Nützlichkeit so nachhaltig unter Beweis gestellt, daß sie über alle Kritik erhaben zu sein scheint. Dennoch sind einige Bemerkungen dazu angebracht.

Ihre Genesis aus dem Gegensatz zu Mythos und Volksglauben hat die Wissenschaft dazu verleitet, all jenen Dingen aus dem Weg zu gehen, die keine rational faßbare Kausalität aufweisen. So scheint zum Beispiel die chinesische Akupunktur absoluter Unsinn zu sein – und doch blockiert der Wirkstoff Naloxon, der Endorphine blockiert, auch die Akupunktur. Dies deutet vielleicht auf eine rationale Erklärung hin, nämlich die mögliche Produktion von Endorphinen im Hirn. Erst seit relativ kurzer Zeit beschäftigt sich die Wissenschaft auch mit verschiedenen alten Volksheilmitteln. Daß viele davon barer Unsinn sind, beweist noch nicht, daß alle nichts taugen.

Das Grundidiom »Ursache und Wirkung« mit nachfolgender Isolierung und Identifizierung der Ursache war und ist sehr wirkungsvoll. Allerdings funktioniert sie nicht so gut, sobald es um komplexe, interaktive Systeme geht, an denen ein ganzes Gespinst von Faktoren beteiligt ist. Faktoren, die auf der Basis einer eher holistischen Betrachtungsweise eine Rolle spielen würden, werden beim Aufspalten eines Ganzen in lauter Einzelteile vielleicht übersehen.

Viele Wissenschaftler sind davon überzeugt, daß allein die bloße Datenanalyse automatisch Ideen produziert. Dies trifft aus Gründen, die ich schon aufgeführt hatte, nicht zu. Daten lassen sich nur durch die Brille bestimmter, uns bereits zur Verfügung stehender Konzepte betrachten, zum Beispiel die simple Korrelation. Generell läßt sich sagen, daß in der Wissenschaftlerausbildung viel zuwenig Wert auf die Erstellung von Hypothesen gelegt wird.

Wenn wir den Wissenschaftlern beigebracht hätten, phantasievoller, kreativer und wesentlich häufiger Hypothesen aufzustellen, so hätte die Wissenschaft wahrscheinlich sehr viel raschere Fortschritte gemacht. Eine Hypothese ist nicht nur ein Bezugsrahmen zur Begutachtung von Daten, sondern auch ein Gerüst, das es uns erlaubt, Daten in eine Struktur einzubauen. Wissenschaft ist nicht nur Analyse, sondern auch Kreativität – was für die Hypothese bedeutet: Schöpfung und experimentelles Design.

Die Vorstellung von der einzigen, »vernünftigsten« Hypothese, die wir dann zu widerlegen versuchen (so Karl Poppers Sicht von der Wissenschaft), steht aus Gründen der Wahrnehmung auf schwachen Füßen. Denn sobald wir diese Hypothese entwickelt haben, können wir die vorliegenden Daten eben nur durch die Brille ebendieser Hypothese gesehen.

Wir brauchen zumindest eine weitere Hypothese (wie verrückt und unangebracht sie auch scheinen mag), um die Daten auch aus einem anderen Blickwinkel betrachten zu können. Bei der Durchsicht alter Daten erkennen wir mitunter, daß manche »neuen« Entdeckungen schon vor langer Zeit hätten gemacht werden können. Daß dies unterblieb, liegt daran, daß die alte Tradition der »einzigen« Hypothese uns den Blick für das Neue verstellte.

Die Schwierigkeit des Paradigmenwechsels hat Thomas Kuhn 1962 bereits vortrefflich diskutiert. Wissenschaftler sehen die Dinge einseitig und kommen daher nicht weiter. Sie lehnen alle Versuche, diese einseitige Sichtweise zu verändern, so lange rigoros ab, bis sie schließlich vor der erdrückenden Beweislage kapitulieren. Doch bis dahin vergeht meist sehr viel Zeit. Wissenschaftler haben nie Tanzen gelernt – sie schlurfen lieber um die Tanzfläche herum, immer einen Fuß vor den anderen setzend. Die Wahrnehmungsorganisation erfordert jedoch bisweilen – wie der Tanz – auch Rückwärtsschritte.

Es gibt Zeiten – vor allem in der Soziologie –, da das, was wir als Beweis ansehen, in Wirklichkeit nichts weiter ist als ein Versagen der Vorstellungskraft: Sie versäumt es, uns eine alternative Erklärung zu bieten. Dies mag so klingen, als wollten wir den aberwitzigsten Glaubensvorstellungen Tor und Tür öffnen. Auf keinen Fall dürfen wir beim Schließen der Tür Erklärungsmöglichkeiten ausschließen, die unsere augenblickliche Vorstellungskraft überschreiten.

Die Wissenschaft beschäftigt sich hauptsächlich mit Vereinfachungen, Annäherungswerten und mehr oder minder linearen Systemen. In nichtlinearen und komplexen, interaktiven Systemen fühlt sie sich weit weniger zu Hause. Computer kommen besser mit ihnen zu Rande; wir sollten uns ihre Fähigkeiten zunutze machen.

Die Wissenschaft mißt, was immer sich messen läßt; alles andere wird ignoriert. Wir können IQ-Tests entwickeln und durch sich selbst bestätigen lassen, können aber nicht »messen«, wie gut ein Mädchen oder ein Junge Klavier spielt. Für komplexe Darbietungen haben wir keine Tests – also ignorieren wir sie und bewerten unsere Bildungsziele anhand von genormten Fragebögen.

Viele dieser Fehler resultieren aus der Überzeugung, die Wissenschaft sei wissenschaftlicher und logischer, als sie tatsächlich ist. In Wirklichkeit erfordert sie auch einen gut Teil Kreativität, Vorstellungsvermögen und Poesie, beruht sie doch gleichermaßen auf Wahrnehmung wie auf Analyse. Allerdings wird dies erst allmählich und nur auf bestimmten Gebieten – wie der Mathematik und der Physik – erkannt.

Dort, wo wir das bestehende Instrumentarium der Wissenschaft (Identifizierung der Ursache) anwenden können, sind wir sehr gut. Doch sind wir mittlerweile an einem Punkt angelangt, an dem wir zusätzliche Idiome entwickeln müssen – und vielleicht sind wir schon dabei.

Kreativität

Obwohl wir zugeben, daß wir der Kreativität viele Fortschritte verdanken, haben wir uns kulturell überraschend wenig um sie gekümmert. Für diese auffällige Unterlassung gibt es eine ganze Reihe von Gründen. Unser fundamentaler Glaube an Tischplattenlogik, Wissenschaft und Mathematik hat uns zu der Überzeugung geführt, daß sich aller Fortschritt in stetigen, rationalen Schritten vollzieht und jeder Schritt auf dem vorherigen aufbaut. Die Geschichte der Wissenschaft hat gezeigt, daß diese Annahme hinten und vorn nicht stimmt. Warum also glauben wir noch an dieses Märchen?

Jeder kreative Gedanke von Wert muß im nachhinein logisch nachvollzogen werden können (andernfalls würden wir seinen Wert nie anerkennen). Sobald sich irgendwo ein kreativer Gedanke zeigt, bestehen wir darauf, daß er ein Kind der Schritt-für-Schritt-Logik ist. In der wissenschaftlichen Literatur müssen aus Einsicht, Zufall oder Fehlern resultierende Gedanken so dargestellt werden, als seien sie das Ergebnis eines sorgfältigen, Schritt für Schritt durchgeführten Verfahrens (andernfalls würde ein entsprechender Aufsatz nie gedruckt). Die Erfindung der Triode (die Grundlage der Elektronik) durch Lee de Forest war das Ergebnis eines vollkommen falschen Gedankengangs (er glaubte, eine elektrische Entladung habe eine Gasflamme zum Sprühen gebracht). Hinterher freilich wurde seine Erfindung als Resultat der Schritt-für-Schritt-Logik dargestellt. Wir leugnen also die Kreativität und beharren darauf, daß uns eine Entdeckung letzten Endes auch mit Hilfe der normalen Logik gelungen wäre oder daß wir mit besserer Logik ganz automatisch darauf gekommen wären.

Genies, dies ist uns aufgefallen, setzen sich immer wieder durch, ob wir sie nun eigens ermuntern oder nicht. Wir wissen, daß das zielgerichtete Heranbilden von Genies wahrscheinlich nie gelingt. Infolgedessen tun wir nichts, um die Kreativität zu fördern, sondern geben uns damit zufrieden, daß sie sich hin und wieder »ereignet« – wie eine Art Zufallsmutation.

Der wahre Grund für unsere Untätigkeit in puncto Kreativität ist ganz einfach: Wir verstehen nicht, wie sie funktioniert. Der Prozeß der Ideenbildung ist uns ein Buch mit sieben Siegeln. Kreativität bleibt uns unverständlich, weil wir sie nicht in Begriffen des passiven Informationsuniversums, nicht in den Begriffen der Tischplattenlogik erfassen können. Es ist eben nicht das richtige Universum. Erst wenn wir – was wir bisher unterlassen haben – den Sprung ins Universum der selbstorganisierten musterbildenden Systeme wagen (einer deren Grundzüge zum Beispiel die Asymmetrie ist), wird Kreativität einfach und klar. Solange wir im verkehrten Universum danach suchen, können wir uns anstellen, wie wir wollen – *dort* werden wir nie begreifen, was Kreativität ist.

In einem selbstorganisierten musterbildenden System ist Provokation, wie wir gesehen haben, absolut logisch. Spielen und Tüfteln ist eine Form der Provokation; dennoch haben wir diesen Eigenschaften nie die ihnen zukommende Beachtung geschenkt. Alle kreativen Ideen, die ihre Entstehung dem Zufall, einem Mißgeschick oder einem Fehler verdanken (Antibiotika, Cortison, Pasteurs Entdeckung der Immunisierung mit Hilfe abgeschwächter Krankheitserreger, Nylon, Röntgenstrahlen, fotografische Filme und so weiter), entstanden in Wirklichkeit durch Provokation. Der Zufall hat uns etwas gegeben, das wir selbst erst dann bewußt betreiben oder erschaffen können, wenn wir das System begreifen. Auf dem Boden unseres gegenwärtigen Bezugsrahmens gedeiht keine Provokation. Eine Provokation hat *per definitionem* keine logische Grundlage – bevor sie ihre Wirksamkeit nicht unter Beweis gestellt hat.

Der weitgefaßte Anwendungsbereich des Begriffs »Kreativität« hat es uns schwergemacht, das Wesen der Kreativität als solcher zu verstehen. Auf den verschiedensten Gebieten haben wir nach einheitlichen Verhaltensmustern gesucht (Beethoven, der eine Symphonie komponiert, Picasso, der ein Bild malt, Clerk Maxwell, der über den Elektromagnetismus theoretisiert). Die nachträgliche Beschreibung des Verhaltens ist bei der Identifizierung eines Vorgangs nicht viel wert. Zur Beschreibung spezifischer Verhaltensweisen in einem selbstorganisierten musterbildenden System mußte daher das Konzept des lateralen Denkens erfunden werden.

Es bestand zudem die Vorstellung, der Mensch sei von Natur aus kreativ, werde jedoch von der Logik unserer Kultur, der Furcht, als Tölpel abgestempelt zu werden, und der herrschenden Sitte, *Ad-hoc*-Urteile zu fällen, daran gehindert, seine Kreativität auszuleben. Die Befreiung von diesen Hemmnissen, so die vorherrschende Meinung, muß uns also zwangsläufig kreativer machen, uns gleichsam den Weg zurück zu unserem natürlichen kreativen Selbst finden lassen. Vor diesem Hintergrund entwickelte Alex Osborne das »Brainstorming« in der Werbung, eine Methode, die der Kreativität in mancher Hinsicht neue Aufmerksamkeit beschert hat, in anderer Hinsicht jedoch auch großen Schaden anrichtete, weil der Eindruck erweckt wurde, Kreativität sei hauptsächlich eine Frage der Befreiung oder des Nichtvorhandenseins von Hemmungen. Für das Gebiet der Werbung mag dies teilweise zutreffen, auf anderen Gebieten jedoch allenfalls in sehr geringem Maße. Der Abbau von Hemmungen erhöht die Kreativität, jedoch nicht besonders stark. Kreativität (zur Änderung von Wahrnehmungen und Konzepten im Sinne des lateralen Denkens) ist kein natürlicher Vorgang. Der natürliche Vorgang im Gehirn ist die Bildung und Anwendung von Mustern, nicht jedoch der Versuch, Muster zu überwinden. »Ungehemmt sein« allein ist also bei weitem nicht ausreichend.

Schließlich gibt es auch noch die »blinde« Annäherung an die Kreativität – das heißt, wir heben ergeben die Hände und sagen, es sei alles nur eine Frage der Intuition, des Unbewußten, der Emotionen und der Genialität. Einfacher ausgedrückt besagt dies nichts anderes als: Es gibt Kreativität, aber beisteuern können wir dazu nichts.

Ein einfacher Überblick über den Organisationscharakter von Konzepten und Wahrnehmungen wird aufzeigen, daß Fortschritt nicht in gleichmäßigen, logisch folgerichtigen Schritten entsteht. Er zeigt darüber hinaus, wie wir den Strom neuer Ideen durch den gezielten Einsatz von Prozessen wie Provokation und Zufallseintritt verstärken können. Daran ist nichts Geheimnisvolles – es handelt sich lediglich um die Befreiung vom Tischplatten-Universum passiver Informationssysteme.

Geschichte

Die Geschichte wird uns nie ausgehen. Tag für Tag produzieren wir neue Geschichte und gewinnen immer tiefere Einsichten in die bereits vorhandene (durch Recherchen, Archäologie, magnetische Datierung und so fort). Wir können die ohnehin schon in großer Zahl vorliegenden historischen Interpretationen neuerlich interpretieren. Unsere Kultur ist derart geschichtsbesessen, daß sie gelegentlich wie eine »Kultur der Leichen« erscheint.

Geschichte ist deswegen eine so befriedigende Beschäftigung, weil sie einfach da ist und wir uns darin verbeißen können. Ein Experiment kann mißlingen, eine mathematische Gleichung nicht aufgehen, die Sturheit unserer lieben Mitmenschen uns zur Verzweiflung bringen – die Geschichte ist von derlei Ungewißheiten nicht betroffen. Wer sich der historischen Forschung widmet, kann von vornherein mit einem vernünftigen Ergebnis rechnen (man wählt sich eine Nische). Geschichte ist kein technisches Fach – wer also forschen will, aber Mathematik und die (heutzutage auch eine Menge mathematisches Können erfordernden) Naturwissenschaften nicht mag, hat hier eine Spielwiese, auf der er sich austoben kann.

Es gibt jedoch noch wesentlich tiefer liegende Gründe für eine Haltung, die im Extremfall sogar zu der Behauptung führt, Zivilisation sei Kultur und Kultur sei Geschichte. Der Platz, den wir im Leben einnehmen, wird im wesentlichen durch unsere Vorfahren bestimmt – wie aus jenen unendlichen Namen spanischer Granden hervorgeht, die jeweils fast den gesamten Stammbaum umfassen.

Es gab einmal eine Epoche, da wir jeglichen Fortschritt – in der Wissenschaft, der Mathematik, der Philosophie, der Literatur und auf jedem anderen denkbaren Gebiet – aus dem Blick zurück gewannen. Diese Epoche war die Renaissance. Wir kamen am besten voran, wenn wir zurücksahen – auf die Denkkultur der alten Griechen, die Verwaltungspraxis der alten Römer und auf die Literatur beider Völker. Vor allem im Bereich der Naturwissenschaften und der Mathematik leisteten auch die Araber wichtige Beiträge (Zahlensystem und die Null).

In dieser außergewöhnlichen Zeit konnten wir also vorwärtsschreiten, indem wir den Blick konsequent in die Vergangenheit richteten. Es war die Zeit, da Wissenschaft und Forschung sich etablierten, der gelehrte Diskurs in Mode kam und die ersten Universitäten gegründet wurden. Die Renaissance folgte auf das »dunkle Zeitalter« des frühen Mittelalters, in der nur das Wort der Kirche gegolten hatte. Die Besinnung auf die Geschichte, die damals eine entscheidende Rolle spielte, gerann später zur Gewohnheit und wurde zum Dreh- und Angelpunkt unserer Denktradition. Einmal etabliert, wurde sie fortan aus Gründen, die ich im folgenden kurz ansprechen möchte, immer wieder geschickt verteidigt.

Ein gerne wiederholter Satz lautet: Wenn wir die Geschichte nicht kennen, sind wir gezwungen, ihre Fehler zu wiederholen. Darin liegt

ein Körnchen Wahrheit, aber auch eine Gefahr. Die Welt ist einem raschen Wandel unterworfen. Zu Zeiten des britischen Empires dauerte die Kommunikation zwischen England und Indien Wochen – heute sind es nur Sekunden. Kriege wurden von Armeen auf entlegenen Schlachtfeldern ausgefochten – heute beschießt man sich mit Raketen, die im eigenen Hinterhof landen können. Unter den Bedingungen der modernen Demokratie und unter dem Einfluß der modernen Medien lassen sich die Menschen nicht mehr so leicht zu glorreichen Kreuzzügen verleiten. Die Lehren der Geschichte sind vielleicht doch nicht alle zutreffend und führen vielleicht sogar in die Irre.
Die Antwort auf den obigen Einwand lautet, daß es in der Geschichte nicht um Ereignisse, sondern um Menschen geht – und daß sich die Natur des Menschen im Grunde niemals ändert. Die Geschichte ist das einzige Laboratorium, in dem wir »Menschen in Aktion« beobachten können. Also werden die Lehren, die wir aus der Geschichte lernen können (aus Chamberlains Auftritt in München zum Beispiel die, daß Appeasement nicht funktioniert), so lange stichhaltig sein, als sich die menschliche Natur nicht ändert. Doch selbst wenn sie wirklich unveränderlich sein sollte, kann sich allemal ihre »Anwendung« ändern. Der Vietnamkrieg ging verloren, weil das Fernsehen die Kriegsrealität in jedes amerikanische Wohnzimmer ausstrahlte und weil der auf den Kongreß ausgeübte Druck jenen »totalen Krieg« verhinderte, den die militärische Strategie erfordert hätte.
Aufgrund der Vietnam-Erfahrungen wurden die Medien im Falklandkrieg und bei der Grenada-Invasion auf Distanz gehalten. Die Lehre aus der jüngsten Geschichte trug also Früchte, während Lehren aus weiter zurückliegenden Epochen möglicherweise völlig fehl am Platze gewesen wären. Ein Beispiel: Wenn in der Vergangenheit ein kleineres Land von einem größeren bedrängt wurde oder wenn Bürger des Landes beleidigt wurden, schlug die Empörung der Bevölkerung rasch in Kriegsbereitschaft um. Heute würde die Empörung keine Kriegsgefahr heraufbeschwören: Die Natur des Menschen mag sich nicht geändert haben, doch jener Teilaspekt der menschlichen Natur, der die Schrekken des Krieges versteht, ist inzwischen wesentlich stärker als der andere Aspekt, der nur moralische Entrüstung und Patriotismus kennt. Die Lehren der Geschichte können also nützlich sein – oder aber zur Falle werden.

Auch noch ein anderer Aspekt der Geschichte, der allerdings nur selten erwähnt wird, könnte sich als wertvoll erweisen. Gibt während einer Auseinandersetzung eine der beteiligten Parteien zu verstehen, daß sie Geschichte studiert hat, so kann dies gleichzeitig ein Hinweis darauf sein, wie sie die Situation wahrnimmt und welchen Weg sie einschlagen wird. Im Grunde handelt es sich um eine unterschwellige Drohung. Haben beide Parteien Geschichte studiert, so können sie allein mit historischen Anspielungen versuchen, einander matt zu setzen.
Wenn wir nur noch alte Stilmöbel kaufen – wer wird dann die Möbel entwerfen, die in Zukunft Antiquitäten sein werden? Wenn wir hauptsächlich zurückschauen – wer soll den Blick nach vorne richten? Es steht außer Frage, daß unsere intellektuelle Potenz ungleich zugunsten der Vergangenheits- und zu Lasten der Zukunftsbetrachtung verteilt ist. Eine wissenschaftliche Veröffentlichung gilt, ganz egal, wie wertvoll die vorgebrachten Gedanken auch sein mögen, nur dann als glaubwürdig, wenn die neue Idee rückblickend in jener Geschichtsperspektive lokalisiert wird, die wir Gelehrsamkeit nennen. Das Wort »Gelehrter« verrät den Fachmann für Vergangenes, nicht den »Designer« der Zukunft. Die Geschichte hat den ihr zustehenden Platz wie das Salz in der Suppe – zuviel davon kann jedoch den Fortschritt blockieren (ein weiteres Beispiel für die Laffer-Kurve).

Logik

Ein Gefangener hat zwei Aufseher. Er weiß genau, daß einer von beiden immer die Wahrheit sagt und der andere immer lügt – nur *wer* der Aufrichtige und wer der Lügner ist, das weiß er nicht. Es gibt zwei Ausgänge, von denen einer in die Freiheit führt. Der Häftling weiß nicht, welcher. Aus irgendeinem Grund kann der Gefangene nur eine Frage stellen. Wie lautet sie? Die Aufgabe ist ein einfaches Problem der Logik. Die richtige Antwort heißt: Der Gefangene fragt beide Aufseher, welchen Fluchtweg der jeweils andere empfehlen würde, und wählt dann den nichtempfohlenen Fluchtweg. Eine hübsche logische Denksportaufgabe mit einer glatten, eindeutigen Antwort.
Im täglichen Leben bedienen wir uns nur höchst selten der expliziten Logik. Das normale Denken in Alltag, Verwaltung und Kommentar

basiert auf Wahrnehmung, Sprache und Information. Meistens gibt es allenfalls einen logischen Schritt: Wenn dies, dann das. Abgesehen von technischen Dingen – wie dem Vergleich verschiedener Hypothekenangebote –, bewegt sich das Denken überwiegend im Wahrnehmungsbereich. Wieviel nehmen wir auf? Aus welchem Blickwinkel betrachten wir die Dinge? Eine solche Wahrnehmung beruht auf Wahrnehmungsgewohnheiten, auf dem, was uns zu Ohren kommt, auf unserer Lektüre und der Art und Weise, wie wir uns ausdrücken. Daher spielt auch die Sprache eine große Rolle: Sie bündelt Wahrnehmungen und läßt uns nur noch sehen, was wir zu sehen bereit sind.

Wir benötigen extrem wenig explizite Logik, da wir die Logik bereits unserer Sprache einverleibt haben. Töten ist »böse« – es sei denn, es ist durch Krieg oder Notwehr gerechtfertigt. Das Wort »Mörder« braucht gar nicht extra gewogen werden; ihm wohnt von vornherein die fehlende Rechtfertigung inne. Bei Investitionen folgen wir Empfehlungen und dem Vorbild unserer Freunde und rationalisieren sie nachträglich mit Hilfe der dafür vorgesehenen Begründungen. Da alle dasselbe tun, schafft und erfüllt sich diese Verhaltensweise ihre eigenen Vorgaben, und die Aktienkurse steigen eine Zeitlang. Erfährt der Markt schließlich eine nachhaltige Korrektur, so rationalisieren wir auch diese. Die Rationalisierung stützt sich auf Informationen – aber wohlgemerkt nicht auf alle verfügbaren Informationen, sondern auf eine Auswahl, die zu dem paßt, was wir ohnehin vorhatten.

Soll das heißen, daß die Verhärtungen, Kategorisierungen, Dichotomien, Widersprüche und Polarisierungen der Tischplattenlogik im täglichen Leben gar nicht so wichtig sind? Sie alle wurden inzwischen in Wahrnehmung, Sprache und Denkmethoden inkorporiert:

Ich kann meinen Standpunkt verteidigen. Ich habe recht. Warum soll ich mir also noch irgendwelche Alternativen anhören?

Bei beginnender Inflation werden die Leute entweder mehr ausgeben oder mehr sparen – eine andere Möglichkeit gibt es nicht.

Freiheit bedeutet Wahlfreiheit. Wer rauchen will, muß also die Freiheit dazu haben.

Marxismus ist ein eingeschworener Feind des Kapitalismus. Also sind alle Marxisten Feinde. Mit Feinden soll man keinen Handel treiben.

Der japanische Markt ist weniger offen als der amerikanische. Also müssen wir uns irgendwie vor den japanischen Importen schützen.

Bei dieser Großorganisation sitzen lediglich zwei Frauen im Management. Also werden die Frauen dort diskriminiert.
Wenn die Mehrheit meint, das ist richtig, so muß es richtig sein. Das ist der tiefere Sinn der Demokratie.
Bei all den aufgeführten Beispielen möchten wir gerne murmeln: »So einfach ist das nicht.« – »Es gibt auch Zwischenpositionen.« – »Das kann man auch anders erklären.« Einwände dieser Art wenden sich direkt gegen die starren, ausgrenzenden Denkgewohnheiten der herkömmlichen Tischplattenlogik. Sie signalisieren: Wahrnehmung nimmt Partei. Sie ist abhängig von den jeweiligen Umständen. Ihre Muster haben ein weites Einzugsgebiet. Alternativen sind da, um beachtet zu werden.
Mir geht es hier vor allem um die Logik des täglichen Lebens – nicht um Logik als abstrakte philosophische Disziplin. Das Argument, daß es Beispiele für schlechte Logik gibt und daß sich bei allseitiger Anwendung einwandfreier Logik alles in Wohlgefallen auflösen würde, führt nicht weiter – es ist nichts als eine falsche Hoffnung, die sich auf Vergangenes bezieht. Schon von ihrer Grundstruktur her bietet die Tischplattenlogik keinen Platz für die Flexibilität der Wahrnehmung. Sie enthält viel zuviel »Richtigkeit«, zuviel Gewißheit, zu viele scharf voneinander abgegrenzte Kategorien. Es sagt sich so leicht, daß eine Sache anders ausgegangen wäre, wenn eine handelnde Person nicht die Kategorie »Feind« gewählt hätte – nur: Warum soll sie eine andere Kategorie wählen, wenn »Feind« ihr gerade passend erscheint?
Der einfachste praktische Ansatz läßt sich wie folgt ausdrücken: »Wir benutzen die (Tischplatten-)Logik nicht, obwohl wir so tun, als ob. Wir benutzen Wahrnehmung. Also seien wir uns stets der Parteilichkeit, Wandlungsfähigkeit und Situationsgebundenheit der Wahrnehmung bewußt.« Unter dieser Voraussetzung können wir eine Wahrnehmung äußern, ohne dabei zu vergessen, daß Wahrnehmungen eben nicht jenen rechthaberischen Anspruch erheben, der aus logischer Gewißheit kommt. Wir bewahren uns die Bereitschaft, nach alternativen Wahrnehmungen zu suchen und die Wahrnehmungen anderer zu beachten. Wir sind imstande, zu akzeptieren, daß unsere Wahrnehmung unter bestimmten Umständen Gültigkeit besitzt, unter anderen aber nicht. Mit Hilfe der Logik lassen sich Wahrnehmungen (und Vorurteile) verstärken, doch werden Wahrnehmungen durch Logik und Argu-

mente nicht verändert. Wenn das Militär über Ufos nichts verlauten läßt, so nicht deshalb, weil sie nicht existieren, sondern weil die Information unterdrückt werden muß. Die Schöpfung alternativer Wahrnehmungen kann erfolgreicher sein: »Es gibt Menschen, die – zum Beispiel in posthypnotischen Halluzinationen – Dinge zu sehen glauben, die sie in Wirklichkeit gar nicht sehen. Die Leute, die Ufos sehen, sind also keine Lügner.« – »Mit allerhand Tricks kann man dem menschlichen Geist Dinge vorgaukeln, die es nicht gibt – man denke nur an die Vorführungen der Zauberkünstler im Varieté. Vielleicht läßt sich das eine oder andere Ufo auch auf diese Weise erklären.« – »Manche Menschen sind felsenfest davon überzeugt, daß es Geister und Feen gibt.« – »Wart's ab, bis du selbst ein Ufo siehst.«
Jeder dieser Punkte würde näher ausgeführt und neben der vorherrschenden Wahrnehmung präsentiert werden, ohne sie unmittelbar in Frage zu stellen.
Müßte ich meinen Finger auf den gefährlichsten Aspekt der »impliziten« Alltagslogik legen, so würde er auf den Dichotomien (entweder/oder) und deren Einfluß auf die Urteilsfindung zu ruhen kommen. Das Differenzierungsverhalten musterbildender Systeme wird gerade in diesem Bereich übelst mißbraucht: Ähnliches wird radikal getrennt (besonders auffällig im Falle des Rassismus). Die Neigung zu Dichotomien ergibt sich, wie ich bereits einmal geschrieben habe, aus dem Bedarf an Kategorisierungen, Identität und dem Prinzip des Widerspruchs. Diese drei Dinge sind die Essenz der Tischplattenlogik.

Kunst

Es kann sein, daß Cartoons die höchste Form der Kunst sind. Dieser Satz ist offensichtlich eine Absurdität, eine Provokation oder eine besondere Wahrnehmung, die der Rechtfertigung bedarf.
Die Kunst hat einen ästhetischen Aspekt (Musik, Tanz, Architektur, abstrakte Malerei) und einen emotionalen (Drama, Belletristik, die Gemälde alter Meister, Lyrik). Hinzu kommt aber auch noch der perzeptive (= Wahrnehmungs-)Aspekt (Cartoons, Bildhauerei). Selbstverständlich gibt es zahlreiche Überschneidungen; jedes Kunstwerk kann Elemente aller drei Aspekte enthalten. Ich habe lediglich eine

ziemlich eindeutige Beispiele für den ästhetischen, den emotionalen und den perzeptiven Aspekt angeführt.
Ein Cartoon hebt das Wesentliche hervor und kann uns dazu zwingen, ebendieses Wesentliche zu erkennen. Ein Cartoon fördert die Wahrnehmung, indem er sie an der kurzen Leine führt. Die Menschen werden heute ihren Karikaturen immer ähnlicher – weit ähnlicher, als die Karikaturen je den Menschen waren. Dieses »Ins-Licht-Rücken« ist ein intensiver Wahrnehmungsprozeß. Wir sind gezwungen, uns auf etwas zu konzentrieren, und werden uns somit dessen bewußt. Über Rachel Carsons Buch *Der stumme Frühling* sagt man, daß es gleichsam der Startschuß für die Umweltbewegung war. Bei diesem Konzentrations- und »Beleuchtungs«-Vorgang handelt es sich um eine Methode der Kunst zur Veränderung von Wahrnehmungen.
Wir haben die Wahrnehmung in unserer Kultur der Welt der Kunst überlassen (nicht nur der »hohen« Kunst, sondern der Kunst im allerweitesten Sinne). Nach unserer Überzeugung hatte die Wahrnehmung in aller ihrer Wandlungsfähigkeit weder in der Religion noch in der Logik, weder in der Mathematik noch in den anderen Naturwissenschaften etwas zu suchen – und konnte daher eben getrost der Kunst überlassen werden. Doch verändert Kunst nun wirklich die Wahrnehmungen – oder trägt sie nur dazu bei, bereits vorhandene Wahrnehmungen zu verstärken? Ist Kunst ein Spiegel oder eine Diagnoseanleitung? Daß die Literatur den inneren Zustand des Menschen und die Wertvorstellungen ihrer Zeit reflektiert, steht außer Zweifel. Ein Buch wie *Vom Winde verweht* spiegelt die gesellschaftliche Situation der Schwarzen wider und zeigt, wie andere diese Situation empfanden. Schulbücher spiegelten geschlechtsspezifische Rollenklischees der Gesellschaft wider. Wenn die Kunst ein Spiegel sein soll, in dem die Menschen sich und ihre Gesellschaft wiedererkennen, so muß dieser Spiegel tatsächlich die Realität reflektieren.
Es stimmt, daß Reflexion, Konzentration und »Beleuchtung« allein schon (wie bei Charles Dickens) zu Änderungen in den Wahrnehmungen führen können. Das gleiche gilt für konventionelle Meinungsäußerungen bestimmter Einzelpersonen. Kunst kann einen neuen Trend rasch beschleunigen. Die Literatur kann mit der »Unehrlichkeit« der Sprache (einseitige Betrachtungsweise, Übertreibung, Adjektive, Spott, Szenenwechsel) den Trend mitbestimmen. Es ist bemerkenswert, wie

schnell sich in den Vereinigten Staaten die allgemeine Einstellung zur Rassendiskriminierung und zur Umweltproblematik geändert hat.

Die Mechanismen der Propaganda beeinflussen die Wahrnehmungen ebenfalls in starkem Maße, und sie tun dies in jeder gewünschten Richtung, obwohl wir nur eine dieser Richtungen als »Wahrheit« bezeichnen. Vor nicht allzu langer Zeit konnte es passieren, daß sich ein Nichtraucher für seine Eigentümlichkeit entschuldigte. Heute kommt sich der Raucher wie ein Paria vor. Folgender Witz ist bezeichnend: Früher ging ein Mann in den Laden, kaufte sich Zigaretten und bat dann flüsternd um ein Päckchen Kondome. Heute geht er in den Laden, kauft sich Kondome und bittet dann flüsternd um ein Päckchen Zigaretten.

Die Kunst ist durchaus imstande, Wahrnehmungen zu verändern. Galt früher der Krieg als heroische Tat (und wurde von der Kunst entsprechend glorifiziert), so haben Literatur, Film und Fernsehen dazu beigetragen, daß man heute auch seine brutalen Seiten sieht.

Wir können also sagen, daß die Kunst allen drei Zielen dient: Sie reflektiert vorhandene Wahrnehmungen, sie beschleunigt Wahrnehmungsveränderungen – und sie kann gelegentlich selbst einen Wahrnehmungswandel initiieren. All dies betreibt die Kunst mit Selbstsicherheit und Selbstgerechtigkeit, Dogmatismus, emotionalem Engagement, getrübter Sicht und jedem nur denkbaren Propagandatrick. Kunst ist extrem intolerant – wahrscheinlich, weil sie es sein muß. Also feiern die Arroganz der Logik und der Glaubenssysteme einmal mehr fröhliche Urständ – wogegen wir gar nichts haben, solange die Richtung stimmt (mal ganz abgesehen davon, wie man »stimmen« definiert). Möglich, daß die Massengefolgschaft anfangs ausbleibt – doch wenn sie sich schließlich entwickelt, dann muß es einfach »stimmen«.

Ein kleines Problem liegt darin, daß Kunst (in ihrem allerweitesten Sinn) interessant, mitreißend und attraktiv sein muß. Ist sie es nicht, so findet sie kein Publikum. Die Menschen schalten einfach um auf einen anderen Kanal. Dieser ziemlich wichtige Einwand wird die »Spiegel«-Eigenschaft der Kunst beeinträchtigen. Schriftsteller wollen nicht über ganz normale Menschen schreiben (wie die langweilige »Traktorenliteratur« der frühen sowjetischen Kunst), sondern lieber über Personen mit hyperkomplexen Neurosen. Maler müssen sich – worauf Tom Wolfe schon vor langer Zeit hinwies – um Stilformen bemühen, über die man schreiben und reden kann. Fernsehen muß voller Mord und Totschlag sein, weil dies die verläßlichste Form der dramatischen Akzentuierung ist.

Wenn wir die Behauptung, Kunst lenke Wahrnehmungen in bestimmte Bahnen und schaffe auch einige neue, aufrechterhalten wollen, stellt sich also die Frage: Werden die von kommerzieller Realität (*Rambo* und andere) geförderten Wahrnehmungen auch neue Wahrnehmungen schaffen? Oder werden Wahrnehmungen nur von »guter Kunst« geschaffen, so daß wir den Rest als »Schund« ohne jede Auswirkungen abtun können?

Genügt es zu sagen, daß die Gesellschaft Wahrnehmungen getrost der »künstlerischen« Seite überlassen kann, während Logik, Naturwissenschaften und Mathematik sich um alle anderen Aspekte kümmern? Obwohl ich die wertvolle Funktion der Kunst bei der Verbesserung der Wahrnehmungen durchaus anerkenne, lautet meine Antwort eindeutig: »Nein.« Die Kunst kann zwar Wahrnehmungen verändern, doch leistet sie keinerlei Beitrag zur Förderung wertvoller Wahrnehmungsgewohnheiten. Ihre bereits angesprochene Selbstherrlichkeit und -gewißheit bilden einen krassen Gegensatz zur subjektiven Natur der Wahrnehmungen und der Möglichkeit, alternative Betrachtungsweisen mit ins Kalkül zu ziehen. Wir können uns von der Kunst eine Bereicherung unserer Wahrnehmungen erwarten, nicht jedoch neue Wahrnehmungsfertigkeiten. Aus diesem Grund bin ich der Meinung, daß schon in den Schulen Wahrnehmungstechniken (hauptsächlich Breite und Veränderung) gelehrt werden sollten.

Ich will den Wert der Kunst keinesfalls abstreiten, genausowenig wie den Wert der Naturwissenschaften und der Mathematik. Allerdings möchte ich darauf hinweisen, daß unsere etablierten Gewohnheiten und Methoden vom »Wahrnehmungsstandpunkt« aus ernste Mängel besitzen.

Denken in der Gesellschaft und ihren Institutionen

Die Gesellschaft setzt sich nicht nur aus denkenden Einzelpersonen zusammen. Es gibt auch Strukturen, Institutionen und Mechanismen, innerhalb derer – oder zwischen denen – Einzelpersonen denken. In einigen Fällen sind diese Strukturen unmittelbar aus unserer herkömmlichen Denkkultur heraus entstanden, zum Beispiel die Argumentationsgewohnheit der Demokratie. In anderen Fällen schaffen die Strukturen selbst eine Denkart, zum Beispiel in der Bürokratie. Schließlich gibt es auch noch Fälle, in denen ein bestimmtes Thema eine Denkgewohnheit am Leben hält – so beispielsweise die Geschichtsbesessenheit an den Universitäten.

Auf den folgenden Seiten werde ich einige der Strukturen darlegen, die unserem traditionellen Denken entspringen und es bewahren. In bestimmten Fällen werde ich eine Institution direkt unter die Lupe nehmen, in anderen eine bestimmte Denkweise, die aus der Natur der Institutionen erwächst.

Jede Institution ist eine Struktur mit doppelter Zielrichtung: Sie soll bestimmte Dinge durchsetzen, andere Dinge verhindern. Ich werde mich daher auf das Grundthema »Veränderung« konzentrieren. »Fortschritt« ist schon fast von der Definition her das Ergebnis des Wandels. Dabei kann es sich freilich um eine äußerst langsame, graduelle Veränderung handeln, die keinem Menschen auffällt. Sie kann durch Korrektur, Anpassung und Reaktion auf äußeren Druck entstehen. Natürlich gibt es auch den radikalen Wandel, der mit neuen Konzepten, Paradigmenwechseln und veränderten Wahrnehmungen einhergeht. Wie werden unsere etablierten Institutionen mit dem Wandlungsprozeß fertig? Setzen sie sich bewußt mit dem Wandel auseinander – und wenn, wie? Läßt ihre eigene, natürliche Struktur überhaupt Veränderungen zu – und wenn, welche?

Die Liste der Strukturen erhebt keinerlei Anspruch auf Vollständigkeit. Es kann sogar durchaus sein, daß ich wichtige Strukturen vergessen habe, die eigentlich auf eine solche Liste gehören würden. Mir ging es lediglich darum, zu zeigen, wie wir von der Natur eines Nervensystems über die Natur der Wahrnehmung und die Natur traditioneller Denkgewohnheiten zu den gesellschaftlichen Strukturen gelangen. Auf den kommenden Seiten werde ich auf die folgenden Aspekte näher eingehen:

Veränderung: unsere Grundvorstellung vom evolutionären Wandel. Wir wursteln uns durch, indem wir uns je nach Lage der Dinge an äußeren Druck, Krisen und Innovationen anpassen.
Der nächste Schritt: Der jeweils nächste Schritt richtet sich eher nach unserem gegenwärtigen Standpunkt und der Art, wie wir dorthin gelangt sind, als nach unseren Zielvorstellungen.
Alles ist besetzt: Es gibt kein Vakuum, es gibt keine Lücken. Zeit, Raum und Ressourcen sind allesamt festgelegt.
Erziehung und Bildung: ein in sich abgeschlossenes System, das den gesellschaftlichen Bedarf an Denken und Denkmethodik größtenteils noch nicht erkannt hat.
Das Ludus-Prinzip (Ludecy): ein neues Wort, das das Spielen eines Spiels nach den vorgeschriebenen Regeln beschreibt. Nichts für Selbstsüchtige.
Das Kurzzeitdenken: Unser (wirtschaftliches und politisches) Denken ist zwangsläufig oft kurzfristig angelegt. Die Regeln verlangen es von uns.
Demokratie: ein System, das darauf angelegt ist, Konsens für bestimmtes Handeln zu schaffen, inzwischen aber wesentlich erfolgreicher als Verhinderungsstrategie.
Pragmatismus: Wie sieht die Alternative aus, wenn das Verhalten nicht mehr von Prinzipien und Absoluten gesteuert wird?
Bürokratie: eine für einen bestimmten Zweck errichtete Organisation, die später nur um ihrer selbst willen erhalten bleibt.
Schubladen: der Trend zur wachsenden Spezialisierung und der Gegentrend zu fachübergreifendem Verständnis.
Universitäten: stark in der Geschichte verwurzelte Erziehungs-, Kultur- und Forschungsinstitutionen, die unsere intellektuellen Ressourcen dominieren.
Kommunikation: die Beschränktheit der Sprache und des Medienimpe-

riums – dennoch eine große Macht bei der Veränderung von Gefühlen und Stimmungen.
Bündeln: Unsere wachsende Fähigkeit, Wahrnehmungen zu bündeln, kann in Zukunft zum Problem werden.

Veränderung

Die cleversten Leute neigen dazu, im Ghetto zu bleiben, denn sie sorgen dafür, daß das System funktioniert. Bernard Shaw hat gesagt, Fortschritt sei Sache der Unvernünftigen, denn die Vernünftigen wollen das System nicht verändern, sondern es nutzen, wie es ist.
Wie eine oszillierende Feder, die langsam ihren Ruhezustand erreicht, glauben wir, daß die meisten unserer Konzepte und Institutionen nahezu perfekt sind. Hier und dort müssen noch ein paar Verbesserungen angebracht werden, gelegentlich muß man auch sich ändernden Außenbedingungen Rechnung tragen. Wir können uns größere Veränderungen gar nicht vorstellen – und wünschen sie uns auch nicht. Wo es heute noch keine Demokratie und Gerechtigkeit gibt, bleibt allemal die Hoffnung, daß sie sich dort über kurz oder lang einstellen werden.
Das heimliche Idiom der Veränderung heißt graduelle Evolution. Demnach formen unterschiedliche Zwänge (ökologische, ökonomische) und Bedürfnisse (wachsender Lebensstandard, Rassengleichheit) unsere gesellschaftliche Entwicklung. Mal treiben sie dies voran, mal jenes. Die Politik lenkt diese Zwänge oder aber – dies ist wahrscheinlicher – spürt den Druck, den sie auf dem Umweg über Veränderungen im öffentlichen Bewußtsein ausüben.
Konzerne, Universitäten und entsprechend motivierte technische Institute sorgen für technologische Veränderungen. Veränderungen im öffentlichen Bewußtsein werden gelegentlich durch Einzelpersonen (wie Ralph Nader) bewirkt, entstehen in den meisten Fällen jedoch aus einem nicht wahrnehmbaren Trend, der sich beschleunigt und zu einer machtvollen Strömung anwächst.
Das System wird immer von jenen zahllosen Menschen verteidigt werden, deren Intellekt zwar zur Besitzstandswahrung reicht, denen aber die intellektuelle Kraft für Innovationen fehlt. Stets wird es eine Reihe von Leuten geben, die in jeder Veränderung *qua definitionem* eine

Bedrohung ihrer eigenen Position sehen. Außerdem: Da wir nie genau absehen können, wie sich eine Veränderung im einzelnen auswirkt, gehen wir von vornherein ungern ein Risiko ein.

Daß große Krisen zu Veränderungen führen, wird immer wieder vorkommen. Der Anstieg der Rohölpreise erzwang Energiesparmaßnahmen, und der hohe Kurs des Yen zwang die Japaner dazu, die Inlandsnachfrage anzukurbeln. Krisenbedingte Veränderungen sind politisch wesentlich leichter durchzusetzen: Schließlich sieht jeder ein, daß Handlungsbedarf besteht. Und die Krisenbewältigung genügt dann meist auch schon.

Es wird immer wieder Ideen geben, die – wie die Versuche zur Vereinfachung der englischen Rechtschreibung – nicht zum Ziel führen. Manche Ideen werden nach Anfangserfolgen im Sande verlaufen, und manche – wie der Umweltschutzgedanke – werden sich durchsetzen. Dies entspricht dem Lauf der Evolution. Evolutionärer Druck wird durch kritisches Denken, die simple Trägheit der meisten Systeme sowie durch allgemeine Selbstgefälligkeit gespeist.

Stimmt etwas nicht mit diesem bequemen Evolutionsmodell?

Stellen Sie sich folgendes Spiel vor: Man reicht Ihnen unterschiedlich zugeschnittene Pappstücke, eines nach dem anderen. Ihre Aufgabe besteht darin, die erhaltenen Puzzleteile so sinnvoll wie möglich zusammenzusetzen. »So sinnvoll wie möglich« heißt: Sie sollen zu einer geometrischen Figur zusammengefügt werden, die so einfach ist, daß sie ohne weiteres über das Telefon beschrieben werden kann. Sie machen sich also an die Arbeit und setzen die ersten Stücke zu einem Rechteck zusammen. Sie fügen das nächste hinzu und erhalten ein längeres Rechteck. Beim Versuch, die nächsten beiden Teile hinzuzufügen, merken Sie, daß sich damit keine einfache Form mehr erstellen läßt. Um die Aufgabe korrekt erfüllen zu können, müssen Sie das vorhandene Rechteck wieder auseinandernehmen und die Einzelteile zu einem Quadrat zusammenfügen. Auf diese Weise gelingt es Ihnen auch, die beiden letzten Teile unterzubringen: Zum Schluß haben Sie ein größeres Quadrat.

Das Spiel ist einfach, doch kommt es bei diesem Beispiel primär auf das dahintersteckende Prinzip an. Zu jedem gegebenen Augenblick tun wir das jeweils Vernünftige. Wir versuchen, Neues mit Altem zu kombinieren. In einem solchen System erreichen wir irgendwann fast zwangsläufig den Punkt, an dem wir, wenn wir weiter vorankommen wollen, erst einmal umkehren und etwas rückgängig machen müssen, das zu seiner Zeit die optimale Lösung gewesen ist. Der Grund dafür liegt darin, daß die Richtung der Organisation vom bereits Vorhandenen abhängig ist und nicht vom denkbar möglichen nächsten Schritt. Unsere demokratischen Gewohnheiten gründen sich zum Beispiel auf längst Gehabtes (politische Diskussionen im Rathaus) und orientieren sich nicht an den Möglichkeiten der modernen Kommunikationstechnologie.

Das soeben geschilderte Prinzip bezieht sich nicht nur auf künstliche Puzzlespiele. Seine beiden wichtigsten Merkmale kommen bei allen größeren Systemen zum Tragen: ein über einen längeren Zeitpunkt hinweg erfolgender Input sowie die Notwendigkeit, aus dem Verfügbaren jeweils das Beste zu machen.

Das Problem liegt jedoch darin, daß wir nicht einfach vom Vorhandenen in seiner aktuellen Form ausgehen können. Es kann durchaus sein, daß wir bestimmte Dinge rückgängig machen müssen, um weiter voranzukommen. In vielen Fällen ist es erst möglich, neue Formen zu finden, wenn wir die Einzelteile aus ihrer alten, nicht mehr passenden Konfiguration befreit haben. Revolutionen sind immer mit dieser Argumentation gerechtfertigt worden: Fort mit dem Alten, damit wir Platz für das Neue gewinnen. Der Haken an der Sache ist der, daß Revolutionen die Tendenz innewohnt, ein festgefügtes System einfach durch ein anderes zu ersetzen – denn es mag zwar gelingen, das Bestehende auseinanderzunehmen, doch fehlt danach die Zeit, die Einzelteile in sinnvoller, besserer Weise als zuvor wieder zusammenzusetzen.

Das zweite Problem des Evolutionsmodells ist folgendes: Da Tiere kaum in der Lage sind, ihre eigene Umwelt zu beeinflussen, sterben Arten, die sich nicht anpassen können, aus. In der Welt der Menschen hingegen gibt es Systeme, die durch die strikte Kontrolle ihrer Umwelt ihr eigenes Überleben sichern können. Dies erklärt die lange Lebensdauer von Diktaturen. Aus dem gleichen Grund mag der Marxismus als politisches System akzeptabel sein, nicht jedoch als Regierungsform. Denn sobald er an der Macht ist, blockiert der Marxismus mögliche künftige Änderungen. Alle politischen Systeme streben dasselbe an – der Unterschied liegt lediglich darin, daß die einen dabei erfolgreicher und rücksichtsloser sind als die anderen.

Bei der Kontrolle über die eigene Umwelt zum Zweck der Selbsterhaltung des Systems handelt es sich um genau dasselbe wie beim Überzeugungsprozeß, bei dem – wie wir gesehen haben – die Überzeugung oder der Glaube jene Wahrnehmungen schafft, die dafür Sorge tragen, daß wir nur das sehen, was die Überzeugung stützt. Das demokratische System sorgt für eine freie Presse, die im Normalfall kapitalistisch orientiert ist, denn »Interesse« ist leichter verkäuflich als »Ideologie«. Das totalitäre System schafft sich eine durch Zensur, Papierzuteilung und die Drohung mit Arbeitslosigkeit kontrollierte Presse.

Die In-sich-Abgeschlossenheit des Überzeugungssystems ist in sich dasselbe wie das in der Naturwissenschaft so oft diskutierte Paradigmensystem. Ein Paradigma ist eine besondere Geisteshaltung, die unsere Weltsicht formt. Neue Ideen, die nicht in diese modellhafte Haltung passen, werden abgelehnt – es sei denn, die Notwendigkeit einer Veränderung ist so unübersehbar und zwingend, daß es zu einem Paradigmenwechsel kommt.

Wir können die Meinung vertreten, daß der normale gesellschaftliche Prozeß der Argumentation und der Kontroverse bereits wesentliche Veränderungen bewirken kann. Aber die naturwissenschaftliche Erfahrung hat gezeigt, daß dies nicht der Fall ist. Argumentation und Kontroverse spielen sich innerhalb des bestehenden Rahmens ab und bringen allenfalls kleinere Modifikationen, aber keine Paradigmenwechsel hervor. Man kann keine Debatte führen, wenn die eine Seite Englisch und die andere Französisch spricht. Ähnliches trifft zu, wenn die beiden Seiten verschiedene Paradigmen vertreten: Eine Diskussion ist dann nicht mehr möglich. Wer in einer solchen Runde ein neues Paradigma anbietet, wird als »Verrückter« abgetan (so wie einst Jesus Christus von der Mehrzahl seiner Zeitgenossen).

Alles, was ich in diesem Buch über das natürliche Verhalten selbstorganisierter musterbildender Systeme im Gehirn gesagt habe, läßt sich auch über die Gesellschaft sagen, die ebenfalls ein selbstorganisiertes System ist. Statt über Muster verfügen wir über Konzepte, Institutionen und Verfahrensweisen. Und da wir uns immer mit dem Evolutionsmodell zufriedengegeben haben (und im Revolutionsmodell die einzige Alternative sehen), haben wir die Prozesse der Ideenbildung, der Veränderung und des Designs bisher nie richtig begriffen.

Wir fürchten uns vor geplanten Utopien, weil sie unrealistisch, unerprobt und von den absurden Erwartungen des menschlichen Verhaltens abhängig sind – und weil man sich einfach nicht auf sie einstellen kann. Wir fürchten uns generell vor Design, weil wir wissen, daß es mißlingen kann, während Evolution bekanntlich *per definitionem* immer recht hat. Wir fliegen in konstruierten Flugzeugen, haben jedoch keine soziologischen Äquivalente für »Windkanäle«, in denen wir Ideen testen können, bevor wir uns ihnen ausliefern. Und auf diese Weise erlauben wir es äußeren Zwängen, für uns zu »designen«, und nennen das dann Evolution.

Wenn zweiundvierzig Prozent der Wählerschaft elf Jahre lang die alleinige Kontrolle über die Regierung ausüben (wie im Fall der Thatcher-Regierung in England), so kann man das akzeptieren, weil das System eben so funktioniert, weil Frau Thatcher eine herausragende Persönlichkeit ist und weil jede amtierende Regierung, die wiedergewählt werden will, die Ansichten der gesamten Wählerschaft berücksichtigen muß. Und dennoch ist das System nicht über jede Verbesserung erhaben. Angenommen, die beiden Spitzenkandidaten werden beide ins Parlament gewählt, erhalten dort jedoch unterschiedliche, sich aus ihrem Wahlergebnis errechnende Stimmkraft: Achtunddreißig Prozent der Wählerstimmen bedeuten also eine Stimmkraft von 0,38 (von einer Gesamtstimme). Das auf diese Weise zustande kommende Parlament wäre natürlich viel zu groß, doch geht es hier nur ums Prinzip.

Selbst bei Systemen, die sich voraussichtlich nicht ändern werden, gibt es oft einen bewußten Bedarf an neuen Ideen auf bestimmten Spezialgebieten – zum Beispiel in Fragen der Verschuldung der Dritten Welt, der Kosten für die Gesundheitsfürsorge, der Wohlfahrtspflege, der Justiz, der steigenden Verbrechensrate und des Drogenproblems. Woher sollen die neuen Ideen auf diesen Gebieten kommen? Wie gehabt: aus dem Sammeln von Informationen, der Analyse derselben und der Anwendung gewisser Grundprinzipien. Und dennoch schreien gerade die aufgeführten Themen nach neuen Ideen – so wie damals vor den Olympischen Spielen von 1984 neue Ideen dringendst erforderlich waren und durch die bewußte Anwendung lateralen Denkens schließlich auch zustande kamen. Aber wir verstehen nicht, was mit bewußter Ideenbildung gemeint ist, und haben auch keinen Platz dafür. So bleibt uns nichts anderes übrig, als zu sagen: Es wird schon irgendwelche neuen Ideen geben – wir müssen nur unsere Augen offenhalten. Wir könnten viel besser fahren – vorausgesetzt, wir würden erst einmal erkennen, daß die Analyse von Informationen selbst kaum neue Ideen hervorbringt.

Auch in der Wirtschaft wären einige radikal neue Denkansätze durchaus angebracht. Wir sind mittlerweile sehr geschickt im Jonglieren mit vorhandenen Versatzstücken: Es fällt uns immer leichter und geht immer schneller. Zinsratenanpassungen müssen mit Inflation, Wechselkursturbulenzen, wertschaffenden Anlagen, Wohnungsbau und anderen Dingen fertig werden. Einige dieser Dinge verhalten sich gegenläufig zueinander. Vielleicht gelingt es der Elektronik, uns den Weg von der »Wasser«-Ökonomie (Fließen nach Gefälle) zur »Schnee«-Ökonomie (Fließen nach Temperatur) zu ebnen. Auch haben wir die langfristigen Implikationen der »finanziellen Suppe« noch nicht ganz durchschaut. Sie ergibt sich aus der Aufhebung von Zeit- und Entfernungsschranken durch die Telekommunikation und der Aufhebung anderer Hemmnisse durch deregulatorische Maßnahmen.

Ein Unternehmen, das sich die in der Gesellschaft vorherrschende Einstellung zur Veränderung zu eigen machen würde, wäre innerhalb von zwei Jahren bankrott. Ein ständiges Sichdurchwursteln mag uns vor Exzessen und Katastrophen bewahren – aber es blockiert auch die Ausschöpfung von Ressourcen, die bereits ohne weiteres verfügbar sind.

Bleibt zu hoffen, daß ein besseres Verständnis des für einen Wandel erforderlichen Denkens sowie eine speziell darauf ausgerichtete Kräftekonzentration zu einer gewissen Verbesserung führen wird.

Der nächste Schritt

Nehmen Sie einen Bleistift zur Hand, und versuchen Sie, ohne abzusetzen, die Umrisse einer nicht allzu komplizierten Figur nachzuzeichnen. Wiederholen Sie dann den Vorgang, diesmal jedoch nicht mit einer durchgehenden Linie, sondern indem Sie lauter kleine Punkte aneinanderreihen. In den meisten Fällen wird die mit der zweiten Methode erzielte Darstellung erheblich besser, und zwar deshalb, weil sich die Position des jeweils nächsten Punktes besser der Gestalt der Vorlage anpassen läßt. Eine Linie besitzt Eigendynamik. Sie kann nicht unvermittelt nach links oder rechts ausbrechen – ein Punkt schon!

In den meisten Fällen wird der nächste Schritt von unserem unmittelbaren Standpunkt bestimmt, nicht hingegen von dem Ort, an dem wir uns befinden sollten oder den wir erreichen wollen. Unser gegenwärtiger Standpunkt ist maßgebend, der Ort, von dem wir gerade herkommen, oder aber es entscheiden noch weiter zurückliegende historische Faktoren. Die treibende Kraft, die uns voranbringt, ist eher unsere Geschichte als unsere Vision. Wir kriechen voran, Zentimeter um Zentimeter. Übergangsphasen sind viel wichtiger als endgültige Ziele, so großartig diese auch sein mögen. Veränderungen im Erziehungswesen müssen sich den Lehrern anpassen, dem Prüfungssystem und den Anforderungen, die heute an das Erziehungssystem gestellt werden. Veränderungen in der Rechtspflege müssen auf den zur Zeit gültigen Strukturen und Normen basieren.

Ein irischer Bauer soll einmal, als man ihn nach dem Weg fragte, geantwortet haben: »Wenn ich dorthin wollte, wäre ich nicht von hier aus losgefahren.« In dieser Logik liegt Brillanz, wenngleich die Antwort den Fragesteller kaum befriedigt haben dürfte. (Natürlich hätte der Fahrer sich zu dem »besseren« Ausgangspunkt dirigieren lassen und von dort aus seinen Weg fortsetzen können.)

Auch gibt es den sogenannten »Grenzscheiden-Effekt«. Er besagt, daß der Weg frei und das Ziel höchst erstrebenswert ist, daß aber alle Bemühungen zum Scheitern verurteilt sind, weil sich der erste Schritt nicht realisieren läßt. Alle nahostpolitischen Initiativen der Vereinigten Staaten sehen sich folgendem ersten Schritt gegenüber: Wie wird Israel (und die israelische Lobby in den USA) darauf reagieren? Bei der Erschließung eines neuen Industriegebiets stellt die »Umweltverträglichkeitsprüfung« den ersten Schritt dar.

Architekten errichten ein neues Gebäude aus dem Nichts, obwohl ihnen durch die Gegebenheiten des Bauplatzes, die zur Verfügung stehenden Geldmittel und den Geschmack des Kunden gewisse Grenzen gesetzt sind. Ein Neubau ist oft leichter zu errichten und weniger kostspielig als die Modernisierung eines Altbaus.

Gesellschaftlich bleibt oft keine Wahl. Wir müssen den nächsten Schritt von unserem gegenwärtigen Standpunkt aus tun. Wir ahnen vielleicht, daß Universitäten nicht länger optimale Träger des intellektuellen Fortschritts sind, aber wir kleben an ihnen fest und können sie nicht einfach schließen, um etwas von Grund auf Neues zu entwerfen.

Ein Konzern setzt langsam, aber sicher Fett an und wird träge und selbstzufrieden. Zentimeter um Zentimeter, Augenblick um Augenblick wird seine Zukunft auf der bestehenden Grundlage errichtet. Nur ein dynamischer neuer Geschäftsführer, die Auszahlung des Managements, eine Übernahme durch eine andere Firma oder eine Fusion können Möglichkeiten für einen radikalen Neuaufbau schaffen. Tochterunternehmen können verkauft werden; man kann das mittlere Management reduzieren, unprofitable Projekte abblasen und neue Leute einstellen. Michail Gorbatschow in der Sowjetunion befindet sich genau in der Position eines neuen Geschäftsführers, dem man die Aufgabe übertragen hat, einen sich mühsam voranschleppenden, stets nur vom jeweiligen aktuellen Standpunkt aus den nächsten einfachen Schritt wählenden Riesenkonzern radikal umzukrempeln.

Wasser sucht sich in jedem gegebenen Augenblick den schnellsten Weg nach unten. Es kann nicht aufwärts fließen – selbst wenn hinter dem nächsten Berg eine große Abflußstrecke wartet. Es kann nicht einfach sein Bett verlassen, weil es weiß, daß dahinter weite Niederungen auf Überflutung warten. Auch wir verhalten uns in manchen Dingen ähnlich und wählen den leichten, maßgeblichen Weg, der rasche Belohnung verspricht. Die Mathematik hat sich kontinuierlich von nichtlinearen Systemen entfernt, weil es andere, leichtere Gebiete gab, auf denen sie sich tummeln konnte. Wir investieren große intellektuelle Kapazitäten in die Geschichte, weil sie eine leichtere Option darstellt als viele andere.

Auf unserem langsamen Weg voran, Schritt für Schritt die von unserem Standpunkt aus gesehen jeweils »vernünftigste« Wahl treffend, kann es uns passieren, daß wir recht weit abkommen vom eigentlichen Ziel unseres Strebens. So wachsen Bürokratien Schritt für Schritt, bis sie dem Zweck, für den sie eigentlich errichtet worden sind, kaum noch dienen. Einander überlagernde Systeme, die ursprünglich den Entscheidungsprozeß geschmeidiger machen sollten, führen schließlich dazu, daß kaum noch eine Entscheidung getroffen werden kann.

Unser Denken veranlaßt uns, immer gebannter in jene Richtung zu starren, in die wir unsere Erfahrung und unsere intellektuelle Anstrengung investiert haben. Ein Richtungswechsel wird immer schwieriger. Die Menschen sind angestellt bei bestehenden Institutionen – nicht bei Institutionen, die eigentlich bestehen sollten.

Ich behaupte nicht, daß wir es hier mit einem bloßen Dahintreiben zu tun haben. Das wäre nicht richtig. Jeder einzelne Schritt mag durchaus überlegt sein, doch seine Richtung wird nahezu ausschließlich von der aktuellen Situation und nicht von einer Vision bestimmt.

Alles ist besetzt

Plato hat sich sehr vehement gegen jede Neuerung im Erziehungswesen ausgesprochen. Wenn man weiß, so meinte er, daß man nicht nur recht hat, sondern »absolut recht«, kann jede Neuerung nur ein Rückschritt sein.

In der Praxis stoßen Neuerungen im Erziehungswesen nicht so sehr deshalb auf Schwierigkeiten, weil allgemein die Ansicht herrscht, man mache ohnehin alles »absolut richtig« (obwohl es natürlich auch diese Meinung gibt), sondern weil die Lehrpläne ohnehin schon randvoll sind. Es gibt keine Lücken mehr, kein Vakuum. Jede Neuerung muß also etwas Vorhandenes verdrängen, wenn sie sich durchsetzen will. Warum aber sollte man bestimmte Dinge aus dem Lehrplan nehmen? Weil sie schlecht sind und nicht mehr funktionieren? Dies ist freilich nicht sehr oft der Fall.

Die meisten Fächer und Themen haben durchaus ihren Wert – und zumindest gibt es viele Leute, die sich das einbilden.

Jede Information, die im Unterricht vermittelt wird, ist wertvoll. Je mehr Informationen man besitzt, desto wertvoller wird jede neu hinzukommende, denn sie ergänzt ja die bereits vorhandenen. Ohne weiteres könnte man in jede einzelne Sekunde des Schuljahrs noch mehr Informationen hineinpressen – und doch würden dreißig Schuljahre nicht ausreichen, um auch nur einen Bruchteil der bereits verfügbaren Informationen weiterzugeben.

Wollen wir also keinen gottgleichen Zustand der Allwissenheit anstreben, der das Denken überflüssig macht, so werden wir über kurz oder lang einen Punkt erreichen, an dem es sinnvoller ist, operative Denktechniken (nicht nur kritische) zu lehren, um mit den vorhandenen Informationen besser umgehen zu können. Wir müssen dann beschließen, einen Teil der Informationszeit – so wertvoll er sein mag – aufzugeben, um Zeit für den unmittelbaren Denkunterricht zu gewinnen. In

einigen aufgeklärten Ländern und Schulbezirken hat man damit bereits begonnen.
Das Beispiel aus dem Erziehungswesen beleuchtet ein Hauptproblem des neuen Denkens: Selbst eine Neuerung, die ohne Bruch mit dem Althergebrachten auskommt, findet keinen Platz. Menschen, Zeit und Ressourcen sind voll ausgelastet – und in vielen Fällen gehen die Ressourcen ja schon zurück.
Es ist paradox, daß einerseits die Bewältigung von Zukunftsaufgaben immer drängender nach Neuerungen verlangt (wir müssen Veränderungen in der Bevölkerungsstruktur und – unter anderem – die Umweltverschmutzung in den Griff bekommen sowie unsere neuen Technologien voll zur Geltung bringen), daß aber andererseits die Chancen für einen Wandel immer geringer werden, weil alles bereits festgelegt ist.
Ein kluger General wirft nicht all seine Truppen auf einmal in die Schlacht, sondern bewahrt sich für bestimmte Gelegenheiten oder Notwendigkeiten eine strategische Einsatzreserve.
Die Gesellschaft verhält sich anders, weil wir glauben, die Grundlagen bereits abzudecken und den Fortschritt der Evolution dem Meinungsstreit und dem gelegentlichen einsamen Neuerer überlassen zu können.
Die erfolgreichsten Konzerne investieren nicht nur in die Forschung, sondern stecken auch Geld in den Aufbau neuer Abteilungen oder Planungsgruppen. Wie die strategischen Einsatzreserven des Generals werden diese Gruppen aus dem Alltagsgeschäft herausgehalten und sehen sich nach neuen Möglichkeiten um.
Die Demokratie würde das Prinzip einer strategischen Einsatzreserve nur schwer ertragen, denn alle nicht festgelegten Reserven würden die Begehrlichkeit all jener Ressorts oder Interessengruppen erregen, die ihre eigene Sache für unterfinanziert halten. Es gibt Katastrophenfonds, aber weder Platz noch Mittel für Veränderungen.
Dasselbe gilt auch für den Bereich des Denkens. Einem Menschen, der auf alles und jedes eine Antwort parat hat, zu jedem Thema eine feste Meinung besitzt und über eine mit rationalen Argumenten abgesicherte Überzeugung verfügt, stehen nur noch sehr wenige Möglichkeiten zu weiterem Fortschritt offen. Diskussionen haben bei solchen Leuten meist nur den Effekt, daß sie sie in der Überzeugung bestätigen, von Anfang an recht gehabt zu haben.

Erziehung und Bildung

Erziehung und Bildung sind einmal als »teures Babysitting und die damit verbundenen Jobs« definiert worden. Dagegen ist nichts einzuwenden.

»Die Weitergabe kultureller Werte«, »geistige Entwicklung«, »die Vermittlung wesentlicher Fähigkeiten zum Überleben in dieser Welt«, »Berufsausbildung«, »die Erweckung schlummernder Talente«, »die Förderung der Wissensliebe«, »die Heranziehung nützlicher Mitglieder der Gesellschaft« – all dies sind Schlagworte, mit denen die Ziele des Erziehungs- und Bildungssystems beschrieben werden. Und dennoch gibt es diese Dinge hauptsächlich deshalb, weil sie nun einmal da sind und weil man in Treu und Glauben an ihnen hängt.

Sehen wir einmal von der unmittelbar fachbezogenen Ausbildung (für bestimmte Berufe) ab, so läßt sich nur schwer der Nachweis führen, daß Fächer wie Geschichte, Erdkunde, Naturwissenschaften, Dichtung, Literatur und so weiter besonders wichtig sind. Daß sie notwendige Bestandteile einer »Kultur« sind, von der wir alle unsere Mitbürger durchtränkt wissen wollen, ist für uns eine Glaubensfrage. Die Nützlichkeit elementarer Kenntnisse wie Schreiben, Lesen und Rechnen halten wir für so selbstverständlich, daß sich jede weitere Diskussion darüber erübrigt.

Sobald vom Denkunterricht die Rede ist, verlangen wir dagegen sofort den Nützlichkeitsbeweis. Die Frage sollte andersherum gestellt werden: Wie kann ein Erziehungssystem mit dem Anspruch, die für die Gesellschaft (besonders in einer Demokratie) unerläßlichen Grundkenntnisse zu vermitteln, die Vernachlässigung des Denkens, der elementarsten menschlichen Fähigkeit, rechtfertigen? Die Antwort darauf steht schon fest: Da das Denken in der Tat die elementarste Fähigkeit des Menschen ist, wird es gewiß von unserem Erziehungssystem auch berücksichtigt. Gehört Denken nicht ohnehin zum Lernen, und wird es daher nicht in jedem einzelnen Unterrichtsfach auch gelehrt?

Wer nach dem Zweifingersystem Schreibmaschine schreiben gelernt hat, wird mit sechzig Jahren immer noch mit zwei Fingern tippen – und zwar nicht deshalb, weil es ihm an Schreibpraxis mangelt, sondern weil er sich eben nur im Zweifingersystem geübt hat. Die Tatsache, daß Denken zum Lernen gehört, bedeutet noch lange nicht, daß bestimmte

Denkfertigkeiten gelehrt werden. Dazu bedarf es eines gezielten Unterrichts mit einem festen Platz in den Lehrplänen. Schüler, Lehrer und Eltern müssen wissen, daß die Denkfähigkeiten als solche entwickelt und gefördert werden. Es mag zwar bequemer sein, die Denkschulung in andere Fächer gleichsam einzuschmuggeln (weil man auf diese Weise Lücken im Lehrplan vermeidet), doch wird auf diese Weise nie der gleiche Effekt erzielt werden wie bei einem eigenständigen Denkunterricht.

Das Problem mit dem Erziehungswesen liegt darin, daß es ein sich selbst erfüllendes System ist: Es schafft sich seine eigenen Vorgaben und bewegt sich dann auf diese Ziele zu. Für Lehrer und Erzieher ist Denken nur als »Analyse« und »kritisches Denken« vorstellbar, weil dies dem klassischen Bild des Lehrens entspricht: Man legt den Schülern einen bestimmten Stoff vor und fordert sie auf, darauf zu reagieren. Der Schönheitsfehler an der Sache ist der, daß das spätere Leben ganz andere Anforderungen stellt. In der realen Welt muß man sich die Ingredienzien selbst zusammensuchen, bevor man darüber nachzudenken beginnt: Man muß Prioritäten abwägen, Alternativen entwerfen, Entscheidungen treffen, Initiativen ergreifen. Alle diese Dinge fallen unter den Oberbegriff, den ich als »Operabilität« bezeichnet habe.

Unser Erziehungs- und Ausbildungssystem ist bis heute zu sehr auf »reaktives« Denken fixiert. Bei meiner Tätigkeit in der Geschäftswelt wurde mir klar, wie beschränkt die Einstellung, reaktives Denken allein genüge schon, im Grunde ist. Bedauerlicherweise haben die Entscheidungsträger im Erziehungssystem immer nur die systemeigenen Bedürfnisse vor Augen. Manchmal kreisen sie in geradezu bestürzender Weise um sich selbst. Mit den Aufgaben in Intelligenztests sollen die Grundlagen des Denkens überprüft werden. Also bringen wir den Schülern bei, wie man die IQ-Testaufgaben löst (schwarze Schafe auffindet und dergleichen). Und dann wenden wir diese IQ-Tests an, um unser Tun bestätigt zu bekommen.

Zu den wertvollsten Ergebnissen meiner Arbeit mit dem CoRT-Denkprogramm gehörte es, daß sich die Selbsteinschätzung der Studenten änderte. Sie dachten nicht mehr: »Ich bin intelligent«, sondern: »Ich bin ein Denker.« Dieses Bild war wesentlich konstruktiver. Es heißt nicht mehr: »Ich habe recht«, sondern: »Ich kann darüber nachdenken.« Außerdem erkannten sie, daß Denken eine Fertigkeit ist, die sich durch

Aufmerksamkeit und Übung verbessern läßt – genauso wie Tennisspiel, Skifahren oder jede andere sportliche Leistung.

Das Erziehungswesen dreht sich vorrangig um Informationen und richtige oder falsche Antworten, die durch den Text vorgegeben werden. Analyse, kritisches Denken und logische Deduktion standen daher stets im Mittelpunkt. Der Wahrnehmungsaspekt als wichtigster Teil des Denkens wird nach wie vor vernachlässigt; man hält ihn durch die Literatur und ähnliche Dinge bereits für ausreichend repräsentiert. Dahinter verbirgt sich aus Gründen, die ich an früherer Stelle schon angesprochen habe, eine falsche Vorstellung von der Wahrnehmung. Literatur bietet Wahrnehmung, vermittelt aber keine Wahrnehmungsfertigkeiten.

So hat das Erziehungs- und Bildungssystem stets unter den verschiedenen Phänomenen gelitten, die ich in diesem Abschnitt aufgeführt habe: Unter dem Glauben, daß Veränderungen durch Evolution hervorgerufen werden, unter der Problematik des »nächsten Schritts« sowie unter dem »Alles-ist-besetzt«-Syndrom.

Wie könnte das Erziehungswesen statt dessen aussehen? Die Vermittlung von Grundkenntnissen, darunter Denken (nicht nur kritischem, sondern auch produktivem), Lesen, Schreiben, Grundrechenarten (wie sie im Alltagsleben gefordert werden), Computerbeherrschung sowie sozialen und kommunikativen Fähigkeiten wäre nur ein Element. Hinzu kämen Materialien, aus denen hervorgeht, wie unsere gegenwärtige Welt funktioniert: Betriebswirtschaft, Politik, soziologische Grundbegriffe und so weiter. Das kulturelle Hintergrundniveau (und möglicherweise auch das Niveau, auf dem wir aufbauen) würde anders behandelt als heute. Fächer wie Geschichte, Erdkunde, Drama und Technologie würden mit Hilfe guten Videomaterials aufbereitet.

Die naturwissenschaftlichen Fächer würden umstrukturiert und auf den genannten drei Stufen unterrichtet: Grundausbildung (Methoden), die Welt von heute, kultureller Hintergrund.

Eine Veränderung der Denkgewohnheiten in unserer Gesellschaft setzt voraus, daß unser Erziehungssystem sich auf seine elementare Aufgabe besinnt, das heißt auf den Denkunterricht. Dies ist wichtiger als alles andere. Allerdings gibt es im Erziehungswesen beachtliche Widerstände gegen diese Forderung, und zwar hauptsächlich deshalb, weil die dort Tätigen sich in einem abgeschlossenen System bewegen, in dem Den-

ken und alles, was damit zusammenhängt, nur aus einem extrem beschränkten Blickwinkel gesehen wird. Außerdem sind sie gezwungen, unangemessene Kriterien zu erfüllen.
Bald wird jedoch der Tag kommen, da die Forderung nach besserem Denkunterricht von den Eltern an die Schulen herangetragen wird. In einer vor vielen Jahren von George Gallup durchgeführten Meinungsumfrage erklärten sechzig Prozent der befragten Eltern, daß sie mit dem an den Schulen unterrichteten »Denken« nicht zufrieden seien.

Das Ludus-Prinzip

Sie haben einen intelligenten Menschen vor sich. Bringen Sie ihm die Regeln eines bestimmten Spiels bei, und fordern Sie ihn dann auf, das Spiel regelwidrig zu spielen. Ein solches Verhalten wäre absurd. Der intelligente Mensch wird das Spiel richtig und regelkonform spielen wollen. Ich habe für diesen Sachverhalt – das Spielen eines Spiels nach den geltenden Regeln – den Begriff »Ludus-Prinzip« (*ludecy*, nach dem lateinischen Wort *ludo* = ich spiele) geprägt.
Der Aktienmarkt soll den jeweiligen Wert der aufgeführten Firmen widerspiegeln. Einen direkteren Einfluß auf den Marktpreis übt jedoch das Kauf- und Verkaufsverhalten der Börsianer aus. Wer das Verhalten seiner Kollegen genau studiert und vorhersagen lernt, versteht sich aufs Geschäft und wird Erfolg haben. Nach einer gewissen Zeit verselbständigt sich dieses Spiel, und die zugrundeliegenden Firmenwerte verblassen und treten in den Hintergrund, selbst wenn sie in gewissen Abständen zur Erklärung eines in Wirklichkeit von ganz anderen Faktoren bestimmten Verhaltens wieder aus der Versenkung hervorgeholt werden. Der Prozeß, mit dem wir es hier zu tun haben, ist unvermeidbar, sind wir doch nach einer gewissen Anlaufzeit imstande, die Vorhersage einer Wertsteigerung vorherzusagen, und schon bald kommt jemand, der unsere Vorhersage der Vorhersage vorhersieht.
Insider dieses Spiels wissen, daß kontinuierliche Wertsteigerungen nicht allzu häufig sind, daß sich aber mit Hilfe von Kursschwankungen gutes Geld machen läßt. Und dazu bedarf es lediglich eines synchronisierenden Signals, das genügend Beteiligte zu gemeinsamem Handeln veranlaßt (auf den tatsächlichen Sinngehalt des Signals kommt es nicht an).

Daraufhin steigt der Preis, und die Zahl der Käufer wächst. Sobald auch Außenseiter zu kaufen beginnen, fängt der Insider an, zu verkaufen und entsprechend zu verdienen. Die Börsengeschichte zeigt, daß sich die Außenseiter ganz gerne in dieser Weise zur Kasse bitten lassen, weil sie sich alle an gelegentliche, auch für sie scheinbar recht profitable kontinuierliche Wertsteigerungen erinnern können. Zu den »synchronisierenden Signalen« gehören unter anderem Henry Kaufmanns Ansichten über Zinskonditionen und die Kommentare bestimmter brancheninterner Publikationen.

Ein Anwalt verdient Geld mit dem regelkonformen Spiel auf der juristischen Klaviatur: Scheidungen, Kunstfehlerprozesse, Produkthaftung, Firmenübernahmen und so weiter gehören zu seinem Metier. Daß Kunstfehlerverfahren die Versicherungsprämien für Ärzte in schwindelerregende Höhen steigen lassen und eine Fülle medizinischer Nachuntersuchungen bedingen (die Mehrkosten werden in beiden Fällen letztlich auf den Patienten abgewälzt), kümmert den Anwalt nicht – genausowenig wie die Tatsache, daß durch enorme Schadenersatzansprüche bestimmte Einrichtungen (wie Kindergärten) Gefahr laufen, in absehbarer Zeit überhaupt nicht mehr versichert zu werden. Solange die Regeln besagen, daß der Anwalt einen bestimmten Prozentsatz der Entschädigungssumme erhält, wird er auf eine möglichst hohe Entschädigung hinarbeiten. Hat man sich erst auf das Spiel eingelassen, so spielt man es nach allen Regeln der Kunst.

Für Immobilienmakler liegt ein möglichst hoher Preis für Grund und Boden im ureigensten Interesse, denn ihre Kommission bemißt sich aus einem prozentualen Anteil an der Verkaufssumme. Daß exorbitante Preise möglichen Erstkäufern die Suppe versalzen, kümmert den Makler nicht.

Auch das Erziehungswesen bietet praktische Beispiele für das Ludus-Prinzip. Es setzt bestimmte Normen, beschließt Prüfungsverfahren – und beurteilt seine Leistung genau nach diesen selbstgesetzten Normen und Verfahren. Pech, wenn dabei die eigentlich relevanten Lehrinhalte zu kurz kommen – Vorfahrt haben allemal die Erfordernisse des Verfahrens.

Ein Fernsehproduzent, der weiß, daß Gewalt auf der Mattscheibe die Zuschauerzahl erhöht, wird das entsprechende Gewaltangebot erhöhen. Das Spiel, das er spielt, ist einfach: Der Sender braucht so viele

Zuschauer wie möglich. Daß ein Überangebot an Gewaltszenen negative Folgen für die Allgemeinheit haben kann, kümmert den Fernsehproduzenten nicht. Dafür sind andere zuständig.
Ein guter Politiker kennt die Spielregeln der Wahl und der Medien: Er weiß, wie man auf sich aufmerksam macht und daß man sich keinen Fehltritt erlauben darf, denn schon ein einziger Fehltritt kann die politische Karriere ruinieren. Gute Leistungen im Wahlkampfspiel sind nicht dasselbe wie gute Leistungen in der Regierung.
All die hier aufgeführten Beispiele scheinen Belege für Geiz, Gier und Eigennutz zu sein, sind es aber nicht. Geiz, Gier und Eigennutz könnten durch gesellschaftliche Zwänge und Gruppendruck besser kontrolliert werden. In Wirklichkeit handelt es sich samt und sonders um Beispiele für das Ludus-Prinzip: Wenn Sie sich bei den bestehenden Spielregeln anders verhielten, wären Sie töricht. Zurückhaltung zahlt sich nicht aus, andere sind weniger zimperlich. Wenn Sie als Rechtsanwalt keine hohe Entschädigungssumme anpeilen, verlieren Sie Ihre Klienten an die Konkurrenz. Wenn Sie als Makler dem Grundstückseigner keinen hohen Preis in Aussicht stellen, wird sich der Kunde an einen anderen Makler wenden. Wenn Sie als Kapitalanleger nur in tatsächliche Werte investieren und Markttrends unberücksichtigt lassen, sind Sie möglicherweise am Ende der Dumme.
Das »Religionsspiel« ist interessanterweise besonders erfolgreich bei der Überwindung unmittelbarer Gier und Selbstsucht. Die Religion ist ein Spiel, die kurzfristigem Eigennutz vorbeugt; sofern sich die Menschen auf dieses Spiel (Ludus-Prinzip) einlassen, können Geiz, Gier und Eigennutz zugunsten längerfristiger Erfolge, gesellschaftlicher Anerkennung und der eigenen Selbstachtung überwunden werden.
Das Ludus-Prinzip stellt ein echtes Dilemma dar, denn man kann einem intelligenten Menschen keinen Vorwurf daraus machen, daß er das Spiel nach den geltenden Regeln spielt.

Das Kurzzeitdenken

Es gibt in den Vereinigten Staaten vierteljährliche Expertenanalysen des Aktienmarkts. Zeigt der Trend der eigenen Papiere abwärts, so verkauft man sie, beschleunigt damit den Abwärtstrend und macht seine Firma auf diese Weise zum potentiellen Aufkaufobjekt. In Japan hat der Aktionär am wenigsten zu sagen (zuerst kommt die Firma, dann die Belegschaft, dann die Verbraucher, dann die Banken und zum Schluß die Aktionäre), daher sind viel längerfristige Überlegungen möglich. In den Vereinigten Staaten wechseln Topmanager oft von einem Konzern zum anderen. Von neuen Managern wird entschlossenes Handeln erwartet, doch die Folgen ihres Handelns zeigen sich oft erst, wenn sie sich längst wieder empfohlen haben. In Japan, wo die Mobilität viel geringer ist, ist der Manager meist noch in der Firma, wenn seine Arbeit erste Ergebnisse zeitigt. Der amerikanische Manager muß für rasche Umsatzsteigerungen und schnellstmögliche Kursgewinne sorgen. Längerfristige Investitionsentscheidungen sind unter diesen Bedingungen erheblich schwerer.

Vor einiger Zeit befragte ich eine Reihe von Senatoren und andere hochrangige Politiker in Washington. Ihr zeitlicher Rahmen war für Politiker verständlich: Sie überblickten einen Zeitraum von sechs bis zwölf Monaten. Danach interviewte ich einige führende Journalisten. Zu meiner Überraschung mußte ich feststellen, daß sie immer nur einen Tag vorausdachten. Was hier und heute geschah, war für sie absolut entscheidend. Die Zukunft präsentierte sich ihnen im Eintagerhythmus. Auch diese Haltung ist nur zu verständlich und stellt ein weiteres Beispiel für das Ludus-Prinzip dar. Genügt man der Journalistenpflicht und setzt sich hin, um einen Artikel zu schreiben, so kann man nicht sagen, daß in Wirklichkeit gar nichts los ist oder daß es sich bei dem, worüber man berichtet, nur um einen Sturm im Wasserglas handelt – nein, man muß zeigen, daß die Ereignisse des betreffenden Tages höchst brisant und aktuell sind, und seine Leser mitreißen.

In Australien finden alle drei Jahre Parlamentswahlen statt. Im günstigsten Fall bedeutet dies ein Jahr Eingewöhnung, ein Jahr echte Regierungsarbeit und ein Jahr Vorbereitung auf die nächsten Wahlen. Der Wunsch nach Wiederwahl engt notwendigerweise den zeitlichen Horizont der Politiker ein. Eine unpopuläre Handlung, von deren langfristigem Nutzen man überzeugt ist, erweist sich unter diesen Voraussetzungen als sinnlos: Wenn sie Früchte trägt, ist man vielleicht schon längst weg vom Fenster, oder der Beitrag, den man zu jener Entscheidung geleistet hat, ist längst vergessen. Glücklicherweise wird dieses Problem mitunter durch erfolgreiche politische Bewegungen gelöst. So ist zum

Beispiel ökologisches Denken im wesentlichen langfristig angelegt. Kein Politiker hätte es wagen können, aktuelle Entwicklungsvorhaben der Industrie gegen ökologische Interessen abzuwägen. Doch sobald die Ökologie zum Trend wird, zu einer Bewegung oder schlichtweg zu einer »guten Sache«, lohnen sich auch kurzfristige politische Entscheidungen für die Ökologie.
In einem Punkt überschneiden sich Kurzzeitdenken und das Ludus-Prinzip: Wenn die Spielregeln Kurzzeitdenken erfordern, wird das Ludus-Prinzip dafür sorgen, daß auch wirklich nur kurzfristig gedacht wird.

Demokratie

Theoretisch kann die Gesellschaft nur schlecht vor einem Politiker geschützt werden, der nicht wiedergewählt werden will. In der Praxis dienen die Eitelkeit des Politikers und der innerparteiliche Druck, der auf ihn ausgeübt wird, als Schutzschild gegen zuviel Langzeitdenken. Der Politiker möchte seine Karriere ruhmreich beenden – und die Partei will seinen Wahlkreis halten.
Angeblich beruht die Demokratie auf vier Grundlagen: erstens auf der Wahl einer Person Ihres Vertrauens, von der Sie glauben, daß sie Ihre Meinungen und Wertvorstellungen am besten vertritt. Zweitens auf der Drohung, daß ein Volksvertreter, der seinen Zweck nicht erfüllt, bei der nächsten Wahl nicht wiedergewählt wird. Drittens auf der Überzeugung, daß sich durch Argumentation und Diskussion alle Bedürfnisse, Möglichkeiten und Problemlösungen erkennen und erforschen lassen. Und viertens auf der allgemeinen Übereinkunft, daß eine einfache Stimmenzählung der Entscheidungsmodus ist.
In der Praxis werden gravierende Ungleichheiten des Wahlverfahrens lediglich durch das Parteiensystem erträglich gemacht – und durch die Tatsache, daß man den Kandidaten »seiner« Partei dem der »gegnerischen« Partei vorzieht, obwohl beide alles andere als ideal sind. Sobald der Politiker in Amt und Würden ist, wird die Kontrolle über sein Verhalten durch die Berichterstattung der Medien erheblich verschärft. Er muß nicht einmal etwas besonders Dummes tun; es reicht völlig aus, wenn er etwas tut, was von den (lokalen und landesweiten) Medien als

Dummheit ausgelegt werden kann. Argumentation und Diskussion sind zum gegenwärtigen geschichtlichen Zeitpunkt wahrscheinlich gar nicht mehr so wichtig, da alle Fragen, auf die es ankommt, überall in den Medien ausführlich behandelt werden. Doch Kuhhandel und Kompromisse in den Ausschüssen gehören nun einmal zu den unvermeidbaren Verhandlungen dazu. Die einfache Stimmenzählung mag ein grob vereinfachendes System sein, doch immerhin können wir uns auf diese einfache Rechnung verlassen.

Die stärkste Triebkraft in der ganzen Konstruktion ist eindeutig die Angst vor dem Verlust der Wählergunst, die durch die kritische Aufmerksamkeit der Medien noch verstärkt wird. Man gewinnt viel leichter neue Feinde als neue Freunde. Vernachlässigt man einen Freund, so wird er vermutlich nicht gleich zur Gegenseite überlaufen. Er bleibt an Ihrer Seite, grollt Ihnen aber vermutlich oder wahrt fortan Distanz zu Ihnen. Ein neuer Feind hingegen ist sofort verloren. Als Politiker vermeidet man daher tunlichst alle Handlungen, die die Leute gegen einen aufbringen. Ein fünfprozentiger Stimmenumschwung bei der nächsten Wahl kann einen das Mandat kosten. So verhält man sich still und sagt nichts, was auch nur fünf Prozent der Wähler mißfallen könnte – selbst wenn der Rest der Wählerschaft entsprechende Worte oder Taten unterstützen würde.

Die Demokratie bietet eine hervorragende Garantie dafür, daß ja nicht zu viel getan wird. Es gibt immer irgendwelche Interessengruppen, denen man auf die Füße treten kann. Mit jeder Initiative (ausgenommen solchen zur Bewältigung akuter Krisen) rennt man in offene Messer. Außerdem besteht nicht der geringste Grund zu der Annahme, daß die notwendigen Veränderungen innerhalb der bestehenden Strukturen sofort durchsetzbar sind.

Gelegentlich gelangen tatsächlich Persönlichkeiten mit Vision und Führungsqualitäten an die Macht. Auch können Volksbewegungen bisweilen Druck auf die Politiker ausüben, so daß diese sich den gewünschten Veränderungen nicht mehr zu widersetzen wagen. Schließlich gibt es immer wieder mal Krisen, die überwunden werden müssen. Veränderungen sind also möglich, und sie treten auch ein. Sie finden *trotz*, nicht *wegen* des demokratischen Prozesses statt. Ein solches Arrangement kann durchaus sinnvoll sein – vorausgesetzt, die Kräfte des Wandels beziehen genug Energie von anderswoher.

Eines Tages werden wir vielleicht die Demokratie in eine »Beurteilungsfunktion« und eine »Führungsfunktion« aufteilen. Die Beurteilungsfunktion wird die Wertvorstellungen und Präferenzen der Wählerschaft repräsentieren und die Vorschläge der Führungsfunktion kritisch unter die Lupe nehmen. In der Führungsfunktion werden Personen sitzen, die auf der Basis ihrer Fähigkeiten und Qualifikationen gewählt wurden. Ihre Aufgabe wird darin bestehen, konstruktive Ideen und Veränderungen vorzuschlagen, die von einer rein repräsentativen Körperschaft nicht ohne weiteres erwartet werden können.

In den meisten Ländern läßt sich eine Konvergenz der politischen Ansichten beobachten. Labour-Regierungen in Australien und ein sozialistischer Präsident in Frankreich verhalten sich kaum anders als Konservative. Eines Tages wird sich die Einsicht durchsetzen, daß es – völlig unabhängig davon, welche Partei zufällig gerade an der Macht ist – einige wesentliche Veränderungen geben muß. Bei der Mittelzuweisung an die einzelnen Ressorts (Gesundheit, Bildung, Verteidigung) mag es nach wie vor geringfügige Unterschiede geben, doch die politischen Differenzen, die von den Journalisten stets übertrieben dargestellt werden, um ein gewisses Interesse an der Politik wachzuhalten, werden sich letztlich als Heuchelei erweisen.

Pragmatismus

In Amsterdam gibt es eine berühmte Straße, in der die Damen der Nacht in hellerleuchteten Schaufenstern sitzen und auf Kundschaft warten. Prostitution ist, wie man mir sagt, in Holland illegal, doch das Finanzamt veranlagt die Frauen zur Einkommensteuer, deren Höhe sich nach Schätzungen ihrer Einkünfte bemißt.

Pragmatismus hat einen schlechten Ruf, weil er wie das Gegenteil von »Prinzipienbewußtsein« klingt, also »prinzipienlos« erscheint. Wir haben es hier demnach mit dem in diesem Buch bereits geschilderten Dichotomieproblem zu tun. Pragmatismus muß keineswegs Prinzipienlosigkeit bedeuten, wohl aber die flexible Anwendung von Prinzipien oder Grundsätzen. Auch wer nicht bereit ist, sich durch starre Prinzipienreiterei zu sinnlosen Handlungen bewegen zu lassen, handelt pragmatisch.

Obwohl jede Regierung und jede Institution weitaus pragmatischer sind, als die betreffende Körperschaft je zugeben würde, gefällt uns das Pragmatismuskonzept nicht. Auf der einen Seite denkt man dabei an Wischiwaschiverhalten, Laisser-faire und Anarchie, auf der anderen aber auch an Rechtsbeugung, Selbstsucht und Korruption.
Man kann dieses Dilemma auf unterschiedliche Weise angehen: Eine Möglichkeit besteht darin, die Zahl der verfügbaren Prinzipien drastisch zu erhöhen. Bei entsprechend großer Auswahl wird man wahrscheinlich bald herausfinden, daß ein Grundsatz den anderen aussticht. So mag das Festhalten an einem Grundsatz zum Krieg führen, doch wenn es auch einen Grundsatz namens »besonnenes Handeln« gibt, bleibt der Friede vielleicht gewahrt. Das Prinzip der Ausdrucksfreiheit (Zensur findet nicht statt) könnte durch eine bestimmte Ausdrucksgebühr konterkariert werden (bei einem Fernsehfilm zum Beispiel mit 15 000 DM pro gezeigter Leiche). Es gibt bereits ein Verantwortungsprinzip, das bei richtiger Anwendung diese Aufgabe erfüllen könnte.
Nach dem Gerechtigkeitsprinzip müßte ein überführter Einbrecher ebenso oder ähnlich bestraft werden wie ein anderer Einbrecher, dem ein vergleichbares Verbrechen nachgewiesen worden ist. Ein neuer Grundsatz könnte auch die Verbrechensrate mit einbeziehen: Sollte die Statistik zeigen, daß in diesem Monat (oder Jahr) erheblich mehr Einbrüche stattgefunden haben als im Vormonat (oder -jahr), könnte die Strafe merklich erhöht werden. Das mag auf den ersten Blick merkwürdig erscheinen, doch ist das Gesetz etwa ein Vertrag, nach dem ein Krimineller im Austausch gegen die Lieferung einer bestimmten Tat eine bestimmte Strafe geliefert bekommen muß?
Es kann durchaus pragmatisch sein, Langzeithäftlingen bei ihrer Entlassung eine angemessene Rente zu zahlen, so daß sie nicht wieder rückfällig werden müssen. Statistisch gesehen ist die Rückfallwahrscheinlichkeit sehr hoch. Nach herkömmlichen Grundsätzen sträubt sich in uns alles dagegen, einen Übeltäter auch noch zu bezahlen. Doch welches Prinzip soll mehr gelten? Das Strafprinzip oder das Ziel, die Verbrechensrate zu senken?
Was ist besser – lockere Prinzipien, die strikt eingehalten werden, oder strikte Prinzipien, die wir nur mangelhaft befolgen? »Rücksicht auf andere« ist ein lockeres Prinzip, das strikt befolgt werden könnte. Ehrlichkeit ist ein strikter Grundsatz, den wir nur mangelhaft beherzi-

gen, insbesondere bei der partiellen Wahrnehmung in Politik und Berichterstattung.
Eine weitere wichtige Frage: Soll unser Denken von unseren Prinzipien bestimmt werden, oder soll es nur mit ihnen vereinbar sein? Hierin liegt ein wesentlicher Unterschied, da die Wahrnehmung unterschiedlich ist. Wenn wir beim Prinzip anfangen, können wir die Lage nur durch die Brille ebendieses Prinzips wahrnehmen. Denken wir statt dessen zuerst und kehren dann zu unseren Prinzipien zurück, ist unser Wahrnehmungspotential erheblich größer.
Sollen wir so pragmatisch sein, pragmatisch zu sein, und dennoch erklären, daß wir uns an bestimmte Grundsätze halten?
Das Recht ist eine Prinzipienfrage. Wo es kodifiziert ist (wie in Frankreich), kann die Anwendung der Prinzipien durch Interpretationen erleichtert werden. Ein organisches (nichtkodifiziertes) Recht wie in England und den Vereinigten Staaten entwickelt sich anhand neuer Fälle und neuer Prinzipien weiter; dort entscheiden dann Körperschaften wie der Oberste Gerichtshof in den USA über Grundsatzfragen: Ist das Todesurteil eine »grausame und ungewöhnliche Strafe«? Einige Grundsätze scheinen zu fluktuieren, andere finden nur unter ganz besonderen Umständen Anwendung. Die Definition der geistigen Zurechnungsfähigkeit in einem Kriminalfall ist scheinbar fluktuierend (eine nicht zurechnungsfähige Person ist für ihre Taten nicht verantwortlich), erweist sich in der Praxis jedoch meist als detaillierte Analyse der näheren Tatumstände (führen Gehirnwäsche oder Hypnose zu geistiger Unzurechnungsfähigkeit?).
Prinzipien müssen genährt werden. Sie existieren nur so lange, wie wir über sie sprechen, an sie glauben, sie anwenden und unsere Entscheidungen von ihnen leiten lassen (auch wenn sie dadurch unpopulär werden). Der Strenge und Bequemlichkeit der Prinzipien scheint der Pragmatismus kaum etwas entgegensetzen zu können. Wir können hier allerdings das stark umstandsbedingte »Konzept der Angemessenheit« einführen. Eine bestimmte Handlung ist den Umständen »angemessen« oder eben nicht.
Unschuldige Menschen zu töten ist falsch. Ein Wahnsinniger ist insofern unschuldig, als er für sein Tun nicht verantwortlich ist. Ist es nun gerechtfertigt, einen Wahnsinnigen zu töten, der – zum Beispiel mit einer Bombe im Flugzeug – das Leben anderer bedroht? Die Antwort

wäre die gleiche wie im Falle der Notwehr, die selbst eine pragmatische Außerkraftsetzung eines Grundprinzips darstellt.
Entscheidend ist also, daß in dem Moment, da wir Pragmatismus als den Umständen »angemessene« Handlungsweise definieren, die allgemein anerkannten Prinzipien ebenfalls von den Umständen abhängig werden. Es heißt dann nicht mehr »Umstände oder Prinzipien«, sondern »Umstände und Prinzipien«.
Obwohl bedeutende amerikanische Philosophen wie William James und John Dewey große Protagonisten des Pragmatismus waren, haben wir die praktische Anwendung bisher noch kaum gewagt. Wir haben Angst vor dem, was dabei herauskommen mag, und fürchten, unseren wertvollen »Sinn fürs Richtige« darüber zu verlieren.

Bürokratie

Eine Bürokratie entsteht, wenn eine Körperschaft, die zu einem bestimmten Zweck ins Leben gerufen wurde, ihre Zweckbestimmung dahin gehend ändert, daß fortan die eigene Selbsterhaltung im Mittelpunkt ihrer Bestrebungen steht.
Bürokratie ist ein klassischer Fall für das Ludus-Prinzip. Schon nach kurzer Zeit spielen alle das Spiel, das da heißt: überleben in der Bürokratie und möglichst viel aus ihr herausholen. Risikovermeidung, Schmiergeldzahlungen, politische Infights sowie das Aufbauen und Pflegen »guter Beziehungen« können Aspekte dieses Spiels sein. Das Ludus-Prinzip in der Bürokratie ist nicht schlimmer und funktioniert nicht anders als in jedem anderen Berufszweig.
Der Zweck einer Bürokratie ist die Fehlervermeidung. Wenn eine Bürokratie gut funktioniert, so gilt das als selbstverständlich und fällt wenig auf. Fehler sind Angriffspunkte. Ein Fehler hängt einem Bürokraten bis zum Ende seiner Karriere am Hals. Anders als in der Privatindustrie, wo ein Fehler durch einen nachfolgenden Erfolg wieder wettgemacht werden kann, gibt es in der Bürokratie kein Entkommen. In der Industrie gibt es viele, die mit zyklischer Regelmäßigkeit verloren und gewonnen haben.
Angenommen, der Bürokrat hat eine gute Idee. Ist das nicht löblich? Sofort wird sich die Frage erheben, warum es so lange gedauert hat, bis

ihm die Idee gekommen ist. Möglicherweise hätte man eine Menge Geld sparen können, wenn diese Idee früher in die Tat umgesetzt worden wäre. Angenommen, ohne die gerade erst eingeführte computertechnische Neuerung hätte er die Idee gar nicht haben können – das verdient doch auf jeden Fall Anerkennung? Nicht unbedingt. Es gibt Länder, in denen der Urheber der Idee als »Ideenmensch« Anerkennung, bei der Besetzung des Abteilungsleiterpostens jedoch keine Berücksichtigung finden wird: Dort braucht man nämlich einen »soliden« Mann (der keine Fehler machen wird, weil er keine Ideen hat).

Ich habe einmal vorgeschlagen, jedem Bürokraten, der seinen Job ersatzlos aufgibt, bis zur Erreichung des Pensionsalters das volle Gehalt weiterzuzahlen. Das klingt absurd, ist es aber nicht. Wäre seine Planstelle beibehalten worden, so hätte das Gehalt ja auch weitergezahlt werden müssen. Doch wenn der Betreffende nur fürs Nichtstun bezahlt wird, entfallen sämtliche Zusatzkosten für seinen Arbeitsplatz. Es stünde ihm zudem frei, einen anderen Job anzunehmen und wieder aufzugeben.

Bürokratie war nie als Veränderungsmechanismus gedacht, sondern diente dazu, bestehende Konzepte durchzusetzen. Unglücklicherweise müssen Veränderungen oft durch die Mühle der Bürokratie hindurch. Stiftungen verwandeln sich rasch in Bürokratien. Anstatt unternehmerischen Wagemut zu zeigen und Grundkapital für nichtkommerzielle gesellschaftliche Innovationen anzubieten, legen sie über kurz oder lang das Risikoverhalten des Bankdirektors an den Tag, das heißt, sie interessieren sich nur noch für Projekte mit möglichst geringem Risiko wie jede andere Stiftung auch. Dies entspricht jedenfalls meinen Erfahrungen mit ihnen.

Viele potentielle Mechanismen für gesellschaftliche Veränderungen befinden sich in den Händen von Bürokraten. Es gibt kein Naturgesetz, nach dem Menschen, die sich für die Tätigkeit in einer Bürokratie entscheiden und ihr treu bleiben, weniger begabt sein müssen als andere. Vielleicht ist es sogar ein Zeichen für Intelligenz, wenn sie sich ein Leben mit niedrigem Streßniveau aussuchen. Andererseits steht außer Frage, daß Menschen mit Weitblick und Engagement in einer Bürokratie Gefahr laufen, bald frustriert zu sein; daß sie damit rechnen müssen, anzuecken und wieder hinausgeworfen zu werden. Veränderungen, die Weitblick und Engagement erfordern, darüber hinaus aber auch den Marsch durch die Bürokratie antreten müssen, haben also kaum Aus-

sicht auf Erfolg. Wenn das Ludus-Prinzip der Politiker sich mit dem der Bürokratie zusammentut, bleibt für innovatives Denken kaum noch ein Hoffnungsschimmer.
Den Russen habe ich einmal vorgeschlagen, eine »Akademie für Veränderungen« zu gründen, deren spezielle Aufgabe darin bestehen sollte, herauszufinden, was geschieht, wenn Bürokraten ganz formell auf Veränderungen angesetzt werden. Außerdem habe ich des öfteren angeregt, einen Minister oder Staatssekretär für Ideen zu berufen und somit auf den Bedarf an neuen Ideen aufmerksam zu machen.

Abteilungen

Schizophrenie wird eines Tages vielleicht als eine bestimmte Form von enzymatischer Störung klassifiziert werden. In der Pionierzeit von Naturwissenschaften und Medizin gab es eine Vielzahl von Klassifikationen, da Beschreibung das einzige war, womit wir umgehen konnten. Diese Ordnungsschemata brachen auf, je mehr wir von den zugrundeliegenden Mechanismen in Erfahrung brachten, da die Bedingungen, die nach unserer ursprünglichen Klassifikation nichts miteinander zu tun hatten, in Wirklichkeit lediglich unterschiedliche Manifestationen ein und derselben Angelegenheit waren. In seinem hervorragenden Buch *Chaos** beschreibt James Gleick, wie diese neue Wissenschaft bzw. dieses neue Wissensgebiet die verschiedensten bestehenden Fachrichtungen mit einbeziehen mußte: Meteorologie, Physik, Wasserbau, Computerwissenschaften sowie die verschiedensten Sparten der Mathematik. Die erste Arbeit in dieser Richtung stammte von Edward Lorenz, einem Meteorologen.
So gibt es also zwei gegenläufige Trends. Der erste besteht in zunehmender Spezialisierung und der Aufteilung in immer kleinere Fachgebiete. Bei ständig wachsendem Wissen und immer ausgefeilteren Untersuchungsmethoden muß sich der einzelne auf den winzigen Teilaspekt eines bestimmten Themas konzentrieren und ihn mit den neuesten verfügbaren Hilfsmitteln bis ins letzte Detail analysieren. Normalerweise sind die Spezialisten nicht einmal mehr fähig, mit den Experten

* James Gleick: *Chaos.* München 1990

aus der Nachbarabteilung zu kommunizieren: Die Sprache ist anders, die Begriffe sind anders, die Berechnungsmethoden sind anders und die Sorgen und Probleme ebenfalls. All dies ist unvermeidlich, und niemand kann etwas dafür.

Der andere Trend besagt, daß wir mit fortschreitenden Erkenntnissen entdecken, daß Organisationsprozesse und -systeme gleichsam fachübergreifend sind. Um zu begreifen, was in einem bestimmten Gebiet vor sich geht, muß man Konzepte und Techniken aus einem anderen borgen. Es ist durchaus möglich, daß die Philosophen der Zukunft Neurologen sein müssen. Schon heute erleben wir, daß Computerwissenschaftler beim Entwurf von Neuro-Computern bei den Neurologen Anleihen machen müssen.

Neue Forschungsprojekte werden heute oft ganz bewußt von interdisziplinären Teams in Angriff genommen (beteiligt sind Mathematiker, Physiker, Biologen, Computerwissenschaftler, Materialforscher und so weiter). Genauso wie die alten Ordnungsschemata verschwanden, als wir den Dingen auf den Grund gingen, um die elementaren Funktionszusammenhänge zu begreifen, können auch die Trennlinien zwischen den einzelnen Fachgebieten verschwinden. Natürlich gibt es Größenunterschiede. Ein Experte für Teilchenphysik arbeitet nicht in den gleichen Dimensionen wie ein Volkswirtschaftler – und dennoch ist es möglich, daß eines Tages der Volkswirtschaftler Bescheid wissen muß über Chaostheorie und nichtlineare Systeme; ja, wenn er das Verhalten der Wahrnehmung und der Wahl und deren Einfluß auf das Wirtschaftsleben begreifen will, wird er sich womöglich sogar über die neuronalen Grundlagen des Verstands informieren müssen.

Die Finanzierung und Organisierung von Forschungsprojekten basiert dennoch immer noch auf den traditionellen Fakultätsgrenzen, und immer wieder kommt es vor, daß einem bei fachübergreifenden Vorhaben plötzlich mit der Begründung, nun sei ja eine andere Behörde zuständig, der Geldhahn zugedreht wird. Das Schubladendenken der Behörden wird immer weit hinter den tatsächlichen Geschehnissen hinterherhinken.

Spezialisten in einer traditionellen Fachrichtung sind immer leicht anzustellen. Spezialisten in einem neuen Fachgebiet können erst angestellt werden, wenn ihre Richtung über Planstellen verfügt. Interdisziplinäre Generalisten werden es schwer haben, eine Stelle zu finden, da sie mit den jeweiligen Fachspezialisten kaum konkurrieren können.

Wenn wir das Potential der modernen Technologie voll ausschöpfen wollen, werden wir in Zukunft wahrscheinlich nicht umhinkommen, das Spezialistentum als solches und die herkömmliche Aufteilung in Fachgebiete neu zu überdenken. Wir werden interdisziplinäre Spezialisierungen und »Zwischensprachen« entwickeln müssen, damit der Informationsfluß auch tatsächlich fließen kann. Und schließlich werden wir vermutlich das »Denken« über all diese Dinge zu einer eigenständigen Disziplin erheben müssen.

Universitäten

Universitäten haben, wie ihr Name bereits andeutet, einen zu hohen Anspruch. Früher konnte eine Universität das gesamte Wissen der Menschheit abdecken. Doch diese Zeiten sind ein für allemal vorbei. Universitäten dienen der Förderung von Forschung, Lehre und Gelehrsamkeit. Auch bietet die Universität bestimmten Fachleuten eine Heimat, die sich mit hochspezialisierten Einzelaspekten unserer Zivilisation befassen und anderswo kaum eine berufliche Nische finden würden. Gemeinsam mit den Arbeiten anderer können die Ergebnisse ihrer Forschungen zu einem allgemeinen Gobelin unserer Kultur verwoben werden. Dieser kulturelle und kulturgeschichtliche Aspekt kann bedeuten, daß ein Großteil der verfügbaren Mittel einer Universität den geschichtswissenschaftlichen, sprachlich-literarischen und philosophischen Fakultäten zufließt. Auf die Geschichtsbesessenheit bin ich schon an früherer Stelle eingegangen. Ihre Einseitigkeit hat historische Gründe und reicht zurück auf jene Epoche (die Renaissance), in der wir aus der Geschichte eine Menge lernen konnten. Historische Fakultäten sind produktiv, ziehen viele Studenten an und sind groß genug, um ihren Status verteidigen zu können. Der hochgepriesene Stand der Gelehrsamkeit wird vielleicht auf keinem anderen Gebiet so mühelos erreicht wie in der Geschichtswissenschaft. Allein schon das Wort »Gelehrsamkeit« *(scholarship)* ist nahezu synonym mit historischem Bewußtsein und historischer Betrachtungsweise. Die historischen und sprach- bzw. literaturwissenschaftlichen Fakultäten bieten all jenen Mitgliedern der Gesellschaft, die mit technischen Berufen nichts am Hut haben, einen »allgemeinen« Bildungshintergrund.

In den Vereinigten Staaten zieht es mehr und mehr Studenten zum Jura- und Betriebswirtschaftsstudium, weil sie darin ein geeignetes Sprungbrett für ihre künftige berufliche Karriere sehen.
Mathematik, Naturwissenschaften, Medizin und diverse technische Studienzweige werden an den Universitäten mehr oder weniger berufsorientiert gelehrt. Da die Gesellschaft entsprechende Leute braucht, müssen sie eben irgendwo auch ausgebildet werden. In einigen Ländern – zum Beispiel in Deutschland – geschieht dies auch an qualifizierten Fachhochschulen.
Die Universitäten haben also sowohl einen kulturellen als auch einen beruflichen Aspekt. Gesellschaftlich gesehen, sind diese beiden Seiten zwar nicht unwichtig, aber ziemlich langweilig. Die Forschung trägt unmittelbar zu neuen Ideen und zum Fortschritt bei, doch fehlt jeder schlüssige Beweis dafür, daß die Universitäten nach wie vor der beste Ort für die Forschung sind. In der Vergangenheit kamen die meisten Forschungsergebnisse von den Universitäten, weil dort eben geforscht wurde. Seitdem die Industrie dazu übergegangen ist, eigene Forschungsabteilungen aufzumachen, kommen eine Fülle neuer Erkenntnisse von dort. Es gibt Forscher, die nicht lehren möchten und vielleicht auch gar keine guten Lehrer sind. Einiges scheint für die Errichtung spezieller Forschungsinstitute zu sprechen, von denen es bereits einige gibt (zum Beispiel das *Princeton Institute of Advanced Studies*).
Universitäten pochen auf ihre Unabhängigkeit, weil sie fürchten, als direkter Arm des Staates oder der Regierung zu Erfüllungsgehilfen der Politik zu werden: »Schaffen Sie uns mehr Elektronikingenieure!« Unabhängigkeit kann aber auch ineffektive Demokratie bedeuten. Wenn vor der Einrichtung einer neuen Fakultät alle bestehenden Fakultäten ihre Zustimmung geben müssen, wird wahrscheinlich nichts daraus. Ein Beispiel dafür bietet die Universität Cambridge in England: Mathematik wurde dort erst gegen 1850 als eigenständiges Studienfach anerkannt, und bis heute gibt es dort keinen Wirtschaftszweig.
Universitäten sind sehr anfällig für das Problem der apostolischen Nachfolge: Neue Kandidaten werden nach dem Ebenbild der Amtsinhaber gewählt. Darüber hinaus sind Universitäten Bürokratien, denen die Beibehaltung der einmal eingeschlagenen Richtung wichtiger ist als alles andere. Sie haben eine solide historische Grundlage – und darin liegt einer der Gründe dafür, daß die Zeit gekommen ist, das bestehende

Konzept zu ändern und das Konglomerat aus Forschung, Ausbildung und kultureller Kontinuität aufzulösen.
Universitäten leisten gute Arbeit. Doch könnten die für sie aufgebrachten Mittel in einem anderen Kontext noch bessere Arbeit leisten.

Kommunikation

Das wahrscheinlich bedeutendste Hindernis für den Fortschritt ist die Sprache. Es ist sogar möglich, daß uns überhaupt jeder weitere Fortschritt verwehrt ist, weil wir die äußerste Grenze der Sprache erreicht haben. In einem früheren Kapitel bin ich bereits auf die Unzulänglichkeiten der Sprache als Denksystem eingegangen. Sie ist in dieser Hinsicht viel unbeholfener, als wir gemeinhin annehmen. Nach wie vor verwechseln wir Geläufigkeit mit Wert.
Kommunikation bedeutet für die große Mehrheit der Bevölkerung der Umgang mit Sprachmedien: Bücher, Zeitungen, Rundfunk, Fernsehen, Sprechen, politische Reden, Diskussionen, Kommentare.
Es gibt eine Reihe hervorragender Wissenschafts- und Wirtschaftsjournalisten, ja sogar brillante politische Kommentatoren. In der Vergangenheit ließ die journalistische Qualität jedoch zu wünschen übrig. Unternehmer sind vollauf damit beschäftigt, Unternehmer zu sein, und Wissenschaftler füllt ihre Wissenschaft voll aus. Für die direkte Kommunikation miteinander bleibt ihnen nur wenig Zeit. Sie wird im wesentlichen durch Vermittler besorgt, das heißt durch »Journalisten« im weitesten Sinne des Wortes.
Die Fähigkeit der Journalisten, sich in verschiedene Sachgebiete einzuarbeiten, ist normalerweise begrenzt. Es bleibt ihnen daher meist nichts anderes übrig, als sich auf drei Grundregeln zu beschränken: den menschlichen Aspekt, das Hervorheben irgendwelcher Mätzchen und die journalistische Attacke. Hauptziel ist nicht die Darstellung und Erläuterung des Themas, sondern das »journalistische Interesse«. Das Ludus-Prinzip ist klar erkennbar. Die kommerzielle Demokratie hat ihr eigenes Ludus-Prinzip. Je höher Auflagen und Einschaltquoten sind, desto rascher steigen die Anzeigenpreise. Das Spekulieren auf den Massenmarkt ist also unabwendbar. Da Kräche und Kontroversen wesentlich interessanter sind als Harmonie und Eintracht, müssen

Meinungsverschiedenheiten hochgespielt und ausgewalzt werden. Skandale machen Spaß – daher gelten Personen mehr als Inhalte.
All diese Punkte kommen zu den Beschränkungen der Medien im »Wahrheits«-Bereich hinzu. Wahrheit in den Medien gibt es genausowenig wie in der Wahrnehmung. Partielle Wahrnehmung und Selektion sind unvermeidlich. Wahrnehmungen erfolgen stets von einem bestimmten Blickwinkel aus. Eine blutrünstige Szene auf dem Bildschirm ist interessant, kann sich jedoch im Zusammenhang auf den Teilaspekt einer ganz anders gearteten Szenenfolge reduzieren: Befindet sich in einer größeren Menschenmenge ein Verletzter, so werden sich, wenn irgend möglich, alle Kameras auf ihn richten. Es ist natürlich legitim, über partielle Wahrnehmungen zu klagen – nur wird sich dadurch wahrscheinlich nichts ändern. Sie liegt ganz einfach in der Natur des Mediums und des Spiels.
Indem sie Wahrnehmungen unmittelbar vorgeben können, verfügen die Medien über Macht, die sowohl positive wie negative Auswirkungen haben kann. Sie spielten bei verschiedenen Kampagnen eine wichtige Rolle – zum Beispiel als Befürworter von Qualitätsprodukten, gesunder Ernährung und körperlicher Ertüchtigung (mit spürbar positiven Auswirkungen auf die Volksgesundheit), aber auch in der Vietnamfrage, in der Ökologie- und Umweltbewegung, im Kampf gegen rassische und geschlechtsspezifische Vorurteile sowie bei der Aufklärung über die Gefahren des Rauchens. In all diesen Fällen setzten sie ihre propagandistische Macht für gute Ziele ein. Auf bestimmten Gebieten wirken die Medien als Motoren des Wandels und Wegbereiter neuer Wahrnehmungen, auf anderen bestätigen sie aber auch nur das Althergebrachte. Das entscheidende Kriterium für sie ist stets: »Welches Thema gibt mehr her?«

Verpackung

Eine hundertprozentig erfolgreiche Werbung wäre gesellschaftlich untragbar. Aus diesem Grunde haben wir unterschwellige Werbung verboten. Wir werden in Zukunft die Funktionsweise der Wahrnehmung möglicherweise so gut kennen, daß wir Werbespots erstellen können, die den Zuschauer zum Handeln zwingen.

Die »Verpackung« einer politischen Kampagne oder eines Kandidaten ist mittlerweile zu einem ausgeklügelten, komplizierten Verfahren geworden. Mit Meinungsumfragen und »Feedback« läßt sich genau voraussagen, wie die Menschen auf bestimmte Zeilen reagieren werden. Das zurückhaltende Auftreten der Präsidentschaftskandidaten im Wahlkampf von 1988 ist im wesentlichen darauf zurückzuführen. Die Botschaft lautet: »Bringen Sie die Leute nicht gegen sich auf!« Und: »Äußern Sie sich so, daß die Leute in Ihre Äußerungen hineininterpretieren können, was sie hören wollen!« Journalisten mögen nach scharf formulierten politischen Stellungnahmen gieren, um darüber schreiben zu können, doch Wahlkampfmanager wissen es besser. Reagan hat sehr deutlich gezeigt, was jeder weiß, der schon einmal im Fernsehen aufgetreten ist: Niemand hört auf das, was man sagt; alle reagieren auf die Person und den Eindruck, den sie vermittelt. Dies ist natürlich auch den Walkampfmanagern bekannt.

Neu sind diese Erkenntnisse nicht. Wenn Franklin Roosevelt eine kontroverse Rede halten wollte, schickte er erst einmal George Gallup unters Volk und ließ ihn vorab die Reaktion auf den beabsichtigten Inhalt seiner Rede testen. War die Reaktion positiv, wurde die mutige Rede auch tatsächlich gehalten. Der Unterschied zu heute liegt darin, daß unsere Methoden inzwischen viel besser geworden sind.

Erstmals in der Geschichte befinden wir uns gleichsam in Reichweite eines machtvollen Wahrnehmungsinstrumentariums. Man muß nicht mehr versuchen, die Menschen mit Logik beeindrucken zu wollen. Auch auf emotionale Appelle können wir verzichten. Die politische Auseinandersetzung wird zur Auseinandersetzung der Wahrnehmung. Aus diesem Grund müssen wir – so wie ich es in diesem Buch versucht habe – den Wahrnehmungsaspekten des Denkens weit mehr Aufmerksamkeit schenken als bisher.

Praktische Konsequenzen

Wir haben an dieser Stelle das Ende einer Progression erreicht, die sich aus den folgenden Schritten zusammensetzte:

1. einem Blick auf das selbstorganisierte Modell des Gehirns sowie die Gegenüberstellung von selbstorganisierten Informationssystemen und »Tischplattenlogik« Systemen;
2. einem Blick auf das Verhalten der Wahrnehmung als unmittelbarer Folge des Verhaltens selbstorganisierter Systeme;
3. einem Blick darauf, wie ein tieferes Verständnis der Wahrnehmung unsere traditionellen Denkgewohnheiten und deren Mängel beeinflußt;
4. einem Blick auf die Rolle des Denkens in der Gesellschaft und ihren Institutionen.

Im vorliegenden Abschnitt möchte ich nun die praktischen Konsequenzen dieser Übung hervorheben und zusammenfassen. Es gibt ihrer eine ganze Menge, und sie beziehen sich sowohl auf ganz spezielle Dinge (zum Beispiel Kreativitätshilfen) als auch auf Fragen allgemeineren Charakters (zum Beispiel die Unzulänglichkeiten der Sprache). Einige Punkte sind ganz einfach, andere öffnen den Blick auf weite Gebiete, die in Zukunft noch genauerer Betrachtung bedürfen. Ich möchte noch einmal betonen, was ich in diesem Buch schon des öfteren gesagt habe: Es war nicht meine Absicht, alle anstehenden Fragen definitiv zu beantworten. Ich möchte lediglich darauf hinweisen, daß all diese Dinge in Zukunft unsere Aufmerksamkeit beanspruchen und mit großem Ernst bedacht werden müssen. Verschiedene andere Aspekte dieses Buches habe ich an dieser Stelle nicht noch einmal gesondert aufgelistet; sie werden vom Leser selbst bemerkt und berücksichtigt werden.

Die praktischen Konsequenzen lassen sich grob in zwei Kategorien aufteilen:

1. praktische Erwägungen, die sich unmittelbar aus dem Verständnis der Wahrnehmungsfunktion ergeben;
2. Mängel in unseren herkömmlichen Denkgewohnheiten, die durch unser verbessertes Wahrnehmungsverständnis sichtbar gemacht worden sind.

Selbstgefälligkeit
Am verblüffendsten ist, mit welcher Selbstgefälligkeit und Selbstzufriedenheit wir an unseren traditionellen Denksystemen festhalten. Wir sind so sehr der Tischplattenlogik verhaftet, daß sie schon fast zum Glaubenssystem geworden ist. Wir sehen die Welt nur noch aus dieser Perspektive, so daß alles, was wir sehen, unsere herkömmliche Sichtweise bestätigt. Der Erfolg unseres Denkens im technischen Bereich benebelt uns derart, daß wir sein relatives Versagen in menschlichen Angelegenheiten mit der Behauptung rechtfertigen, dafür sei allein die Perversion der menschlichen Natur verantwortlich.

Mehr Mühe, mehr Aufmerksamkeit
Wir müssen unseren Denksystemen und den anderen in diesem Buch erwähnten Sachverhalten weit mehr Aufmerksamkeit schenken als bisher. Es geht um die elementarsten menschlichen Belange (die ureigene Natur unseres Denkens), die gleichwohl mehr vernachlässigt wurden als alles andere. Nach langjähriger Arbeit an den Universitäten von Oxford, Cambridge, London und Harvard habe ich mich aus der akademischen Welt zurückgezogen, weil es dort keine Möglichkeit gab, diese Dinge weiterzuverfolgen. Warum nicht? Weil sie in keine Disziplin passen – weder in die Psychologie noch in die Philosophie, noch in die Mathematik –, sondern fachübergreifender Natur sind.

Systembasis
Erstmals in der menschlichen Geschichte besitzen wir ein Systemmodell für das Gehirn. Gemeint ist das in diesem Buch geschilderte selbstorganisierte Modell. Wir gewinnen dadurch einen völlig neuen Zugang zum Gesamtbereich des Denkens sowie zur Wahrnehmung im besonderen. Wir sehen jetzt, daß das Gehirn ein einfacher Mechanismus sein kann, der zu einer komplizierten Verhaltensweise (der uns vertrauten »geistigen Aktivität«) imstande ist.

Die traditionelle Philosophie ist tot
Die traditionelle Philosophie kann nur als Wortspielerei fortbestehen. Viele Philosophen sind ohnehin schon zu dieser Erkenntnis gelangt. In Zukunft werden die Philosophen über fundierte Kenntnisse in Systemverhalten und verschiedenen Informationssystemmodellen verfügen, namentlich aber über selbstorganisierte Systeme Bescheid wissen müssen. Alles andere ist nichts weiter als die Erforschung unzureichender Worte, mit denen wir Dinge beschreiben, die wir nicht verstehen.

Wahrnehmung
Die Tatsache, daß wir jetzt den Verhaltensunterschied zwischen passiven Informationssystemen und aktiven (selbstorganisierten) Systemen begreifen, ermöglicht uns erstmals die Erforschung der Wahrnehmung, so wie ich es in diesem Buch versucht habe. Wir können die Logik der Wahrnehmung begreifen lernen. Sie öffnet uns den Blick auf weitreichende Veränderungen im zwischenmenschlichen Bereich.

Geisteskrankheit
Das selbstorganisierte Modell des Gehirns kann uns auch neue Einsichten in das Wesen von Geisteskrankheiten vermitteln. Bei Paranoia haben wir es beispielsweise mit einem »Bedeutungsüberschuß«, in der Schizophrenie mit »Bedeutungsverwirrung«, bei Autismus mit »Bedeutungsmangel« zu tun. Im Modell können wir die für entsprechende Verhaltensanomalien möglicherweise verantwortlichen Fehlerquellen ausmachen. An jedem dieser Punkte ruft ein Defekt bestimmte Erscheinungsbilder der betreffenden Geisteskrankheit hervor. Dabei kann es für jede einzelne Verhaltensanomalie eine Vielzahl möglicher Ansatzpunkte geben, und bei jedem dieser Punkte können zahlreiche Defekte auftreten. Immerhin ist es uns möglich, vom rein deskriptiven Stadium auf die Ebene der Hypothese vorzudringen und verschiedene Ansätze auszuprobieren.

Freier Wille
Wir beginnen, die physiologischen Grundlagen des freien Willens und ähnlicher Begriffe zu verstehen. Wir beginnen zu verstehen, wie man in einem deterministischen System frei sein kann. Dies hat weitgehende Implikationen. So kann es unter bestimmten Umständen sinnvoll sein,

Gesetzesbrecher zu bestrafen, selbst wenn sie für ihr Tun nicht verantwortlich waren. Dies steht im diametralen Gegensatz zu unserem Verständnis von Gerechtigkeit.

Wandel durch Evolution

Wir müssen unser traditionelles evolutionäres Fortschrittsmodell von Grund auf neu überdenken. Es ist aus zahlreichen Gründen völlig unzureichend. So kann es zum Beispiel sein, daß wir, um voranzukommen, vorhandene Konzepte demontieren und die Einzelteile in neuer Form wieder zusammensetzen müssen. Auch Paradigmenwechsel erfordern solche Veränderungen.

Die Selbstgefälligkeit, mit der wir am Evolutionsmodell festhalten, hat dazu geführt, daß wir nur kritisches Denken, Argumentation und Problemlösung als Methoden zur Herbeiführung von Veränderungen akzeptieren, obgleich deren Effizienz samt und sonders beeinträchtigt und beschränkt ist.

Argumentation

Der Argumentationsprozeß nimmt in unserem traditionellen Denken eine zentrale Stelle ein, desgleichen in so praxisorientierten gesellschaftlichen Einrichtungen wie der Rechtspflege und dem wissenschaftlichen Fortschritt. Auch die Effizienz dieser Methode muß gründlich überprüft werden. Zur »Erforschung« eines Gegenstands gibt es bereits viel bessere Methoden – und wir können noch viel modernere und wirksamere Methoden ersinnen. Die Bedeutung der Argumentationsmethode ist abhängig von bestimmten Annahmen über Absolutheiten sowie von einem Mangel an Vorstellungskraft. Die polarisierenden, verzerrenden und konfliktträchtigen Aspekte der Argumentationsmethode liegen schon seit langem klar auf der Hand.

Kritisches Denken

Kritisches Denken stand bei uns immer hoch im Kurs, da wir von der Annahme ausgingen, Denken bestehe im wesentlichen aus der »Suche nach der Wahrheit«. Infolge dieses Trugschlusses haben wir die generativen, produktiven, konstruktiven und designerischen Aspekte des Denkens übel vernachlässigt. Neue Konzepte, neue Wahrnehmungen, neue Hypothesen, neue Designs müssen geschaffen werden – sie werden nicht einfach gefunden. Wir müssen darüber hinaus einsehen, daß kritisches Denken alles andere ist als ein schwieriger mentaler Prozeß. Es ist vielmehr sehr leicht, weil man immer die Möglichkeit hat, seinen Bezugsstandard zu wählen. Wir brauchen kritisches Denken – aber nur als Nebenaspekt des soviel wichtigeren generativen Denkens. Außerdem können wir erkennen, daß das kritischste Denken im Grunde das kreative Denken ist, gibt es doch kein wirksameres Mittel gegen die Exklusivität eines Anspruchs als die Fähigkeit, mit alternativen Erklärungen aufwarten zu können. Und die beste Kritik an bestimmten Vorschlägen ist das phantasievolle Vorhersagen ihrer Konsequenzen.

Kollision
Unser Glaube an die Revolution durch Kollision hat unser Revolutionsverständnis auf negative Vorstellungen beschränkt. Die Losung heißt demnach: Erkenne den Feind, hasse den Feind, attackiere den Feind. Weil diese Methode oft unpraktisch und erfolglos ist, bleiben die erforderlichen Revolutionen aus. Es ist durchaus möglich, positive Revolutionen zu entwerfen.

Analyse
Wir müssen einsehen, daß Datenanalyse allein nicht genügt. In Daten spiegeln sich lediglich jene Ideen wider, die uns bereits geläufig sind. Dies ergibt sich unmittelbar aus der Natur der Wahrnehmung. Daß wir uns bei unseren Entscheidungen ausschließlich auf die Analyse verlassen, reicht daher nicht aus; wir müssen auch kreative konzeptuelle Fertigkeiten entwickeln. In der Wissenschaft ist der traditionelle Glaube an die vernünftigste Hypothese ebenso mangelhaft, verleitet er uns doch dazu, die Daten nur mehr durch die Brille dieser einen Hypothese zu sehen. Es kommt auch auf andere Hypothesen an – selbst wenn sie weit weniger plausibel erscheinen.

Problemlösung
Das entscheidende Manko dieser traditionellen Überlebensstrategie liegt darin, daß sie uns lediglich dorthin zurückführt, wo wir bereits waren. Im Geschäftsleben, in der Politik und beim gesellschaftlichen Fortschritt wirkt das »Problemlösungsidiom« als gefährlicher Hemmschuh. Der Problemlösung muß ein »Designkonzept« gegenüberge-

stellt werden, das zukunftweisend auf anfallende Probleme reagiert. Auf keinen Fall dürfen wir den Begriff »Problemlösung« weiterhin als Synonym für »Denken« verwenden, denn dies hieße, sich auf einen kleinen Teilaspekt des Denkens zu beschränken.

Wahrheit und Absolutheit

Wir müssen sorgfältig unsere Wahrheitsbegriffe überdenken. Es gibt eine konstruierte Wahrheit – zum Beispiel in der Mathematik – und eine »Wahrnehmungswahrheit«, wie sie sich beispielsweise im Glauben äußert. Autorität, besondere Umstände und unser verfügbares Begriffsrepertoire sorgen zudem für relative Wahrheit. Am besten läßt sich Wahrheit als Konstellation bestimmter Umstände beschreiben, die zu einem bestimmten Ergebnis führen. Unser herkömmlicher Wahrheitsbegriff hat uns zur Schaffung und Verwendung von absoluten Kategorien verleitet, deren Starre und Unabhängigkeit gegenüber veränderten Umständen ihnen zwar einen gewissen praktischen Wert verleiht, sie aber als Instrumente des Fortschritts untauglich erscheinen läßt. Wir müssen Systeme erfinden, die nicht mehr auf »Gesteinslogik«, sondern auf »Wasserlogik« basieren. Das bedeutet keineswegs »Relativismus« oder »Alles ist erlaubt«. Wir brauchen Pragmatismus mit Integrität.

Beschreibung

Wir müssen vollständige Klarheit gewinnen über die Art und Weise, wie wir mit Beschreibung umgehen. Einige Formen des Deskriptiven sind nichts weiter als phantasievolle Spracharabesken und Ideen mit allenfalls dekorativem Wert. Der Wert anderer Formen der Beschreibung kann zum Beispiel darin liegen, daß sie uns die Wahrnehmung bestimmter Unterschiede und Identitäten ermöglichen oder als »Designübung« bei der Entwicklung möglicher Hypothesen dienen. Beschreibung kann also sehr nützlich und wertvoll sein – oder in die Irre führende Zeitverschwendung.

Geschichtsbesessenheit

Wir müssen uns von unserer Geschichtsbesessenheit befreien, die zu viele Talente und Ressourcen bindet. Übertriebene Geschichtsbezogenheit schwächt das Bestreben, »designerisch« in die Zukunft zu blicken. Die Konzepte, die sie uns geliefert hat, engen unsere Wahrnehmung ein und können unter den geänderten Bedingungen der Gegenwart sogar gefährlich sein.

Intelligenz allein reicht nicht aus

Die weitverbreitete Vorstellung, daß Intelligenz (Analyse, Logik und Argumentation) genügt, ist in vielfacher Hinsicht gefährlich. Die Betonung liegt einseitig auf den logischen Fertigkeiten, während die im realen Denken und Handeln so wichtigen Wahrnehmungsfähigkeiten zu kurz kommen. Die Fähigkeit eines intelligenten Menschen, offensichtliche Fehler zu vermeiden und kohärente Argumentationslinien zu vertreten, verhindert nicht selten, daß der Betroffene die Notwendigkeit der Entwicklung überlegter Denkfertigkeiten erkennt. Fehlervermeidung allein reicht gewiß nicht aus.

Sprache

Noch wichtiger ist es, daß wir uns der Unzulänglichkeiten und Fallstricke der Sprache bewußt werden. Der direkte emotionale Appell wertschätzender und die heimtückischen Folgen abschätziger Adjektive schaffen den Kontext für Wahrnehmungen und stecken den Rahmen für verwendbare Muster ab. Das Phänomen des weiten Einzugsbereichs perzeptiver Muster kann in Verbindung mit der Gewißheit, der Identität und den Kategorien der Logik dazu führen, daß Logik zur Rechtfertigung von allem und jedem herangezogen wird. Außerdem ist die Sprache eine Enzyklopädie der Unwissenheit, da auf vergleichbarer Ignoranz basierende Wahrnehmungen durch Worte gleichsam in Permanenz erstarren und zukünftiges Denken behindern. Wir müssen einsehen, daß die Sprache kein Denkmedium ist, sondern ein Kommunikationsmittel. Wir werden durch die Fähigkeit der Sprache, einen Sachverhalt im nachhinein durch ein Sammelsurium von Wörtern angemessen zu beschreiben, wahrscheinlich davon abgehalten, einen reicheren Sprachcode zu entwickeln, mit dessen Hilfe es uns möglich wäre, die Dinge ad hoc wahrzunehmen (man denke zum Beispiel an die geringe Zahl der Wörter zur Beschreibung menschlicher Beziehungen).

Polarisierungen

Die Neigung der Sprache zu Dichotomien (wir/sie, Freund/Feind, Tyrannei/Freiheit) gebiert holzschnittartige, gefährliche Wahrnehmungen. Unsere traditionellen Denkgewohnheiten waren auf dieses System angewiesen, da es uns die Möglichkeit verschaffte, das Widerspruchsprinzip anzuwenden. In der Praxis könnte es der schädlichste Einzelfaktor dieser Tradition sein. Wir müssen die Zwischentöne erforschen und ein ganzes Spektrum von Wahrnehmungen schaffen. Wir müssen erkennen, daß Kategorisierungen, die für eine bestimmte Konstellation von Umständen zutreffen mögen, unter anderen Vorzeichen ihre Gültigkeit verlieren. Wir müssen neue Konzepte entwerfen, die Dichotomien wie das »Freund-Feind-Denken« überbrücken.

Mehr ist besser

Das herkömmliche Festhalten an starren Kategorisierungen ergibt Probleme bei den Laffer- oder »Salz«-Kurven. Wenn etwas gut ist, muß mehr davon besser sein. Tischplattenlogik kann dieses Problem schlichtweg nicht lösen; unter dem Strich ergeben sich gravierende gesellschaftliche Mängel (zum Beispiel im amerikanischen Rechtssystem).

Beschränkte Garanten

Als Garanten des kulturellen Wandels und neuen Denkens gelten gemeinhin Menschen aus der literarischen Tradition. Sehr oft sind sie einfach nicht fähig, andere Idiome zu begreifen, die deshalb ignoriert werden oder unterrepräsentiert bleiben. Die Gesellschaft wird folglich von potentiellen Veränderungen isoliert und mit dem mangelhaften Denken der Sprachkultur durchtränkt.

Das Wesen der Wahrnehmung

Wir konnten schon immer Wahrnehmungen beschreiben, und wir spürten schon immer, daß Wahrnehmung ein sehr wichtiger Bestandteil des Denkens ist. Ohne großen Erfolg haben wir versucht, der Wahrnehmung mit Logik beizukommen – das einzige, was dabei herauskam, war, daß wir unsere Logik auf andere Wahrnehmungen gründeten. Endlich sind wir imstande, das Wesen der Wahrnehmung zu begreifen. Es stellt sich uns als natürliches Verhalten eines selbstorganisierten Systems dar. Wir erkennen, daß Wahrnehmung nicht willkürlich zustande kommt, sondern ihre eigene Logik besitzt. Die Logik des Verhaltens entspricht zwangsläufig der Logik des zugrundeliegenden Systems.

Wahrnehmung und Gefühl
Kreisförmigkeit in einem selbstorganisierten System kann sehr leicht zu glaubensartigen Überzeugungen führen. Wir stehen vor der schwierigen Aufgabe, einsehen zu müssen, daß ein Glaube nur allzuleicht geschaffen werden kann und nur über eine schwache Basis in der Realität verfügen muß. Gleichzeitig kann die »Wahrnehmungswahrheit« des Glaubens äußerst stark sein. Außerdem kann selbst ein falscher Glaube ein Organisationssystem, ein Wertesystem und einen Sinnrahmen bieten.

Wahrnehmung und Wahrheit
In der Wahrnehmung kann es nur die kreisförmige Wahrheit eines Glaubens geben. Wir sollten von den Medien, die lediglich die Fortführung des Wahrnehmungssystems sind, weder Wahrheit noch Objektivität erwarten. Es ist vermutlich besser, diese Tatsache zu akzeptieren, statt so zu tun, als sei alles ganz anders.

Vorurteil und Logik
Sobald wir die Grundlagen der Wahrnehmung erkannt haben, wird uns klar, warum Logik nicht imstande ist, Vorurteile, Glaubensüberzeugungen, Emotionen oder Wahrnehmungen zu verändern. Wir haben dies über Generationen hinweg mit enormem Kraft- und Energieaufwand versucht und sind nun enttäuscht darüber, daß die Logik versagt hat. Wir erkennen, daß nur Wahrnehmungen und Emotionen diese Dinge verändern können. Selbst Erfahrung kann machtlos sein. Aus diesem Grund muß der Entwicklung spezifischer Wahrnehmungstechniken höchste Priorität eingeräumt werden (zum Beispiel durch die Einführung des CoRT-Programms an den Schulen).

Zeitfolge
Der Aufbau von Wahrnehmungen ist in hohem Maße abhängig von der Abfolge der Erfahrungen über einen bestimmten Zeitraum hinweg, und die Wahrnehmung selbst hängt zu jedem beliebigen Moment von der Zeitfolge ab, die zu diesem Moment geführt hat. Bewußtsein kann Instruktionen, Ankündigungen, Präsentationen, Verhandlungen, Propaganda und so weiter, und so fort praktisch beeinflussen. Dies ist an sich nichts Neues, doch zeigt die Systembasis, daß es in weitaus größerem Maße der Fall ist, als wir bisher annahmen.

Umbau

Der »Auslöseeffekt« der Wahrnehmung bringt es mit sich, daß wir Dinge bauen oder per Umbau erschaffen können, die bisher noch gar nicht existierten – und dies ohne alle Tricks und Schwindeleien. Bei aller Ehrlichkeit ist die Wahrnehmung daher immer suspekt. Wir sehen, was wir uns einbilden.

Was wir zu sehen bereit sind

Wenn wir uns einbilden, Daten zu analysieren, tun wir im Grunde nichts anderes, als sie durch die getönte Brille unserer vorhandenen Parameter und aus dem beschränkten Blickwinkel der uns verfügbaren Konzepte zu betrachten. Es kann sein, daß wir in Zukunft auf dieselben Daten zurückkommen und sie mit ganz anderen Augen sehen werden. Es gibt daher einen praktischen Grund, alte Daten noch einmal zu sichten – und zwar durch die Brille neuer Wahrnehmungen. Außerdem gibt es einen praktischen Grund, neue Konzepte zu schaffen und sie sich genau anzusehen.

Unschuld

Daß man sämtliche verfügbare Literatur über ein bestimmtes Thema zusammenträgt und durcharbeitet, bevor man mit der eigenen Forschung beginnt, ist ein traditionelles wissenschaftliches »Muß«. Wer sich jedoch zu sehr in bereits existierende Konzepte vertieft, läuft Gefahr, sein Thema nur noch in den vorgegebenen Kategorien sehen zu können. Daraus ergibt sich ein Dilemma. Unzureichendes Wissen bedeutet doppelte Arbeit und verhindert die Einbeziehung früherer Leistungen. Zuviel Wissen schadet der Originalität. Es gibt mehrere Möglichkeiten, dieses Dilemma zu umgehen, auf jeden Fall aber sollte man sich stets vor Augen halten, daß zuviel Forschung auch negative Auswirkungen haben kann.

Humor

Humor erscheint uns in einem neuen Licht. Humor ist nicht nur eine komische Abirrung des Geistes, sondern eine wesentliche Verhaltensweise selbstorganisierter Systeme. Humor an und für sich ist einer der besten Hinweise darauf, daß das Gehirn als selbstorganisiertes System arbeitet (zumindest im Wahrnehmungsbereich). Das

Musterwechseln des Humors ist ein gutes Modell für Kreativität und Einsicht.

Dichtung

Wir können erkennen, daß die Logik der Dichtung die »Wasserlogik« der Wahrnehmung ist, das heißt, Bedeutung wird nicht linear aufgebaut, sondern Schicht um Schicht. Hinter der Funktionsweise der Dichtung steckt der »Sensibilitäts«- oder »Bereitschaftseffekt« innerhalb des selbstorganisierten Systems.

Stratal

Stratal ist eine neue Wortprägung. Das Stratal versucht – wie die Dichtung –, vom Sensibilitätsverhalten des selbstorganisierten Systems zu profitieren. Bedeutung erwächst aus der Schichtung verschiedener Aussagen, zwischen denen keine logische Verbindung bestehen muß. Die praktikable Zahl der Aussagen mag bei vier oder fünf liegen.

Das »Sechs-Hüte-Denken«

Hierbei handelt es sich um eine konstruierte Denkhilfe, die unmittelbar auf dem Sensibilitäts- und »Kontext«-Verhalten der Wahrnehmung aufbaut. Jeder der sechs Hüte schafft einen neuen, bewußt geplanten, künstlichen Kontext. Anstatt auf die Veränderung des Kontexts zu warten, können wir selbst zu seiner Veränderung beitragen.

Aufmerksamkeit

Das selbstorganisierte Modell des Gehirns erklärt das wichtige Phänomen der »Aufmerksamkeit« und zeigt, wie Aufmerksamkeit von einem Gebiet zum anderen fließen kann. Das Modell erklärt auch, warum Aufmerksamkeit »einheitlich« ist. Von diesem Verständnis der Aufmerksamkeit aus können wir in verschiedene praktische Richtungen vorstoßen.

Wahrnehmungsinstrumente

Die CoRT-Denkmethodik, nach der Millionen von Schulkindern unterrichtet werden, baut direkt auf dem Selbstorganisationsmodell auf. Die Methodik liefert einfache Aufmerksamkeitssteuermechanismen.

Anstelle einer für das wahrnehmende Denken vielfach typischen, nur »von Punkt zu Punkt« fließenden Aufmerksamkeit soll dem Denker mit Hilfe bewußter Aufmerksamkeitssteuermechanismen eine strengere Kontrolle über die Aufmerksamkeit verschafft werden, die dadurch breiter und tiefer wird. Kinder lernen auf diese Weise, die Konsequenzen einer Handlung abzuschätzen, die Meinungen anderer Menschen anzuhören und Alternativen in Erwägung zu ziehen.

Der Mechanismus des Interessanten

Schon bald werden wir imstande sein, die Funktionsweise des »Interessanten« nachzuvollziehen. Was macht eine bestimmte Fernsehsendung »interessant«? Das Interesse muß nicht unbedingt aus ihrem jeweiligen Inhalt erwachsen. Gerade den Programmgestaltern des Fernsehens käme die Entschleierung der Funktionszusammenhänge sehr zupaß, könnten sie auf diese Weise doch zu Architekten des Interesses werden. Auch Werbe- und Propagandaexperten könnten davon profitieren.

Aufmerksamkeitsfluß in der Kunst

Es könnte sich herausstellen, daß erfolgreiche Kunst eine Choreographie der Aufmerksamkeit ist. Es mag auch die Grundlage der Ästhetik sein. Wohin fließt Aufmerksamkeit? Wie lange bleibt sie an einem bestimmten Ort? Wie schwenkt sie wieder zurück?

Manipulation der Wahrnehmung

Es besteht die Gefahr, daß mit zunehmenden Kenntnissen über die Logik der Wahrnehmung auch unsere Fähigkeiten wachsen, Wahrnehmung im Sinne der Werbung, im Interesse politischer Kampagnen und zur Erzielung höherer Einschaltquoten zu manipulieren. Dies ist an sich nichts Neues. Die Kunst, die Literatur, Wahlkampfstrategen und die Werbung versuchen es schon seit längerem. Doch die Methoden können sich so verfeinern, daß die Gesellschaft das Ausmaß der Manipulation nicht länger ertragen kann. Logik und kritisches Denken werden uns, da sie in einem bestimmten Wahrnehmungsrahmen operieren, nicht davor schützen. Deshalb ist es so extrem wichtig, daß wir uns ernsthaft und unmittelbar in »wahrnehmendem Denken« ausbilden lassen (zum Beispiel mit Hilfe des CoRT-Programms).

Null-Basis
Aus dem, was wir über das Verhalten von Mustern im selbstorganisierten System des Gehirns wissen, ergibt sich die Notwendigkeit einer »Null-Basis«, von der ausgehend wir Muster einbringen können, die in der Erfahrung noch nicht existieren (Provokation) und verhindern, daß wir allzu rasch in bestehende Muster verfallen.

»Das ist ja dasselbe wie . . .«
Wir neigen sehr dazu, neue Dinge mit Altbekanntem zu vergleichen. Im allgemeinen ist das auch ganz nützlich, weil wir dadurch bestehende Muster zur Bewältigung neuer Situationen heranziehen können. Dennoch birgt diese Gewohnheit auch Gefahren, denn indem sie eine neu aufkeimende Idee wie etwas längst Bekanntes und daher der näheren Aufmerksamkeit Unwürdiges behandelt, blockiert sie kreatives Denken. Außerdem ist sie fortschrittsfeindlich. »Das ist ja dasselbe wie . . .« sagt sich leicht dahin, selbst wenn die tatsächliche Ähnlichkeit nur gering ist. Der neuen Idee wird dadurch die angemessene Aufmerksamkeit und die verdiente Prüfung versagt. Vor dieser Gefahr müssen wir uns in acht nehmen.

Was heißt Kreativität?
Wir wissen, daß es Kreativität gibt. Wir können sie beschreiben und sogar versuchen, einige sich offenbar wiederholende Merkmale herauszuarbeiten. Doch das ist alles erbärmlich wenig. Zum erstenmal sind wir heutzutage in der Lage, auch die »Logik« der Kreativität zu begreifen. Sie ergibt sich unmittelbar aus den asymmetrischen Mustern, die sich in einem selbstorganisierten System zwangsläufig bilden. Wir können also aus dem Modell der Selbstorganisation in bisher nie dagewesener Weise direkte Schlüsse auf die Funktionsweise der Kreativität ziehen.

Die Logik der Provokation
In herkömmlichen logischen Systemen gab es für Provokation nie einen Platz. Es war einfach unmöglich, einem Phänomen Platz einzuräumen, das weder Sinn ergab noch in einem wie auch immer gearteten Bezug zum Vorhergehenden stand. In einem selbstorganisierten System ist Provokation nicht nur logisch, sondern sogar eine mathematische Not-

wendigkeit. Die Logik der Provokation kann durch das Wörtchen »PO« verdeutlicht werden, das ich vor vielen Jahren erfunden habe.

Die Logik des Geistesblitzes

Wenn man sich an einem bestimmten Punkt einem Muster anschließt, muß man ihm möglicherweise bis zum Ende folgen. Geht man von einem nur leicht veränderten Startpunkt aus, so kann der Weg sehr kurz sein. Dieses natürliche Verhalten von Mustern führt zu dem überraschenden Phänomen des »Geistesblitzes«, einer plötzlichen Veränderung unserer Sichtweise.

Spezielle Instrumente des lateralen Denkens

Das Verständnis der Kreativität, die Logik der Provokation und die Logik des Geistesblitzes versetzen uns in die Lage, ein spezielles kreatives Instrumentarium zu entwerfen, mit dessen Hilfe wir nicht mehr abzuwarten brauchen, bis uns die Inspiration überkommt, sondern gezielt neue Konzepte und Ideen hervorbringen können. Gemeint ist das Instrumentarium des lateralen Denkens, das seinen Praxistest inzwischen erfolgreich bestanden hat. Innerhalb unseres traditionellen Denksystems hätte ein solches Instrumentarium nicht entworfen werden können. So wäre zum Beispiel die »Technik des beliebigen Worts« im herkömmlichen System totaler Unsinn gewesen. In einem selbstorganisierten System ergibt sie dagegen sehr wohl einen Sinn. In der Praxis funktioniert sie ausgezeichnet.

Widerstand gegen den Wandel

Aus dem Verständnis der Wahrnehmung können wir uns auch erklären, warum der Widerstand gegen Veränderungen so groß ist. Unsere bestehenden Wahrnehmungen, Konzepte, Modelle und Paradigmen sind eine Zusammenfassung unserer Geschichte. Wir können die Welt nur durch diese Brille betrachten. Begegnet uns etwas Neues, so sind wir einfach nicht imstande, es zu sehen. Sehen wir es doch, so halten wir es für unvereinbar mit unserer alten Wahrnehmung und fühlen uns verpflichtet, es zu bekämpfen. Auf jeden Fall können wir es nur nach den Vorgaben unseres alten Bezugsrahmens beurteilen. Die Urteile und Absolutheiten der »Gesteinslogik« machen es uns zum Beispiel ausgesprochen schwer, die Funktionsweise der »Wasserlogik« zu begreifen

Die andere Form des Widerstands gegen den Wandel äußert sich in der Ablehnung neuer Ideen mittels der »Das-ist-ja-genauso-wie«-Floskel. Beides unterscheidet sich deutlich von jenen Gegnern des Wandels, die mit den alten Ideen Privilegien und eigennützige Interessen verbinden und aus diesem Grund aktiv gegen die neuen vorgehen.

Der nächste Schritt

Der nächste Schritt wird weitgehend von unserem augenblicklichen Standpunkt bestimmt. Veränderungen können es erforderlich machen, daß wir zunächst einmal einige Schritte zurückgehen, um dann eine neue Richtung einzuschlagen. Ein solches Verfahren ist extrem schwierig. Alles ist miteinander verwoben. Es existiert ein Geflecht aus Konzepten und Wahrnehmungen, die sich gegenseitig stützen. Daher muß jede Veränderungsstrategie, wenn sie Erfolg haben will, eine Richtung vorgeben, die sich problemlos einschlagen läßt und keine Rückwärtsbewegung voraussetzt. Aus diesem Grund ist unser Verständnis des selbstorganisierten Informationssystems ein so entscheidender Punkt, der uns eine Revision unseres gesamten Denksystems ermöglicht.

Erziehung und Ausbildung

Das Erziehungswesen hat sich traditionell mit Information, Analyse und ein wenig auch mit kritischem Denken befaßt. Unter den Voraussetzungen des herkömmlichen Denksystems mochte dies ausreichend scheinen. Aus der neuen Perspektive betrachtet, erfüllt das Erziehungswesen nicht einmal die Hälfte seiner Aufgabe. Den wahrnehmenden Denktechniken muß ganz gezielt mehr Aufmerksamkeit gewidmet werden. Derartige Techniken sind etwas ganz anderes als der herkömmliche Kunst- und Literaturunterricht. Operabilität und die Techniken des Handelns müssen Berücksichtigung finden, desgleichen entwerfendes (»designerisches«) Denken im weitesten Sinn. Produktives, konstruktives, generatives und kreatives Denken sind gefragt. Reaktives Denken und Problemlösen sind nicht dazu geeignet, die für die Verbesserung der Gesellschaft erforderlichen Kenntnisse zu vermitteln. Unglücklicherweise ist das Erziehungswesen derart seinen traditionellen Konzepten verhaftet, daß die notwendigen Veränderungen nicht leicht durchzusetzen sein werden.

Universitäten
Im großen und ganzen gesehen fehlt den Universitäten das geistige Rüstzeug für das erforderliche »Wagnisdenken«. Universitäten absorbieren in allen Ländern den Löwenanteil der für den intellektuellen Fortschritt zur Verfügung stehenden menschlichen und finanziellen Ressourcen. Ein Großteil dieser Ressourcen wird schlicht verschleudert für die Erhaltung der Kontinuität. Es wäre wesentlich effektiver, einige dieser Mittel für »geistige Wagnisabteilungen« abzuzweigen, in denen nicht die Wahrung der Tradition und salbungsvolle Geschichtsbeflissenheit im Mittelpunkt stehen, sondern neue Bereiche und Perspektiven. Normalerweise sind solche neuen Bereiche fachübergreifend und haben daher innerhalb der bestehenden Disziplinen kaum eine Chance.

Abteilungen
Spezialisten spezialisieren sich immer mehr, bis sich schließlich alles in kleinen Abteilungen abspielt, die kaum noch miteinander kommunizieren. Wir brauchen Methoden, die es den Menschen erlauben, über die Grenzen ihrer Fachgebiete hinweg miteinander zu kommunizieren. Wir müssen die administrativen Grenzen überwinden, die die Mobilität der Menschen einschränkt. Wir brauchen Basiskonzept-Sprachen zur Kommunikation. Wahrnehmungen und Konzepte, die sich in bestimmten Fachgebieten manifestieren, sollten jedermann frei zugänglich sein.

Kurzzeitdenken
In allen gesellschaftlichen Strukturen besteht die Tendenz, im Laufe der Zeit die Denkhorizonte einzuschränken. Bei wachsendem Finanzierungsdruck wächst auch der Erfolgsdruck. Man muß Ergebnisse vorweisen. Ergebnisse vorweisen bedeutet aber, auf die Bedürfnisse des Augenblicks zu reagieren. Der Schwerpunkt liegt bei derartig kurzfristigem Denken auf der unmittelbaren Problemlösung; zeitlich geht dies zu Lasten des Designs, des Spekulativen und der umfassenderen Themen. Ein Journalist sieht die Zukunft im Eintagerhythmus auf sich zukommen und meint, wer sich ums Morgen kümmert, kümmert sich bereits um die Zukunft. In Forschung und Design kann es unter Umständen recht lange dauern, bis die Erkenntnisse eine kritische Masse an Sinn

und Wert erreichen. Diese kritische Masse aber ist es, die zu einem neuen Entwurf oder einem neuen Paradigma führt.

Das Ludus-Prinzip
Wird ein Spiel um seiner selbst willen gespielt, so herrscht nach meiner Definition das »Ludus-Prinzip«: Man tut etwas, um das, was getan wird, zu unterstützen. Nahezu alle Organisationen werden sich auf diesen »selbstorganisierten« Ruhezustand einpendeln – es sei denn, es finden sich Mittel und Wege, neuen Ideen zum Durchbruch zu verhelfen. Bürokratien sind nur ein Beispiel. Ein anderer Fehler liegt in unserem Vertrauen darauf, daß die Evolution schon für die notwendigen Veränderungen sorgen wird.

Rückwärtslernen
Musterbildende Systeme legen die Vermutung nahe, daß Rückwärtslernen effektiver ist als Vorwärtslernen. Diese Vorhersage muß in ihren praktischen Konsequenzen genau überprüft werden. Was bedeutet zum Beispiel Rückwärtslernen, wenn man es auf Dinge mit unterschiedlichen Komplexitätsniveaus anwendet? Auf diesem Gebiet gibt es noch einiges zu tun.

Neue Sprache
Ich arbeite gegenwärtig an einer neuen Denksprache, die unsere Wahrnehmung wesentlich bereichern und vom Ballast der herkömmlichen Sprachen befreien wird.

Wasserlogik
Wir müssen die Wasserlogik klar herausstellen und weiterentwickeln, damit sie zu einem praktischen, benutzbaren System wird. Das im Anhang zu diesem Buch kurz umrissene System der »Hodics« ist ein Schritt in diese Richtung.

Hoffnung
Wenn wir das Gefühl hätten, die Grenzen unseres Denksystems bereits erreicht zu haben, so gäbe es nur wenig Hoffnung. Vor uns läge eine Zukunft voller kaum zu bewältigender Probleme. Konzentrieren wir uns jedoch auf das neue Denken, so können wir die Hoffnung auf eine

erheblich bessere Zukunft neu entfachen. Revolutionen müssen nicht unbedingt negativ sein; es finden auch positive Revolutionen statt. Die erste derartige Revolution muß unsere Einstellung zum Denken betreffen. Denken bedeutet nicht einfach recht haben und Fehler vermeiden. Denken ist Forschen, die Entwicklung neuer Konzepte und das Entwerfen einer besseren Zukunft.

Zusammenfassung

Jahrhundertelang haben wir im Rahmen unseres traditionellen Denksystems gearbeitet. Wir sind überzeugt, daß dieses System das einzig mögliche ist. Wahrheit und Vernunft sind gewiß absolute Kategorien: Es gibt keine Alternativen und kein Darüberhinaus. Und gewiß fordert das System selbst diese absoluten Kategorien. Es ist wahr und vernünftig, ein System zu haben, das auf Wahrheit und Vernunft basiert. Langsam beginnen wir die Funktionsweise selbstorganisierter Systeme zu verstehen. Wir erfahren zum Beispiel, daß neuronale Strukturen auf diese Weise arbeiten. Das sehr einfache, in diesem Buch beschriebene Modell einer selbstorganisierten neuronalen Struktur zeigt, wie aus einer geringen Zahl von Interaktionen ein sehr komplexes Verhalten entstehen kann. Sollen wir diesen wichtigen Schritt auf dem Weg zum Verständnis unserer Gehirnfunktion einfach ignorieren? Sollen wir weiterhin in dogmatischer Ignoranz verharren, weil wir den störenden Einfluß solcher Erkenntnisse fürchten?

Die Implikationen, die sich aus selbstorganisierten Systemen für die Wahrnehmung und unsere herkömmlichen Denkgewohnheiten ergeben, sind sehr weitreichend. Einige von ihnen habe ich in diesem Buch anzusprechen versucht, wobei ich mich im Einzelfall stets auf Hinweise beschränkt habe. Die Implikationen lassen sich in zwei Grundtypen aufteilen: Erstens in das Verständnis der Funktionsweise der Wahrnehmung – dazu gehören unter anderem Humor, Kreativität, der Einzugsbereich der Wahrnehmung und die Kreisförmigkeit von Überzeugungen. Wir begreifen somit, warum Wahrnehmung so überaus nützlich und doch so verzerrt ist. Zweitens werden die Mängel unseres traditionellen Denksystems mit seinen Absolutheiten, Kategorien, Identitäten und Widersprüchen deutlich. Auf einmal wird uns klar, daß diese Systemmängel ernsthafte Probleme im zwischenmenschlichen Bereich verursacht haben (Kriege, Rassismus und so weiter) und wesentliche systemimmanente Fortschritte verhinderten.

So stehen wir gegenwärtig vor der Wahl: Wir können all das, was ich geschrieben habe, total ignorieren oder versuchen, mir (zumindest in einigen Aspekten) Fehler nachzuweisen. Dies wäre allerdings sehr dumm, handelt es sich doch um eine Angelegenheit von fundamentaler Bedeutung, mit der wir uns in Zukunft immer wieder und mit wachsender Intensität konfrontiert sehen werden. Wir werden selbstorganisierte Systeme, nachdem wir nun einmal über sie Bescheid wissen, nicht mehr ignorieren können.
Wir können das Gesagte akzeptieren, wenn auch vielleicht nicht in jeder Einzelheit. Wir können es akzeptieren – und danach wieder zur Tagesordnung und zu unserem alten System zurückkehren, so als ob nichts geschehen wäre. Doch ein einmal gedachter Gedanke kann nicht mehr ungedacht gemacht werden. Die wachsenden Zweifel im Hinterkopf an der Arroganz und Selbstsicherheit unseres traditionellen Denkens werden wir daher nicht mehr loswerden.
Wir können auch sagen: Jawohl, hier liegt tatsächlich eine brauchbare Beschreibung vor. Wir wissen nun, wie das Gehirn funktioniert. Wir können die Beschreibung dahin gehend interpretieren, daß das menschliche Gehirn chaotisch und unzuverlässig arbeitet – und uns dann wieder voller Bewunderung den Errungenschaften der griechischen Klassik und ihrer Denker zuwenden, deren Denksystem (mit all seinen absoluten Kategorien und seiner Logik) eine so praktische Verhaltensanleitung ist. Diese Einstellung wird von den meisten Lesern geteilt werden – nur stellt sich ihnen dann wieder die ursprüngliche Frage: Wie verträgt sich unser Erfolg in technischen Dingen mit unserem Versagen im zwischenmenschlichen Bereich?
Schließlich können wir auch sagen, daß alles, was in diesem Buch beschrieben wurde, mit Wahrnehmung zu tun hat und für diesen Zweck auch sehr wertvoll und nützlich ist. Danach können wir dann den zweiten Aspekt des Denkens ansprechen, das Verarbeiten (Logik, Mathematik und so weiter). Wir konstruieren künstliche Systeme, mit deren Hilfe wir unsere Wahrnehmungen verarbeiten. Diese Einstellung ist in Ordnung, doch bedeutet sie, daß die Logik den Rückzug antreten muß. Da wir bisher die Wahrnehmung nie verstanden haben, haben wir versucht, die Logik des traditionellen Denkens direkt auf die reale Welt anzuwenden. Haben wir erst einmal anerkannt, daß zuerst die Wahrnehmung kommt, so müssen wir viel mehr Zeit als bisher darauf

verwenden, die Logik der Wahrnehmung herauszuarbeiten. Auf sie kommt es nämlich an. Wir werden schließlich herausfinden, daß ein großer Teil unseres Denkens in ebendiesem Wahrnehmungsstadium stattfindet.

Ich wäre in der Tat schon sehr glücklich, wenn wir anerkennen würden, welch ein enormer Teil unseres Denkens von der Wahrnehmung beherrscht wird. Diese Einsicht wird schon bald dazu führen, daß wir die Unzulänglichkeit der Tischplattenlogik unseres herkömmlichen Denksystems (wie ich sie in diesem Buch beschrieben habe) erkennen und daß wir realisieren, wie dringend erforderlich die Entwicklung eines besseren Wahrnehmungsverständnisses und bewußter Wahrnehmungstechniken (zum Beispiel durch die Einführung von CoRT-Denkprogrammen an den Schulen) ist. Wahrnehmung wird zu einem neuen Fachgebiet, in dem wir arbeiten müssen.

Und dies war das Ziel dieses Buches: die Aufmerksamkeit auf die Bedeutung der Wahrnehmung zu lenken.

Anhang: Wasserlogik

Ich habe in diesem Buch mehrfach auf die sogenannte »Wasserlogik« Bezug genommen und sie der »Gesteinslogik« des traditionellen Denkens gegenübergestellt. Die Bezeichnung »Wasserlogik« habe ich gewählt, um den Unterschied zu verdeutlichen. Im folgenden möchte ich darauf noch etwas detaillierter eingehen.

Ein Stein ist fest, dauerhaft und hart. Er erinnert an die absoluten Kategorien des traditionellen Denkens (steinhart). Wasser ist ebenso real wie ein Stein, dabei aber weder fest noch hart. Die Dauerhaftigkeit des Wassers wird nicht durch seine Gestalt definiert.

Ein Stein hat scharfe Kanten und eine klar umrissene Form. Beides erinnert an die klar abgegrenzten Kategorien des traditionellen Denkens. Wir beurteilen die Dinge danach, ob sie sich in diese Kategorien einfügen oder nicht. Wasser hat eine Grenze und eine Kante, die genauso klar definiert ist wie die Kante eines Steins, doch variiert sie je nach dem umgebenden Gelände.

Wasser kann eine Schüssel füllen oder einen See. Es paßt sich dem Gelände oder der Landschaft an. Wasserlogik wird bestimmt von den herrschenden Bedingungen und Umständen. Die Form des Steins ändert sich nicht, egal, in welchem Gelände er liegt. Wenn Sie einen kleinen Stein in eine Schüssel legen, wird er seine Gestalt beibehalten und sich in keiner Weise dazu bequemen, die Schüssel formgerecht zu füllen. Die absoluten Kategorien des traditionellen Denkens sind bewußt darauf angelegt, von den Umständen unabhängig zu sein.

Wenn Sie Wasser zu Wasser hinzufügen, wird das neue Wasser Teil des Ganzen. Fügen Sie einem Stein einen anderen hinzu, so haben Sie eben zwei Steine. Die Absorbierung des Hinzugefügten, wie sie für die Wasserlogik charakteristisch ist, findet eine Entsprechung in der Dichtung: Auch hier werden neue Bilder jeweils vom Ganzen absorbiert. Wasserlogik ist auch die Grundlage des neuen, künstlichen Begriffs »Stratal«. Bei sich ändernden Bedingungen und Umständen verschmel-

zen die jeweils neuen Umstände mit den vorhandenen zu einer gemeinsamen neuen Umständekonstellation.
Steinen werden wir gerecht, wenn wir sagen: »Diese Form ›ist‹ oder ›ist nicht‹ dieselbe wie eine andere.« Ein Stein hat eine festgelegte Identität. Wasser fließt nach dem Gefälle. Anstelle des Wortes »ist« benutzen wir die Worte »zu hin«. Wasser fließt irgendwo»hin«.
In der traditionellen (Gesteins-)Logik urteilen wir nach den Kriterien richtig/falsch. In der Wahrnehmungs-(Wasser-)Logik haben wir die Konzepte »passen« und »fließen«. Das Konzept »passen« bedeutet: »Paßt dies zu den Umständen und Bedingungen?« Das Konzept »fließen« besagt: »Eignet sich das Gelände für diese Fließrichtung?« Passen und fließen bedeuten ein und dasselbe. »Passen« beschreibt die statische Situation, »fließen« die dynamische. »Paßt« sich das Wasser dem See oder dem Loch an? »Fließt« der Fluß in diese Richtung?
Wahrheit ist eine bestimmte Umständekonstellation mit einem bestimmten Ergebnis. In dieser Definition der Wahrheit haben wir sowohl das Konzept »passen« (Umständekonstellation) als auch das »Fließen« (Ergebnis).
In einer Konfliktsituation behaupten beide Seiten, daß sie recht haben. Sie können dies logisch begründen. Das traditionelle Denken würde nun herauszufinden versuchen, welche Partei »wirklich« recht hat. Die Wasserlogik erkennt an, daß beide Parteien recht haben, daß aber beide Schlußfolgerungen auf jeweils anderen Aspekten der Situation, besonderen Umständen und einer besonderen Sichtweise beruhen.
Auch das Problem, welches das traditionelle Denken mit der Laffer- oder »Salz«-Kurve hat, wurde im Buch bereits angesprochen. »Wenn Recht gut ist, muß mehr Recht besser sein.« In der Wasserlogik taucht dieses Problem nicht auf. Die »Summe« ist für den Wert einer Sache maßgeblich. Entscheidend ist, daß Wasserlogik in hohem Maße von definierten Umständen oder Bedingungen abhängig ist, während die Essenz der traditionellen Gesteinslogik darin besteht, daß sie von den jeweils herrschenden Umständen unabhängig ist.
Verhaftet, wie wir unserem Gesteinslogiksystem nun einmal sind, wird uns die Wasserlogik auf den ersten Blick höchst pragmatisch erscheinen. Es mag der Eindruck entstehen, bei ihr sei »alles erlaubt« und es gäbe keine Möglichkeit, zu einem Urteil oder zu einer Entscheidung zu kommen. Dieser Eindruck trügt. Wasser wird niemals bergauf oder

gegen das Gefälle fließen. Das Verhalten des Wassers ist klar definiert – ebenso wie das Verhalten der Wasserlogik. Es wird eine Weile dauern, bis wir uns an den Unterschied zwischen Gesteins- und Wasserlogik gewöhnt haben.
Folgendes Beispiel illustriert diesen Unterschied: Eine Frau betritt ein Haushaltswarengeschäft. Sie hat einen defekten elektrischen Teekessel dabei und bittet die Angestellten um Ersatz:

Angestellter A: »Tut mir leid, aber Sie können diesen Kessel unmöglich bei uns gekauft haben – wir führen nämlich diese Marke gar nicht. Ich kann ihn Ihnen daher nicht ersetzen.«
Angestellter B: »Sind Sie sich ganz sicher, daß Sie ihn hier gekauft haben? Haben Sie den Kassenzettel noch? Tut mir leid, aber ich kann Ihnen den Kessel erst umtauschen, wenn Sie mir beweisen können, daß Sie ihn hier gekauft haben.«
Angestellter C: »Sie bekommen selbstverständlich Ersatz. Es tut mir sehr leid, daß Sie solche Unannehmlichkeiten hatten.«
Der Angestellte C weiß natürlich genau, daß die Marke im Hause nicht geführt wird und daß der Kessel daher nicht im Laden gekauft worden sein kann. Aber er merkt auch, daß die Kundin sich wirklich geirrt hat. Der Angestellte interessiert sich also nicht für das, was »ist«, sondern dafür, wo diese Situation »hin«führt. Im vorliegenden Fall ist dies ein Kundendienst außer der Reihe. Das mag auf den ersten Blick absurd erscheinen, doch gibt es Untersuchungen, aus denen klar hervorgeht, daß jeder Kundendienstaufwand durch höhere Verkaufszahlen und größere Kundentreue mehr Umsatz einbringt.
Und wenn dieser gute Wille mißbraucht wird? Darauf reagiert man dann ad hoc. Den Angestellten ist freigestellt, sich auf ihre Wahrnehmungen zu verlassen: Sie sollen selbst beurteilen, ob der Irrtum echt ist oder vorgetäuscht. Ein kleiner Stein liegt in einem Glas. Wenn Sie das Glas kippen, bleibt er entweder, wo er ist, oder er fällt heraus. Es gibt also einen »Alles-oder-nichts-Effekt«. Bei Wasser ist das anders. Sie können etwas Wasser abschütten, der Rest bleibt jedoch im Glas.

Hodics
Das Wort *Hodics* ist vom griechischen Wort *hodós* (Straße, Weg) abgeleitet. Mit Hodics bezeichne ich ein Aufzeichnungssystem, mit dem

sich das Fließen der Wasserlogik festhalten läßt. Ursprünglich hatte ich die Absicht, in diesem Buch Hodics zu beschreiben, ja an manchen Stellen habe ich es sogar ausdrücklich versprochen. Nach eingehender Überlegung habe ich den betreffenden Abschnitt jedoch wieder herausgenommen – einerseits, um den Leser nicht zu überfrachten, andererseits aber auch, um nicht allzuweit vom Hauptthema dieses Buches abzukommen. Ich werde in einem späteren (viel kürzeren) Buch auf die Hodics zurückkommen.